2025年度版

群馬県の国語科

過去問

協同教育研究会 編

協同出版

本書には，群馬県の教員採用試験の過去問題を収録しています。各問題ごとに，以下のように5段階表記で，難易度，頻出度を示しています。

難　易　度

非常に難しい　☆☆☆☆☆
やや難しい　☆☆☆☆
普通の難易度　☆☆☆
やや易しい　☆☆
非常に易しい　☆

頻　出　度

◎　ほとんど出題されない
◎◎　あまり出題されない
◎◎◎　普通の頻出度
◎◎◎◎　よく出題される
◎◎◎◎◎　非常によく出題される

※本書の過去問題における資料，法令文等の取り扱いについて

本書の過去問題で使用されている資料や法令文の表記や基準は，出題された当時の内容に準拠しているため，解答・解説も当時のものを使用しています。ご了承ください。

はじめに～「過去問」シリーズ利用に際して～

教育を取り巻く環境は変化しつつあり、日本の公教育そのものも、教員免許更新制の廃止やＧＩＧＡスクール構想の実現などの改革が進められています。また、現行の学習指導要領では「主体的・対話的で深い学び」を実現するため、指導方法や指導体制の工夫改善により、「個に応じた指導」の充実を図るとともに、コンピュータや情報通信ネットワーク等の情報手段を活用するために必要な環境を整えることが示されています。

一方で、いじめや体罰、不登校、暴力行為など、教育現場の問題もあいかわらず取り沙汰されており、教員に求められるスキルは、今後さらに高いものになっていくことが予想されます。

本書の基本構成としては、出題傾向と対策、過去５年間の出題傾向分析表、過去問題、解答および解説を掲載しています。各自治体や教科によって掲載年数をはじめ、「チェックテスト」や「問題演習」を掲載するなど、内容が異なります。

また原則的には一般受験を対象としております。特別選考等については対応していない場合があります。なお、実際に配布された問題の順番や構成を、編集の都合上、変更している場合があります。あらかじめご了承ください。

最後に、この「過去問」シリーズは、「参考書」シリーズとの併用を前提に編集されております。参考書で要点整理を行い、過去問で実力試しを行う、セットでの活用をおすすめいたします。

みなさまが、この書籍を徹底的に活用し、教員採用試験の合格を勝ち取って、教壇に立っていただければ、それはわたくしたちにとって最上の喜びです。

協同教育研究会

CONTENTS

第１部

群馬県の
国語科
出題傾向分析

群馬県の国語科　傾向と対策

問題は中高で異なる。中学校では評論、古文、漢文、学習指導法、国語常識の五分野が、高等学校では評論、古文、漢文の三分野が出題された。現代文では小説や随筆が出題されない傾向にあるが、現代文同様に古典(古文・漢文)でも設問で学習指導法が出題されることが多いことに留意する。なお、解答形式は中高共に記述式である。

論説・評論は中学校では、永田和宏『知の体力』からの出題。①漢字の書き　②同義語　③本文抜き出し　④欠文補充　⑤著者の考えの学習活用(六十字～八十字)などが問われている。難易度は標準。また高等学校では、奥野克巳『これからの時代を生き抜くための文化人類学』からの出題。①漢字の読み書き　②空欄補充　③傍線部解釈　④板書例　⑤学習指導法などが問われた。難易度は標準以上。

論説・評論の学習では、論説・評論は論理的文章であることを念頭に置き、語句の検討、文の組み立て、文と文のつながりや段落相互の関係を考えながら大意や要旨を把握しテーマに迫ることが大切である。

古文は中学校では、『竹取物語』からの出題。①語句の意味　②現代語訳　③空欄補充　④古典文学史　⑤作品の特徴についての指導などが問われている。難易度は標準。また高等学校では、『浜松中納言物語』からの出題。①現代仮名遣い　②口語訳　③品詞分解　④和歌の技法　⑤本歌取りの和歌　⑥古典文学史　⑦「言語文化」の言語活動例などが問われた。難易度は標準以上。

古文の学習では、内容把握・理由把握の力を身に付けるために、古語の意味、文法(動詞・助動詞の意味、活用)、敬語への理解を深めることが大切である。基礎をしっかりと固めることで、内容把握・理由把握の応用力も必然的に伴ってくる。また和歌の解釈については、和歌の修辞法とともに、和歌の内容を文脈の中で捉えることが重要である。文学史についても確認しておくとよい。

漢文は中学校では、『戦国策』からの出題。①訓点 ②内容説明 ③古典との比較の意図などが問われている。難易度は標準。高等学校では、『世説新語』からの出題。①漢字の読み ②訓点 ③現代語訳 ④傍線部の説明 ⑤全体の内容説明などが問われた。難易度は標準以上。

漢文の学習においても、古文の学習と同様に、基礎的な知識の定着が重要になる。漢字の読み・意味、句形、返り点、書き下し、口語訳の学習に反復的に取り組むことで、読解力もそれに相関して向上していく。

大問の学習指導法(中学校のみ)は、第一学年の「書くこと」の指導について出題された。「□□中学校美術館の作品の魅力を伝えよう」という言語活動について問題が設定されている。難易度は標準程度。

学習指導法の問題については、教科目標と科目目標の示す生徒の資質・能力の育成内容を正しく理解し指導内容と言語活動例を踏まえて設問に答えることが大切である。まずは学習指導要領の内容を理解すること、また問題文をよく読むことを重視したい。

国語常識(中学校のみ)は、①品詞の説明 ②敬語の働きとその指導 ③楷書の画数 ④書写(行書の点画の連続の指導)などについて問われた。難易度は標準程度。

全体的な対策としては、各分野の内容を学習した上で、群馬県の過去問で演習を繰り返すことで、問題の内容・形式の傾向を把握しておくことを強く勧める。

過去5年間の出題傾向分析

◎：中学　○：高校　●：共通

分類	主な出題事項	2020年度	2021年度	2022年度	2023年度	2024年度
現代文	評論・論説	◎ ▲○	◎○●	◎ ▲○	▲◎ ▲○	◎ ○
	小説					
	随筆					
	韻文（詩・俳句・短歌）					
	近代・文学史		○			
古文	物語			○	▲◎	◎ ○
	説話	▲○				
	随筆		◎			
	日記		○		▲○	
	和歌・俳句	▲◎				
	俳論					
	歌論					
	能楽論			◎		
	古典文学史	○	◎	◎ ○	◎ ○	
漢文	思想・政治	◎	◎ ○	◎ ▲○	◎ ▲○	◎
	漢詩文					
	漢詩					
	歴史	○				
	説話					○
	中国古典文学史	○				
	学習指導要領	◎				
	学習指導法	◎	◎			◎
	その他		◎	◎	◎	◎

▲は，学習指導要領・学習指導法に関する設問。

第２部

群馬県の
教員採用試験
実施問題

二〇二四年度　実施問題

【中学校】

【一】国語科の第一学年「書くこと」の学習で、自分たちが選んだ絵画を校内に掲示し、その魅力を鑑賞文に書いて紹介する「□□中学校美術館の作品の魅力を伝えよう」という言語活動を設定した。次はその【単元の指導計画】である。以下の〔問一〕〜〔問六〕に答えなさい。

【単元の指導計画】

単元の重点とする指導事項
〔思考力，判断力，表現力等〕　「B　書くこと」　ウ　考えの形成，記述
〔知識及び技能〕　(1)ウ　語彙

【つかむ過程】（1時間）
第1時　単元の課題を設定する。
《単元の課題》

絵画の具体的な特徴を根拠として挙げながら、 □□中学校美術館の作品の魅力を伝えよう。

・ＩＣＴ端末に配信された絵画の特徴について話し合い、鑑賞する作品を決める。
・a <u>鑑賞文のモデルを読み、学習の見通しをもつ</u>。

【追究する過程】（3時間）
第2時　作品を見て、具体的な特徴やそこから感じたこと、想像したこと等を整理する。
・付箋に作品の特徴を書き出し、書くために必要な情報をまとめる。
第3時　伝えたい魅力を決めて、その根拠となる具体的な特徴を選ぶ。
・前時に整理した付箋を基にして、伝えたい作品の魅力を明確にする。
第4時　言葉を吟味しながら、鑑賞文を書く。
・b <u>魅力を伝えるための適切な言葉や表現</u>を選びながら鑑賞文を書き、互いにアドバイスする。

【まとめる過程】（1時間）
第5時　□□中学校美術館の鑑賞会を行う。
・グループ内でそれぞれの鑑賞文を読み、感想を学習支援ソフトに入力する。前時に交流した感想を参考に、単元で学んだことを振り返る。

〔問一〕　下線部a「鑑賞文のモデルを読み、学習の見通しをもつ」ことで、生徒のどのような姿が期待できるか、「学びに向かう力、人間性等」の観点から簡潔に書きなさい。

〔問二〕　第一時に、単元の課題を設定した後、鑑賞する作品を生徒のＩＣＴ端末に配信した。絵画の具体的な

特徴を根拠として挙げさせるために、ＩＣＴを活用する利点を簡潔に二つ書きなさい。

〔問三〕　ある生徒は、公共の美術館のＷｅｂページから専門家の解説文を引用することで、自分の伝えたいことに説得力をもたせようと考えた。著作権を尊重する観点から、生徒が引用して記述する際に指導する内容を三つ書きなさい。

〔問四〕　下線部ｂ「魅力を伝えるための適切な言葉や表現」を選ぶ学習活動で、〔知識及び技能〕の指導事項と関連させて指導したいと考えた。本単元の言語活動において「語彙」と関連させるよさを、「語感」という言葉を使って簡潔に書きなさい。

〔問五〕　第四時に、鑑賞文を書いた後で互いに読み合い、アドバイスする学習活動を設定した。次の(一)、(二)の問いに答えなさい。

(一)　作品の魅力を伝える鑑賞文を書けるように、書くためのポイントを全体で共有させたいと考えた。本単元において学習してきた内容から考えられる、書くためのポイントを三つ書きなさい。

(二)　次は、あるグループの【生徒Ａの鑑賞文の一部】と【話合いの様子】である。このグループでは、話合いが停滞していたために、教師が助言を行うこととした。以下の〔注意点〕二点を踏まえて、═══線についてどのように助言をするのか、実際に生徒に声をかけるように書きなさい。

【生徒Ａの鑑賞文の一部】

……………
この絵の一つ目の魅力は、見た瞬間に目を奪われるような表現が使われていることだ。それは、動きのある絵になっていることだ。このことから、二柱の神の荒々しい様子が、印象的に表現されている。
二つ目の魅力は……

【話合いの様子】

生徒Ａ　【資料】の絵についての鑑賞文を書いてみたけど、どうかな。
生徒Ｂ　今の文章だと、魅力が伝わりにくいと思うな。
生徒Ｃ　Ａさんは、この絵のどんな魅力を伝えたいの。
生徒Ａ　一番伝えたい魅力は、「今にも動き出しそうな様子」がすごく伝わってくることなんだよね。
生徒Ｂ　たしかに、この絵を見ていると、動きが感じられるね。
生徒Ａ　でも、私の書いた「動きのある絵になってい

【資料】

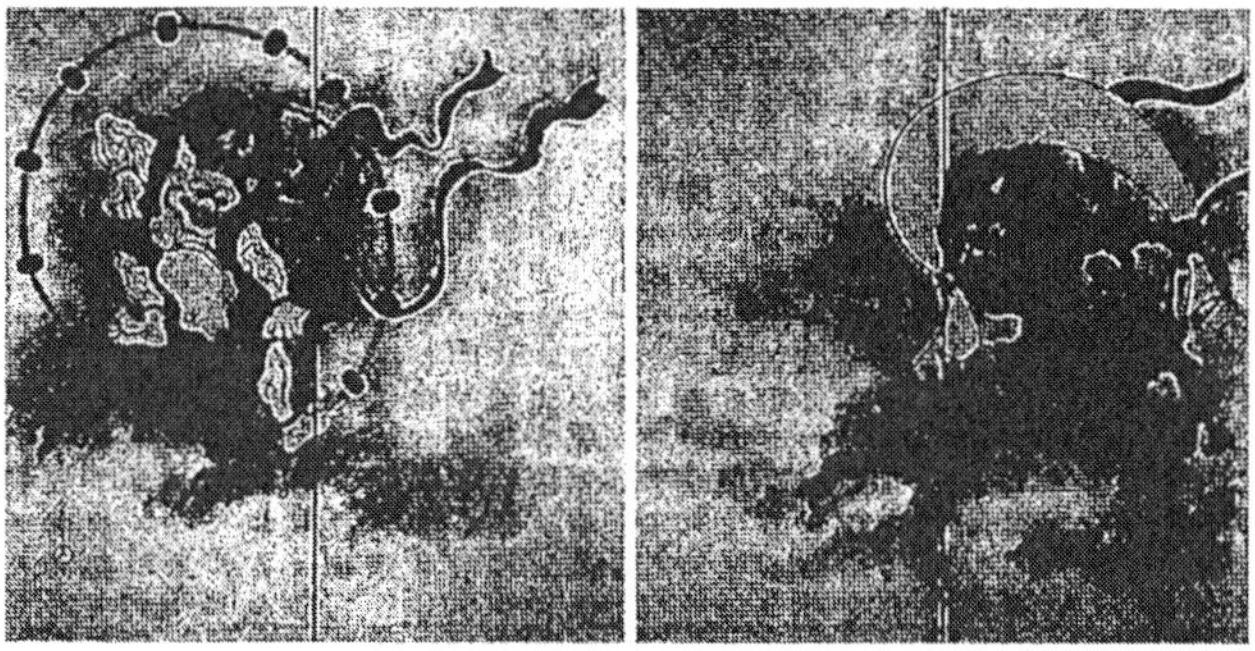

「風神雷神図屏風」

る』」だけだと、あまり伝わらないよね。
生徒C　この部分を詳しくしたいけど、どうすればいいかな。
生徒A　うーん。

〔注意点〕
○生徒が主体的に解決できるように助言すること
○「単元の課題」の解決に向けて助言すること

〔問六〕　本単元の指導事項を、国語科の他の単元で既習事項として取り扱うことがある。授業場面においてどのような言語活動の例が考えられるか、二つ書きなさい。

（☆☆☆◎◎◎）

【二】第二学年において、古典の世界に親しむために、「不死の薬(藥)」を共通のテーマとしたA、Bを用意した。次の〔問一〕～〔問四〕に答えなさい。

〔問一〕　A『竹取物語』について、以下の(一)～(五)に答えなさい。

A

〈かぐや姫が天に帰る夜、帝は中将に命じ、兵士を遣わしてかぐや姫がいる翁の家を守らせた。しかし、兵士たちも守ることができず、かぐや姫は手紙と壺に入った薬を帝に残し、天に昇っていった。〉

中将、人、ひき具して帰りまいりて、かぐや姫を、え戦ひ留めず成ぬる事、こまぐ〵と奏す。薬の壺に、御文そへてまいらす。ひろげて御覧じて、いといたくあはれがらせ給て、物もきこしめさず、御あそびなどもなかりけり。大臣・上達部をめして、

「いづれの山か、天に近き」

と、問はせ給に、ある人、奏す、

「駿河の国にあるなる山なん、この都も近く、天も近く侍る」

と奏す。これを聞かせ給ひて、

逢ことも涙にうかぶ我身には死なぬくすりも何にかはせむ

かの奉る不死の薬に、又、壺具して、御使にたまはす。勅使には、調《つき》の石笠といふ人をめして、駿河の国にあなる山のいたゞきに、もてつくべきよし仰給。嶺にてすべきやう、教へさせ給。御文、不死の薬の壺ならべて、火をつけて燃やすべきよし、仰せ給。そのようけたまはりて、兵士どもあまた具して、山へ登りけるよりなん、その山を「富士の山」とは名づけける。

その煙、いまだ雲のなかへたち昇るとぞ、言ひつたへたる。

（『竹取物語』より）

（一）『竹取物語』は平安時代の作品とされている。平安時代に成立した作品を次の中から一つ選び、記号で書きなさい。

ア　雨月物語　　イ　今昔物語集　　ウ　平家物語　　エ　宇治拾遺物語

（二）――線①「いといたくあはれがらせ給て」は、誰のどのような様子を表しているか、その理由も含め

て現代語で書きなさい。

(三) ——線②「問はせ給」を現代仮名遣いにし、平仮名で書きなさい。

(四) ——線③の和歌には、反語が使われているが、その効果について和歌の大意に触れながら説明しなさい。

(五) ═══「奏す」と「仰せ給」について、主語を明確にして敬語としての違いを説明しなさい。

〔問二〕 B『戦国策』について、以下の(一)、(二)に答えなさい。

B

④有獻不死之藥於荆王者。謁者操以入。中射之士問曰、可ㇾ食乎。曰、可。因奪而食ㇾ之。⑤王怒、使三人殺二中射之士一。

不死の藥を荆王に獻ずる者有り。謁者操《と》つて以て入る。中射の士問うて曰く、食ふ可きか、と。曰く、可なり、と。因つて奪うて之を食ふ。王怒り、人をして中射の士を殺さしめんとす。

(『戦国策』より)

(注) 獻…「献」に同じ。
荆…現在の中国湖北省・湖南省一帯にあった楚国の別名。
謁者…取り次ぎの役人。
中射之士…宮中警護の役人。

（一）――線④「有獻不死之藥於荊王者」に返り点と送り仮名を付けなさい。

（二）――線⑤「王怒」とあるが、その理由を現代語で書きなさい。

〔問三〕　A、Bには共に「不死の薬(藥)」が描かれているが、「不死の薬(藥)」に表れた「命」や「生」に対するそれぞれの考え方の違いを書きなさい。

〔問四〕　この学習のように、古典の世界に親しむ学習において、二つの作品を提示した意図は何か、「中学校学習指導要領(平成二十九年告示)解説　国語編」〔知識及び技能〕(3)「我が国の言語文化に関する事項」を踏まえて書きなさい。

（☆☆☆◎◎◎）

【三】　次の文章を読んで理解したことを自分の知識や経験と結び付けて、考えを表現する学習を展開しようと考えた。以下の〔問一〕〜〔問七〕に答えなさい。

何も数値化だけがデジタル化なのではなく、言葉で何かを言い表わす、そのことがすなわちデジタル化そのものなのである。言葉で表わすとは、対象を取り出して、当てはまる言葉に振り分ける、すなわち分節化する作業である。外界の無限の多様性を、有限の言語によって切り分けるという作業なのである。

一本の大きな樹がある。「大きな」という言葉の選択の裏には、「見上げるばかりの」とか「天にも届きそうな」とかの別の表現が、aセンザイ的な可能性としては数えきれないほど存在したはずで、そんな可能性をすべてbダンネンし、捨象《しゃしょう》した表現が「大きな樹」という便宜的な表現になったのである。「大きな樹」は、その樹の属性の一部ではあっても、その樹の全体性には少しも届いていない。「言葉には尽くせない」という表現自体が、言葉のデジタル性をよく表わしている。

人は自分の感情をうまく言い表わせない時、言葉のデジタル性を痛感する。言葉と言葉の間にあるはずのもっと適切な表現をめぐって苦闘する。感情を含めたアナログ世界をデジタル表現に移し替えようとするのが、詩歌や文学における言語表現であるとも言える。

折に触れてコミュニケーションの大切さが言われるが、私たちはともすれば、デジタルをデジタルに変換しただけの作業を、コミュニケーションだとcサッカクしがちである。「この文章の意図するところを五〇字以内でまとめよ」式の、言葉の指示機能の反復レッスンは、デジタル表現を別のデジタル表現に変換する練習にしか過ぎない。

もともと言語化できないはずのアナログとしての感情や思想があり、それを言語に無理やりデジタル化して相手に伝えること、それがコミュニケーションの基本である。『哲学事典』(平凡社)は、そのところを、「[A]が記号を媒介にして知覚、感情、思考など各種の心的経験を表出し、その内容を[B]に伝える過程」と定義している。ここで言う「記号」とは、ヒトの場合であれば言語ということになるが、動物の場合は、鳴き声や、身振り、威嚇など、いずれもアナログな表現がコミュニケーションの「媒介」手段である。ヒトだけが、例外的にコミュニケーションにデジタルを用いることが多いのである。

言語を媒介としているので、受け手としては、どうしても言語の抱え持っている辞書的な情報そのものを、送り手の伝えたかったすべてと考えてしまいやすい。しかし、送り手の内部でアナログのデジタル化は、ほとんどの場合、不十分なものであるはずなのである。特に複雑な思考や、あいまいな感情などを伝えようとするときには、①デジタル化はほぼ未完のままに送り出されると思っておいたほうがいいだろう。

[C]、伝えられたほうは、言葉を単にデジタル情報として、その辞書的な意味だけを読み取るのではな

く、デジタル情報の隙間から漏れてしまったはずの相手の思いや感情を、自分の内部に再現する努力をしてはじめてコミュニケーションが成立するのである。真のコミュニケーションとは、ついに相手が言語化しきれなかった②「間《あいだ》」を読みとろうとする努力以外のものではないはずである。それが③デジタル表現のアナログ化であり、別名、「思いやり」とも呼ばれるところのものなのである。

（永田和宏『知の体力』より）

〔問一〕――線a～cについて、カタカナを漢字に直して楷書で書きなさい。

〔問二〕空欄 A ・ B に当てはまる言葉を文中から探して、それぞれ三字で書きなさい。

〔問三〕空欄 C に当てはまる接続詞を次のア～オから一つ選び、記号で書きなさい。

ア　さらに　　イ　従って　　ウ　ただし　　エ　あるいは　　オ　同様に

〔問四〕――線①「デジタル化はほぼ未完のままに送り出される」と筆者は考えているが、デジタル化が未完となる原因を本文中の具体例を用いて簡潔に説明しなさい。

〔問五〕――線②「間《あいだ》」を本文中の言葉を用いて別の表現に書き換えなさい。

〔問六〕――線③「デジタル表現のアナログ化であり、別名、『思いやり』とも呼ばれるところのもの」と筆者は主張している。生徒に身近な経験を基に自分の考えを表現させるため、日常生活で目にする具体例の一つとして、次の【資料】を用意した。この【資料】を用意した意図を、本文の内容と関連付けて、六十字～八十字で書きなさい。

【資料】

(^_^)	嬉しい
(T^T)	悲しい
(^_^;)	気まずい
(`ε´)	怒り

〔問七〕本文を第二学年の説明的な文章の教材として扱う上で、読むことの指導事項「考えの形成、共有」を重点として指導したい。どのような言語活動が考えられるか、理由を含めて書きなさい。

(☆☆☆◎◎◎)

【四】次の〔問一〕～〔問四〕に答えなさい。

〔問一〕次の二つの文に使われている「と」について、助詞の種類を明らかにして、それぞれの意味の違いを説明しなさい。

ア　坂道を上ると、白い波がきらきら光る海が見えてきた。

イ　椅子と机を教室の後ろに運ぶ。

〔問二〕第三学年の敬語の働きに関する学習において、次の会話文を提示した。以下の(一)、(二)の問いに答えなさい。

> レストランで、注文した料理が運ばれてきた後に
> （店員）「御注文の品は、以上で<u>おそろいになりましたか</u>。」
> （客）　「はい、全部そろいました。」

（一）――線「おそろいになりましたか」という表現には、敬語としての誤りがある。正しい表現に直し、誤りである理由を簡潔に説明しなさい。

（二）この学習で、日常の具体的な場面を想起させた意図について、「中学校学習指導要領(平成二十九年告示)解説　国語編」〔知識及び技能〕(1)「言葉の特徴や使い方に関する事項」を踏まえて、簡潔に説明しなさい。

〔問三〕　次の漢字を楷書で書き表したとき、同じ総画数になるものを以下の中から一つ選び、記号で答えなさい。

洋

ア　岩　　イ　被　　ウ　凍　　エ　秋

〔問四〕　書写の時間に、次の手本の「桜」を提示して、「行書の特徴」について学習する活動を行った。手本の「行書の特徴」が見られる部分、一カ所に〇を付け、その特徴を書きなさい。

桜

（☆☆☆◎◎◎）

【高等学校】

【一】次の文章を読み、以下の問いに答えなさい。

時間の区切りを生み出す儀礼と言った時、人間の一生をつうじて、節目節目に行われる通過儀礼である「人生儀礼」を考えてみるとイメージしやすいはずです。人生儀礼とは、人の一生の中で、ある一定の時期に①執り行われる儀礼を指しています。

人は胎児、幼児、子ども、青年、成人、未婚者、既婚者、壮年、中年、老人、死者というようなライフサイクルを送ります。そうしたカテゴリーの対応物は当然、自然の中にはありません。それらは個々の社会や文化の②ヨウセイに応じて、人為的に作られたカテゴリーなのです。

例えば、かつて日本では一二～一六歳で成人とみなされ、元服式が行われていましたが、現在では成人式は二〇歳で行われます（二〇二二年四月からは成人年齢は一八歳）。現在ではまだ子どもとされる時期に、かつてはいきなり大人になったのです。おそらくその頃には青年期というものはなかったと考えることができます。

フランスの中世・近世を研究した③在野の歴史家フィリップ・アリエスは、『〈子供〉の誕生』という本の中で、ヨーロッパには中世まで、「子ども」という区分はなかったと言います。私たちがふつう、子どもとみなしているものは、中世ヨーロッパでは「小さな大人」であり、生育するとともに完全な大人になると考えられていました。ヨーロッパで「子ども」という区分が生まれたのは、一六世紀以降のことだったとアリエスは言います。人生のカテゴリーは、自然の中にあらかじめ存在するものではなく、人為的に作られた④キョウカイですから、時代や地域によっては「子ども」や「青年」のような区分があったり、なかったりするわけです。しかし、一度、これらが確立されて A されると、私たちはそれが人為的なものであることをつい忘れてしまいます。しかし、時間とは本来的には区切りのない連続体であるように、人間の一生もまた、本来は区切りのない連続体だったのだと言えるでしょう。

このようにして、人生儀礼は本来、区切りのない連続体であり、aカオスの状態にある人間の一生に節目をつけて、幼児から子ども、子どもから青年、青年から成人への移行を印づけます。ある状態から別の状態へ、ある地位から別の地位へ移行するという意味で、人生儀礼は、「通過儀礼」だと言えます。

元来、時間というものは区切りのない連続体であると言いました。それを人間は自分たちの社会や文化に応じて、さまざまな儀礼的行為を実施することで、時間の体系を作り出し、カオスとしてある時間を秩序立てて、時間を経験できるようにします。当然、人為的にⅠそれがなされるわけですから、文化が異なれば、時間の体系も異なってきます。

例えば、私がフィールドワークをした狩猟採集民プナンは、このような時間の経験に⑤トボしく、時間というものをあまり意識していないようです。それはおそらく、Ⅱ狩猟採集という彼らの生業に深く関わっていると考えられます。

私たち現代の日本人は、学生も社会人も常に時間に追われています。しかし、狩猟採集民は時間に追われるということはまずありません。森の中に暮らし、目の前にいる動物を狩り、それを糧として生きているわけで、そこにあるのは相対的な時間だけです。私たちがふつう感じているような絶対的な時間の意識は希薄です。プナンの人たちは、私たちのように、一週間後の試験や、一ヵ月後の納品の締め切りなどを気にする必要などほとんどないのです。

しばしば勘違いされやすいのですが、人類は狩猟採集を行っている時期、常に食べ物の不足に怯え、あくせくと森に分け入り、獲物を探していたと思われているかもしれません。そして、農耕や牧畜が始まり、食べ物をストックするようになって、⑥ウえに苦しむ心配はなくなったというⅢ「進化」的な歴史認識を持っているのではないでしょうか。

マーシャル・サーリンズというアメリカの人類学者が明らかにしたことですが、実は狩猟採集民が狩りや採集を行うのは、非常にごくわずかで、それ以外の時間は休んだり、ゆったりと過ごします。ところが、農耕や牧畜になると B 、作物や家畜の世話をしなければならなくなり、むしろ忙しいのです。狩猟採集のほうがその都度、必要な⑦セッシュカロリーを満たす分の獲物を手に入れればいいわけですから、そんなに働く必要がないわけです。サーリンズは狩猟採集で暮らした石器人こそ、「原初の豊かな社会」を生きていたと唱えて、私たちの認識を逆転させました。

これは狩猟採集民のプナンにもある程度、当てはまることです。彼らには、平日と休日の区別はありません。私たちは平日は学校に行ったり、働いたりするわけで、かつては日曜だけが休みだったのに対して、週休二日制となり、近年では週休三日制にするかどうかということも議論されたりしています。しかし、プナンにとって、労働の時間と余暇の時間というのは、現代社会のように明確に分けられてはいません。狩猟採集に従事する時間とその他の時間がほとんどbシームレスにつながっているのです。

狩猟採集民であるプナンには、農耕民や牧畜民が作物や動物の成長とともに歳月のめぐりを理解する感覚のようなものがありません。⑧ケイフ関係などを調べても、記憶しているのは祖父や曽祖父の代くらいまでの、わずか数世代のみです。誕生年や誕生月はまったく覚えていません。それらを記憶・記録する習慣がないのです。「私は彼よりも先に生まれた」とか「彼は私よりも後に生まれた」と、年齢は相対的なものとして語られるだけです。過去の事件についてそれはいつ頃のことかと聞いても、「お祖父さんが亡くなった直後の頃のことだ」というような答えが返ってくるばかりで、何年前とか何ヵ月前というような言い方以上のものにはなりません。⑨コヨミに照らして物事を記憶していることもありません。その意味で、絶対的な時間やコヨミの感覚を意識していないと言えるでしょう。

これが例えば、農耕民となると、いつまでに種まきをして、いつまでに収穫をして、どれくらいの期間、食物を⑩ビチクすることができて……というように、時間の感覚が生まれてくるのだと思われます。もちろんこれは、仮説に過ぎないのですが、このような意味で狩猟採集民は時間感覚が非常に薄い。相対的な時間の感覚しかなく、絶対的な時間の感覚があまりないのです。

（奥野克巳『これからの時代を生き抜くための文化人類学入門』による）

問一　傍線部①～⑩について、カタカナは漢字に改め、漢字は読みを平仮名で書け。

問二　空欄 A ・ B に当てはまる語を次からそれぞれ選び、記号で答えよ。

A　ア　簡素化　イ　記号化　ウ　形骸化　エ　抽象化　オ　定式化

B　ア　閑話休題　イ　四六時中　ウ　縦横無尽　エ　徹頭徹尾　オ　無我夢中

問三　二重傍線部a、bの意味を簡潔に書け。
問四　傍線部Ⅰ「それ」とは何を指しているか、書け。
問五　傍線部Ⅱについて、筆者がこのように述べるのはどうしてか、説明せよ。
問六　傍線部Ⅲについて、「進化」という語に「　」が付けられているのはどうしてだと考えられるか、書け。
問七　「狩猟採集民」と「農耕民や牧畜民」の時間に対する感覚の違いを分かりやすく示した板書例を書け。
問八　「高等学校学習指導要領」(平成30年3月告示)に示された科目「現代の国語」に関して、次の各問いに答えよ。
(1)　標準単位数(2単位：70単位時間)の場合、「読むこと」に関する指導は、何単位時間程度配当するものとされているか、答えよ。
(2)　本文を「現代の国語」の教材として活用し、2　内容〔思考力、判断力、表現力等〕C　読むこと(1)　にある「目的に応じて、文章や図表などに含まれている情報を相互に関係付けながら、内容や書き手の意図を解釈したり、文章の構成や論理の展開などについて評価したりするとともに、自分の考えを深めること。」について指導する場合、具体的にどのような言語活動が考えられるか、書け。

(☆☆☆◎◎◎)

【二】次の文章は、「中納言」が唐から帰国後初めて内裏に参内し、「帝」と対面した時の様子を描いている。これを読んで、以下の問いに答えなさい。

内裏よりしきりに召しあれば、a参り給ふ御ありさまおろかならず。めでたき御装束のにほひをととのへて、めづらしう立ち出で給ふ、目かかやくばかりなり。世に知らぬ御にほひ、百歩《ひやくぶ》のほかもかをるばかりにて、日ごろも降り積もる雪、今もうちそそきわたすに、いとど光を添へたる御ありさまにて、行き来の道の人々も、めづらしう見たてまつる。陣あゆみ入り給ふより、何の深き心もなげなるものども、女官どもの司などさへ涙落として見たてまつりおどろく。まいて御方々の、細殿《ほそどの》のうちにこぼれ出でて、苦しきまで見送るを、後目《しりめ》にかけつつ過ぎ給ひぬるも、口惜しうねたげなる。

御前に召しありて参り給へるに、ア年ごろ隔てて御覧ずるは、あさましうこの世のものならず、御目もおどろきて、とばかりものも仰せられで、涙落とさせ給へるイ御けしき、かたじけなきに、われも①え心強からず。かの国にありけむことどもなど、くはしく問はせ給ふに、御前をとみに立ち出づべうもあらず。暮れぬるに、雪もなほ降りまさりつつ、月もいとおもしろう澄みのぼりたり。「b遊びなどもすさまじうおぼえて、ことにものの音《ね》なども聞かでなむ過ごしつるに」とて、御遊びはじまる。中納言は、この世のことどももめづらしうおぼされて、見し世の春に似たりしほどなど、ことにつけつついみじうおぼさるれば、心澄ましてかき立て給へる箏《しやう》の琴の音、おもしろうあはれなることかぎりなし。②御衣《おほむぞ》賜はり給ふ。例のことなれば、涙とどむる人なかりけり。めづらしげなきことなれど、えぞ書きつづけざりけるぞ。つねのことなりかし。

A　別れては雲居の月もくもりつつかばかり澄めるかげも見ざりき

と仰せごとあるに、いとなめてならぬことなれば、かたじけなうおぼす。

B　ふるさとのかたみぞかしと天の原ふりさけ月を見しぞかなしき

と③奏し給ひて、下《お》り給ふままに舞踏《ぶたふ》し給ふ。

（『浜松中納言物語』による）

(注) 百歩のほか…百歩以上離れた所。　陣…宮中の警備に当たった兵士の詰所。
御方々…女御・更衣に仕える女房たち。　細殿…殿舎の廂《ひさし》を仕切って女房の部屋とした所。
見し世の春に似たりしほど…滞在していた唐で経験した春に似た折。中納言が唐で恋に落ちた后の琵琶を聞いたことがあり、それを思い出している。
舞踏…謝意を込めた拝礼。

問一　二重傍線部ア、イの本文中での意味を答えよ。
問二　波線部a、bについて、それぞれ口語に訳せ。
問三　傍線部①は誰のどのような様子について言っているのか、説明せよ。
問四　傍線部②について、帝が中納言に「御衣」を与えたのはどうしてか、説明せよ。
問五　傍線部③の「奏し」「給ひ」について、それぞれ誰への敬意を表しているか、答えよ。
問六　Aの歌について、「雲居」が持つ二つの意味が分かるようにして口語訳せよ。
問七　Bの歌は、『古今和歌集』に収められた安倍仲麿《あべのなかまろ》の歌を踏まえて詠まれたと見ることができる。ここで踏まえられている安倍仲麿の歌を書け。
問八　「高等学校学習指導要領」(平成30年3月告示)に示された科目「言語文化」において、2　内容〔思考力、判断力、表現力等〕A　書くこと　について指導する際の言語活動例として、具体的にどのようなものが示されているか、書け。

(☆☆☆◎◎◎)

【三】次の文章を読み、以下の問いに答えなさい。

周《しゅう》処《しょ》年少時、兇《きょう》彊《きやう》俠《けふ》気《き》、①為郷里所患《うれ》。又義興水中有蛟《みづち》、山中有邅《てん》跡《せき》虎、並皆 a 暴犯百姓。義興人謂為三横、而処尤《もつと》劇《はげ》。②或説処殺虎斬蛟。実冀三横唯余《のこ》其一《いつ》。処即 b 刺殺虎、又入水撃蛟。蛟或浮或没、行数十里、処与之倶、経 c 三日三夜。郷里皆謂《おも》已死、更《こもごも》相慶。竟殺蛟而出、聞里人相慶、始知為人情所患、有自改意。乃入呉尋二陸。平原不在、正見 d 清河、具 e 以情告、并《なら》云、「欲自修改、而年已蹉跎、③終無所成。」清河曰、「古人貴④朝聞夕死。⑤況君前途尚可。且人患志之不立、亦何憂令名不彰《あらは》邪。」⑥処遂自改励、終為忠臣孝子。

（『世説新語』による）

（注）周處…人名。　兇彊俠気…凶暴で勇ましいこと。　義興…地名。
蛟…龍の一種で、よく大水を起こすと言われる。　邅跡虎…あたりを彷徨する虎。
三横…三つの横暴なもの。　二陸…陸機（平原）・陸雲（清河）兄弟。
蹉跎…時機を失すること。　令名…名声。

問一　波線部a～eの語の読み方を、送り仮名も含め、平仮名（現代仮名遣い）で答えよ。
問二　傍線部①、⑤を、それぞれ口語に訳せ。
問三　傍線部②について、ある人が周處にこのような依頼をしたのはどうしてか、説明せよ。
問四　傍線部③について、周處がこのように思ったのはどうしてか、説明せよ。
問五　傍線部④は、「朝聞道、夕死可矣。（朝に道を聞かば、夕に死すとも可なり。）」という一節を踏まえたものであるが、これは誰の言葉とされているか、人物名を書け。また、清河はこの一節を通して周處に何を伝えたかったと考えられるか、説明せよ。
問六　傍線部⑥について、周處が自分の行いを改めることができたのはどうしてか、本文全体の内容を踏まえて説明せよ。

（☆☆☆◎◎◎）

解答・解説

【中学校】

【一】問一　生徒が単元のゴールを意識して学習することで、自分の学びの現状を踏まえながら、主体的に取り組む姿を期待できる。　問二　・拡大して細部まで確認することができる。　・絵に直接特徴を描き込んだり消したりが、容易にできる。　問三　・原文を正確に引用すること。　・自分の考えとの関係に注意すること。　・出典を明記すること。　問四　作品の魅力を伝えるために、必要感をもって様々な言葉を選んで鑑賞文を書くことで、語感が磨かれ、語彙の質を高めることができる。　問五　(一)　・作品の伝えたい魅力を明確にする。　・絵画から具体的な根拠を示す。　・魅力が伝わる言葉や表現を使う。(二)　・「動きのある絵」を具体化できるといいね。　・三時間目に見つけた絵の特徴を使って、詳しく表現できないかな。　問六　・短歌や俳句を創作するなど、感じたことや想像したことを書く活動。　・本や新聞等の情報を活用しながら、考えたことを説明したり提案したりする活動。

〈解説〉問一　学習指導要領　国語〔第一学年〕の目標の「学びに向かう力、人間性等」は「言葉がもつ価値に気付くとともに、進んで読書をし、我が国の言語文化を大切にして、思いや考えを伝え合おうとする態度を養う。」である。この観点を踏まえ、モデルを読むこと(＝「進んで読書をし」)は、単元のゴールを意識して学びに自覚的になり、主体的に取り組もうとする意欲(＝「思いや考えを伝え合おうとする態度」)を持たせることについて簡潔にまとめる。　問二　ＩＣＴ端末の利点を絵画鑑賞にどう生かせるかを踏まえる。

問三　引用については、大学等で学んだ参考文献の扱い方を踏まえるとよい。　問四〔知識及び技能〕(1)には「ウ　事象や行為、心情を表す語句の量を増すとともに、語句の辞書的な意味と文脈上の意味との関係に注意して話や文章の中で使うことを通して、語感を磨き語彙を豊かにすること。」とある。これを踏まえ、鑑賞を表現するために、どのような語彙を選ぶかについて自覚的になることで語感が磨かれていく点を記述するとよい。　問五　(二)【単元の指導計画】を参照し、伝えたい魅力を決める→具体的な根拠を探す→伝えるための語彙や表現を選ぶ、というポイントを押さえる。　(三)「動きのある絵」という表現について、その根拠や具体的な特徴に目を向けさせる助言を考える。　問六　創作や感想、考えや思いを伝える言語活動について、具体的な単元や教材との関係から例を挙げる。

【二】問一　(一)　イ　(二)　かぐや姫がいなくなってしまったので、帝が深く悲しんでいる様子。
(三)　とわせたも(ま)う　(四)　もう会えないのであれば不死の薬が何の役に立つだろうか、いや何の役にも立たないという、かぐや姫に会えない悲しみを強調している。　(五)「奏す」の主語は中将で、帝への敬意を表す謙譲語であるのに対し、「仰せ給」の主語は帝で、帝への敬意を表す尊敬語である。

問二　(一)　有リ下献ズル二不死之薬ヲ於荊王ニ一者上　(二)　自分に献上された不死の薬を、中射の士が食べてしまったから。　問三『竹取物語』では、永遠に生きることよりも愛する人への思いを大事にしているが、『戦国策』では、永遠に生きられる不死の薬への思いが表れている。　問四　二つの作品におけるものの見方や考え方の共通点や相違点に気付かせ、新たな発見をしたり、興味・関心を高めたりするため。

〈解説〉問一　(一)　アは江戸時代、イは平安時代末期、ウは鎌倉時代、エは鎌倉時代初期の成立である。
(二)　かぐや姫を留めることができなかったことを中将が帝に伝えた場面である。尊敬語「給」に着目する。
(三)「は」は「わ」、「給」は「たも(ま)う」と表記する。　(四)「何にかはせむ」は「何になろうか、いや、何にもならない」という反語の意を表す。　㈤「奏す」は謙譲語で、天皇または上皇に対してのみ用いる「申し上げる」の意。「仰せ給」は尊敬語で、「お命じになる」の意。　問二　㈠「不死之藥」を「荊王」に（＝「於」）、という語順で捉える。　㈡傍線部⑤の前の文「因奪而食之」の主語が「中射之士」であることに着目する。　問三『竹取物語』では、かぐや姫を失いその悲しみにおいて、不死の薬も火をつけて燃やしてしまっている。一方、『戦国策』では、不死の薬を奪って食べてしまった者を殺そうとした。その対比から考える。　問四　本資料の〔知識及び技能〕(3)「我が国の言語文化に関する事項」の第二学年には、「エ　本や文章などには、様々な立場や考え方が書かれていることを知り、自分の考えを広げたり深めたりする読書に生かすこと。」とある。これを踏まえて二作品を提示した意図を示す。

【三】問一　㈠　a　潜在　b　断念　c　錯覚　問二　A　送り手　B　受け手　問三　イ　問四「一本の大きな樹」の具体例にあるように、言葉はその属性の一部は表すことはできても、全体性を捉えきれないから。　問五　複雑な思考や、あいまいな感情　問六　相手の思いや感情を受け取る努力をすることを真のコミュニケーションと考える筆者の主張と、記号で感情を表す【資料】を比較検討させ、自分の考えをもたせたい。（七十五字）　問七　文章を読んで理解したことや考えたことを知識や経験と結び付けて、自分の考えを広げたり深めたりするために、レポートにまとめる活動

〈解説〉問一　㈠　熟語の二字ともに正確に書けるようにしておく。　問二　空欄A、Bともに、次の第六段落に着目する。AとBの表現を受けて、「送り手の内部でアナログのデジタル化」という表現が用いられている。　問三　空欄Cを含む段落の前の第六段落で、送り手は伝えたいことが「ほぼ未完のまま」送っている、と述べられている。それを受けて、この段落で、受け手は「相手の思いや感情を、自分の内部に再現する努力」が必要だ、と主張しているのであるから、「従って」が該当する。　問四「本文中の具体例を用いて」という条件

に注意。第二段落の「『大きな樹』は、その樹の属性の一部ではあっても、その樹の全体性には少しも届いていない。」が具体例となる。　問五　傍線②の前の文に「デジタル情報の間隙から漏れてしまったはずの相手の思いや感情」とあり、さらに前の第六段落でそれを「複雑な思考や、あいまいな感情」と表現している。
問六　【資料】が感情のデジタル表現として生徒にも身近で顕著な例であることを示し、「思いやり」を主張する筆者の考えとの比較検討などを意図として説明するとよい。　問七　学習指導要領では、第二学年の「考えの形成、共有」で、「オ　文章を読んで理解したことや考えたことを知識や経験と結び付け、自分の考えを広げたり深めたりすること。」とある。本文の内容を自分の体験などと結び付けて発表したり文章にまとめたり意見を交換したりすることが挙げられる。

【四】問一　アは接続助詞の「と」で順接の意味を表す。イは格助詞の「と」で並立の関係を表す。
問二　㈠　正しい表現…そろいましたでしょうか　理由…そろったのは「品」であり、「お～になる」は尊敬語であることから、この表現は、「品」に対して、店員が尊敬語を用いているという構造になってしまうから。　㈡　相手や場面に応じて、適切に敬語を使い分けることができるようにするため。　問三　エ

問四　

特徴…「木」へんは点画が省略されるため、楷書で書いたときの三画目と四画目はつなげて書く。

〈解説〉問一　接続助詞の「と」は、活用語に接続し、順接条件を表わす。格助詞の「と」は、体言に接続し、

並立関係を表す。　問二　(二)「品は」が主語なので、それを受けて「おそろいになる」では、「品」に敬意を表現することになってしまので、「そろう」はそのまま用いて、「ましたでしょうか」で、客に対する丁寧な表現を用いればよい。　(二)〔知識及び技能〕(1)「言葉の特徴や使い方に関する事項」の第三学年の「言葉遣い」には、「エ 敬語などの相手や場に応じた言葉遣いを理解し、適切に使うこと。」とある。この点を踏まえて説明する。　問三　楷書は、現在一般に正式な場合の基準とされている書体。「洋」は九画。アは八画、イは一〇画、ウは一〇画、エは九画。　問四　行書は楷書をややくずした書体。「木」へんの三画目と四画目はつなげている。

【高等学校】

【一】問一　①　と　②　要請　③　ざいや　④　境界　⑤　乏　⑥　飢　⑦　摂取　⑧　系譜　⑨　暦　⑩　備蓄　問二　A　オ　B　イ　問三　a　混沌として無秩序であること。　b　途切れや継ぎ目がないこと。　問四　さまざまな儀礼的行為を実施することで、時間の体系を作り出し、カオスとしてある時間を秩序立てて、時間を経験できるようにすること。　問五　狩猟採集民が狩りや採集を行うのはごくわずかな時間であり、それ以外の時間は休むなどしてゆったりと過ごし、時間に追われるということはないため。　問六　真の意味では進化という概念には該当しないが、より高度な状態に発展していった様子を示す言葉として、一般的で最も分かりやすい語であると判断されたため。(社会が進化するという歴史認識については、一度その考え方を保留しておく必要があるということを示すため。)

問七

狩猟採集民
・必要な時に獲物を手に入れればよい。
↓時間に追われることはない。
【時間の感覚は相対的】

⇔

農耕民や牧畜民
・常に作物や家畜の世話をしなければならない。
↓時間に追われる。忙しい。
【時間の感覚は絶対的】
（現代の私たちと同じ感覚）

問八　(1)　10～20単位時間程度　(2)　内容や形式について、引用や要約などをしながら論述したり批評したりする活動。(理解したことや解釈したことをまとめて発表したり、他の形式の文章に書き換えたりする活動。)

〈解説〉問一　①～⑩まで、いずれも基本的な漢字の読みや書きであり、常用漢字を確実に身に付けておくことで対応できる。　問二　A　前段落で、人生のカテゴリーは人為的なもの、とあり、それが確立されたのが「子ども」や「青年」などの区分なのだから、ここでは「定式化」が該当する。　B　農耕や牧畜は「むしろ忙しいのです」とあるのだから、いつも忙しいさまを表すイが該当する。エは終始、どこまでも、という意味で「いつも」という時間的な意味合いとは異なる。　問三　いずれも現代用語として評論などでしばしば用いられる外来語である。　問四　指示語の内容は一般的にその直前の文章の内容を指す。「さまざまな儀礼的行為を実施することで～時間を経験できるようにします」の部分を過不足なく書き出し、「～こと」でまとめること。　問五　根拠は次の段落「しかし、～希薄です。」と三段落後の「マーシャル～過ごします」に書かれている。　問六　次の段落では「私たちの認識を逆転させました。」とあるように、一般的に「進化」と考えられている農耕や牧畜の文化への道筋を疑問視する必要があるという意味でも「　」付きとなっている。問七「狩猟採取民」と「農耕民や牧畜民」とを対比的に項目を立て、それぞれの暮らし方と時間との関係を示し、時間の感覚の「相対的」と「絶対的」というキーワードでまとめる。　問八　(1)「現代の国語」については、「A話すこと・聞くこと」に関する指導が20～30単位時間程度、「B書くこと」に関する指導が30～40単位時間程度、「C読むこと」に関する指導が10～20単位時間程度の配当とされている。　(2)　本文の内容、もしくは論理構成や表現方法について、引用や要約、まとめを通して、論述、批評、発表などの言語活動が考えられる。

【二】問一　ア　数年来(長年)　イ　御様子(御態度・御表情)　問二　a　参内なさる御様子は並大抵のものではない。　b　管弦の遊びなども興ざめに(おもしろくなく)感じられて　問三　中納言の、気丈に振舞うことができないでいる様子。　問四　中納言が素晴らしい琴の演奏をしたので、褒美を与えようとしたから。　問五　奏し…帝　給ひ…中納言　問六　あなたと別れて後は、「宮中」で見る「空」の月も(涙で)曇るばかりで、これほど澄んでいる月の光も見ませんでしたよ。　問七　天の原ふりさけ見れば春日なる三笠の山にいでし月かも　問八　本歌取りや折句などを用いて、感じたことや発見したことを短歌や俳句で表したり、伝統行事や風物詩などの文化に関する題材を選んで、随筆などを書いたりする活動。

〈解説〉問一　ア　幾年かの間、もしくは長年、という意味。　イ　けしき(気色)は、様子、有様、表情、態度など。そこに「御」が付いている。　問二　a「おろかならず」は、なみ一通りではなく、の意味。　b「すさまじい」は、興がさめるようだ、情趣がない、という意味。　問三「御前」に参じているのは「中納言」であり、「心強い」は気強い、心丈夫である、という意味。　問四　傍線部②の前の「琴の音、おもしろうあはれなることかぎりなし」に着目。　問五「奏す」は、天皇などに申し上げる、の意。ここでは、「帝」への敬意と、「給ふ」によって語り手の中納言に対する敬意も表現されている。　問六「雲居」が、宮中と雲のある空の両方を表している。　問七「天の原ふりさけ月」から導き出す。　問八　短歌や俳句の創作については、小学校第五学年及び第六学年の〔思考力、判断力、表現力等〕の「B書くこと」の(2)の「イ　短歌や俳句をつくるなど、感じたことや想像したことを書く活動。」、中学校第二学年の〔思考力、判断力、表現力等〕の「B書くこと」の(2)の「ウ　短歌や俳句、物語を創作するなど、感じたことや想像したことを書く活動。」として例示している。これらを受けて、「言語文化」においては、〔知識及び技能〕の(1)のオなどとの関連を図りながら、本歌取りや折句などの表現の技法を用いて、感じたことや発見したことを短歌や俳句で表す言語活動を示している。

【三】問一　a　ひゃくせい　b　すなわち　c　ともにし　d　まみえて　e　つぶさに
問二　①　郷里の人々に思い悩まれる存在であった。　⑤　ましてやあなたの前途はなおさらまだ大丈夫である。　問三　周處を虎や蛟と戦わせれば、横暴な三者のうち勝ち上がった一者だけは残るとしても、他の二者は消えてくれるはずだと考えたから。　問四　自分が行いを改めるには、年齢的にもはや時機を失してしまったと考えたから。　問五　人物名…孔子　説明…正しい道を学び得る(知る)ことが何より尊いのだということ。　問六　郷里の人に嫌われていたことが分かった上に、清河の、前途はまだ大丈夫であり、人は志を立てずにいることを憂えるべきで、名声が世にあらわれないことを憂える必要はないという言葉に納得して力を得たから。

〈解説〉問一　a「姓」は漢音の「せい」と読む。b～eはいずれも漢文では覚えることが必須の漢字である。
問二　①「患ふ」は、思い悩む、心配する、の意。　⑤「況んや」は、上の文の内容を受けて、いうまでもなく、まして、の意。　問三　理由を述べている傍線部②の次の文に着目。横暴なものが一つだけとなる、とある。　問四　傍線部③の前の部分の内容を踏まえる。改悛の年齢として既に時機を失した、とある。

問五『論語』の「里仁」に、「朝がたに人としての道を聞くことができたならば、もうその日の夕方には死んでもかまわない。」という孔子の言葉がある。正しい道を求める切実さ、尊さを意味している。　問六「始知為人情所患、有自改意」という自らの気付きと、清河の「況君前途尚可。且人患志之不立、亦何憂令名不彰邪」という助言を踏まえてまとめる。

二〇二三年度 実施問題

【中学校】

【一】次の文章を読んで、以下の〔問一〕～〔問五〕に答えなさい。

俳優の本当の仕事は、「普段私は他人には話しかけないけれども、話しかけるとしたらどんな自分だろうか」と探ることだ。すなわち、俳優という自分の個性と、演じるべき対象のaヤクガラの共有できる部分を捜しだし、それを広げていくという作業が求められている。

実はこういった考え方は、教育学の世界でも注目を集めている。これを通常、「シンパシーからエンパシーへ」と呼ぶ。エンパシーという英語はbホンヤクが難しいのだが、私は「同情から共感へ」「同一性から共有性へ」と呼んでいる。

（中　略）

シンパシーからエンパシーへ。同情から共感へ。これはいま、他の分野でも切実な問題となっている。

医療や福祉や教育の現場で、多くの有為の若者たちが、「患者さんの気持ちがわからない」「障害を持った人たちの気持ちが理解できない」と絶望感にうちひしがれて、この世界を去っていく。真面目な子ほど、そのような傾向が強い。

患者さんや障害者の気持ちに同一化することは難しい。同情なぞは、①もってのほかだ。しかし、患者の痛みを、障害者の苦しみや寂しさを、何らかの形で共有することはできるはずだ。私たち一人ひとりの中にも、それに近い痛みや苦しみがきっとあるはずだから。

こういったエンパシー型の教育には、演劇的な手法が大きな効果を示す。なぜなら演劇は[c]ガンライ、異なる注※コンテクストを抱えた人間が集まって、一定期間内に何かをアウトプットするという営みを繰り返してきたから。

ここで重要なのは、実は「一定期間内に」という点だ。

およそ、どんな共同体でも、このような②コンテクストの摺《す》りあわせを、長い時間をかけて行う。五〇年、一〇〇年とかかって、企業や学校の中だけで通じる言葉や、その地域の中だけで通じる方言などが生まれてくる。

しかし演劇においては、たかだか数週間の稽古を経ただけで、あたかも家族のように、あたかも恋人同士のように、あるいはよく知っている劇団員同士でも、あたかも他人のように振る舞うことができる。

私たち演劇人は、ごく短い時間の中で、表面的ではあるかもしれないが、他者とコンテクストを摺《す》りあわせ、イメージを共有することができる。そこに演劇の本質がある。

そして、このノウハウ、このスキルは、これからのエンパシー型の教育に大きな力を発揮するだろうと私は考えている。ここで言うエンパシーとは、「わかりあえないこと」を前提に、わかりあえる部分を探っていく営みと言い換えてもいい。

注※　コンテクスト…文脈。その人がどんなつもりでその言葉を使っているか、ということ。

（平田オリザ『わかりあえないことから』より）

〔問一〕　――線a～cについて、カタカナを漢字に直して楷書で書きなさい。

〔問二〕　――線①「もってのほか」と同意の語を次の【　　】から選び、その読みを平仮名で書きなさい。

「　門外不出　言語道断　有象無象　徒手空拳　主客転倒　」

〔問三〕 ――線②「コンテクストの摺《す》りあわせ」を言い換えた言葉を、文中から十六字で抜き出して書きなさい。

〔問四〕 次の【文章A】について、以下の(一)、(二)の問いに答えなさい。

【文章A】

　夫婦などはその典型で、最初のうちは異なる文化、異なるコンテクストで育った二人が衝突を繰り返しながら、家の中の様々な事象に共通の名前をつけていく。たとえば電子レンジという家電製品は、「電子レンジ」と呼ぶ家と、「レンジ」と呼ぶ家と、そして「チン」と呼ぶ家が必ずある。しかし、二〇年も連れ添った夫婦で、夫はそれを「チン」と呼び、妻はそれを「レンジ」と呼ぶような家は少ない。育った家での呼び名は違っても、長年一緒に暮らすうちにコンテクストの摺りあわせが起こって、共通の呼び名が固定される。

　夫婦、家族のような小さな共同体でも、こういったコンテクストの摺りあわせは、ゆっくりと時間をかけて行われる。

(一)【文章A】は本文の一部を抜き出したものである。本文中のどの段落の後に入れるのが適当か。前の段落の最後の五字を書きなさい。(句読点を含めない)

(二)【文章A】に見られる表現の工夫を、意見文や批評文を書く活動で活用させたい。その理由を、中学校学習指導要領(平成二十九年告示)解説　国語編「書くこと」の「記述」に関する指導事項を踏まえ、「根拠」という言葉を使って簡潔に書きなさい。

〔問五〕　筆者の考える「エンパシー型の教育」について、実際に学校の教科指導や生活指導で活用するとき、どのような場面でどのような活用が考えられるか。自分の考えを五十字～七十字で書きなさい。

（☆☆☆◎◎◎）

【二】次の古文は、現存最古の評論書と言われている『無名草子』の一部である。この文章を読んで、以下の〔問一〕～〔問五〕に答えなさい。

「すべて、あまりになりぬる人の、そのままにてはべるためし、ありがたきわざにこそあめれ。

檜垣の子、清少納言は、一条院の位の御時、中関白世を A治らせたまひけるはじめ、皇太后宮の時めかせたまふ盛りにさぶらひたまひて、人より優なる者とおぼしめされたりけるほどのことどもは、『枕草子』といふものに、みづから書きあらはしてはべれば、こまかに申すに及ばず。

歌詠みの方こそ、元輔が娘にて、さばかりなりけるほどよりは、すぐれざりけるとかやとおぼゆる。①『後拾遺』などにも、むげに少なう入りてはべるめり。②みづからも思ひ知りて、申し請ひて、さやうのことには交じりはべらざりけるにや。さらでは、いといみじかりけるものにこそあめれ。

その『枕草子』こそ、心のほど見えて、いとをかしう［ａ］。③さばかりをかしくも、あはれにも、いみじくも、めでたくもあることども、残らず書き記したる中に、宮の、めでたく、盛りに、時めかせたまひしことばかりを、身の毛も立つばかり書き出でて、関白殿失せさせたまひ、内大臣流されたまひなどせしほどの衰へをば、かけても言ひ出でぬほどのいみじき心ばせなりけむ人の、はかばかしきよすがなどもなかりけるにや、乳母の子なりける者に B具して、遥かなる田舎にまかりて住みけるに、襖などいふもの干しに、外に出づとて、『昔の直衣姿こそ忘られね』と独りごちけるを、見はべりければ、Cあやしの衣着て、つづりといふもの帽子にして［b］けるこそ、いとあはれなれ。まことに、いかに昔恋しかりけむ」

（『無名草子』より）

〔問一〕――線①『後拾遺』は、白河天皇の命により編纂された勅撰和歌集『後拾遺和歌集』である。この和歌集の撰者を次の中から一人選び、記号で答えなさい。

ア　藤原通俊　イ　紀貫之　ウ　源俊頼　エ　清原元輔

〔問二〕――線②「みづからも思ひ知りて」とあるが、誰が何を分かっていたと述べられているか。現代語で書きなさい。

〔問三〕――線A「治らせたまひける」、B「具して」、C「あやし」の意味を答えなさい。

〔問四〕空欄［a］、［b］に、「はべり」の活用語を入れなさい。

〔問五〕『枕草子』第一段を取り扱う授業で、『枕草子』の作品の特徴について、――線③「さばかり〜書き記したる」を提示して理解させたい。第一段の内容を踏まえて、――線③を生徒に簡潔に説明しなさい。

（☆☆☆◎◎◎）

【三】次の漢文を読んで、以下の〔問一〕～〔問四〕に答えなさい。

夫《ノ》驥《ハ》一日《ニシテ》而千里《ナルモ》、駑馬《モ》十駕《スレバ》、則《チ》亦及《ブ》レ之《ニ》矣。將《ニ》《ルカ》下以《テ》窮《メ》二無窮《ヲ》一、逐《ハント》中無極《ヲ》上與、其《レ》折《リ》レ骨《ヲ》絶《ツモ》レ筋《ヲ》、①終身不可以相及也。將《ニ》《レバ》レ有《ラント》レ所レ止《マル》レ之《ニ》、則《チ》千里②雖《モ》レ遠《シト》、亦或《ハ》遲《ク》或《ハ》速《ク》、或《ハ》先《ニ》或《ハ》後《ニ》、③胡爲《レゾ》乎其《レ》不《ラン》レ可《カラ》二以《テ》相及《ブ》一也。

（『荀子』より）

〔問一〕——線②、③の読みを、現代仮名遣いでそれぞれ書きなさい。

〔問二〕——線①について、書き下し文「終身以て相及ぶ可からざるなり。」となるように、訓点を付けなさい。

［終　身　不　可　以　相　及　也］

〔問三〕この漢文の内容は「駑馬十駕」として現在も使われている言葉であるが、このように中国の昔の説話や出来事がもとになってできた言葉を何というか、漢字で書きなさい。

〔問四〕「駑馬十駕」の言葉の由来となった昔の説話と、現在の意味について、それぞれ簡潔に書きなさい。
（☆☆☆◎◎◎）

【四】第三学年「話すこと・聞くこと」の学習で、他校の生徒とスピーチで交流する言語活動を設定した。次は、本単元の【単元の指導計画】【はばたく群馬の指導プランⅡの一部】【学習指導要領解説　国語編　付録4「系統表」の一部】である。以下の〔問一〕、〔問二〕に答えなさい。

【単元の指導計画】

単元の重点とする指導事項
〔思考力、判断力、表現力等〕　「A話すこと・聞くこと」
イ　構成の検討・考えの形成

※①～⑥は学習活動を表す。

【つかむ過程】（1時間）
① 単元の課題を確認し、話題を決める。
・昨年度の生徒のスピーチをモデルとして視聴し、学習の見通しをもつ。

単元の課題

a

【追究する過程】（6時間）
② 本やインターネット等から、情報を集める。
・b情報の信頼性について確認する。
③ スピーチの構成を考える。
・導入、c構成の順序、情報の提示方法等の工夫ができるように、モデルと比較する。
④ スピーチの練習をしながら、論理の展開を整える。
・聞き手を意識させ、スピーチの構成、内容、表現の工夫について検討する。
⑤ 他校の生徒とスピーチ交流会を行う。
・事前に録画したお互いのスピーチの動画を視聴した後、オンラインで意見交流を行う。
・感想カードを記入し、相手に送信する。

【まとめる過程】（1時間）
⑥ 感想カードをもとにスピーチ交流会を振り返り、単元で学んだことを次の単元や他教科でも使えるようにしていく。

【はばたく群馬の指導プランⅡの一部】

【必要感のある言語活動】

※単元の課題の立て方

○どのような資質・能力を、どのような言語活動を通して身に付けさせるかを明確にする。

【　A　】をして（～ができるように）、
【　B　】をする。
A　→(1)指導事項から身につけさせたい資質・能力を明確にする。
B　→(2)言語活動例を参考に児童生徒の実態に合った言語活動を設定する。
※学習指導要領解説国語編 付録4「系統表」を参照

※「はばたく群馬の指導プランⅡ」は、群馬県教育委員会が発行している授業改善の指針を示した冊子。

【学習指導要領解説 国語編 付録4「系統表」の一部】

		(中) 第1学年	(中) 第2学年	(中) 第3学年
		(1) 話すこと・聞くことに関する次の事項を身に付けることができるよう指導する。		
話すこと	構成の検討 考えの形成	イ　自分の考えや根拠が明確になるように、話の中心的な部分と付加的な部分、事実と意見との関係などに注意して、話の構成を考えること。	イ　自分の立場や考えが明確になるように、根拠の適切さや論理の展開などに注意して、話の構成を工夫すること。	イ　自分の立場や考えを明確にし、相手を説得できるように論理の展開などを考えて、話の構成を工夫すること。
聞くこと	構造と内容の把握 精査・解釈 考えの形成 共有	エ　必要に応じて記録したり質問したりしながら話の内容を捉え、共通点や相違点などを踏まえて、自分の考えをまとめること。	エ　論理の展開などに注意して聞き、話し手の考えと比較しながら、自分の考えをまとめること。	エ　話の展開を予測しながら聞き、聞き取った内容や表現の仕方を評価して、自分の考えを広げたり深めたりすること。

〔問一〕【単元の指導計画】に関する次の(一)～(三)の問いに答えなさい。

(一)【単元の指導計画】のつかむ過程で、単元の課題 a については、生徒に学習への必要感をもたせることが重要である。【はばたく群馬の指導プランⅡの一部】【学習指導要領解説　国語編　付録4「系統表」の一部】を参考に、単元の課題を書きなさい。

(二)【単元の指導計画】の――線b「情報の信頼性」について指導を行う際に、インターネットから得た情報の信頼性について、生徒に確認させる方法を二つ書きなさい。

(三)【単元の指導計画】の――線c「構成の順序」を考えさせる際に、はじめと終わりに自分の主張を提示するスピーチの構成を何というか、漢字三文字で書きなさい。

〔問二〕他校の生徒と行ったスピーチ交流会で、相手のスピーチの構成の工夫について評価し、感想カードで伝え合う活動を行った。次の(一)～(三)の問いに答えなさい。

(一)録画した動画を活用して、相手のスピーチの工夫を伝え合う学習活動を行うにあたり、指導事項に照らし合わせて、ＩＣＴを活用することの利点を簡潔に二点書きなさい。

(二)次は、春菜さんがオンラインで他校の妙子さんと意見を交流した後、送信された妙子さんの【感想カード】と春菜さんの【単元の振り返りカード】である。春菜さんの振り返りを充実させるために、単元の重点とする指導事項に即してどのような助言をするか、【感想カード】の内容を踏まえ、簡潔に書きなさい。

【感想カード】

スピーチ交流会　感想カード

群馬中学校　白根妙子

赤城春菜　さんの発表について

・「構成の工夫」の評価（◎・○・△）
　主張が明確である（ ◎ ）
　主張する理由や具体例が示されている（ △ ）
　話の流れが分かりやすい（ ○ ）

・感想
　食品ロスについての問題提起は、私たちにも身近で、興味をもちました。はじめと終わりに主張が述べられ、分かりやすかったです。ただ、主張にもっと説得力をもたせると、よいのではないかと思います。

【単元の振り返りカード】

振り返りカード

赤城春菜

　スピーチを録画するときは、他の学校の人に聞いてもらうので、とても緊張した。食品ロスを調べるのは難しかったけど、スピーチはよくできた。みんな頑張っていたので、すばらしいスピーチ交流会になった。

(三)　録画したスピーチの動画を教材として、第一学年の授業で、「聞くこと」の学習活動を行いたい。指導事項の系統性を考慮し、スピーチを聞き取る際にどのような学習活動を設定するか簡潔に書きなさい。
(☆☆☆◎◎◎)

【五】次の〔問一〕、〔問二〕に答えなさい。

〔問一〕品詞に関する次の(一)、(二)の問いに答えなさい。

(一) 次のア～ウの文に使われている「な」について、「な」に関わる品詞を明らかにして、それぞれ説明しなさい。

ア 隣の町に、大きなデパートができた。

イ 今日は休みなので、妹と公園へ遊びに行く予定だ。

ウ 万華鏡をのぞくと、きれいな模様が見える。

(二) 第二学年の助詞の働きに関する学習において、「母の作った料理はおいしい」の「の」と同じ意味・用法であるものはどれかと発問したところ、「ウ」と解答した生徒がいた。この生徒が、正解は「ウ」ではなく、「イ」であることを理解するために、あなたはどのように説明するか、書きなさい。

◎母の作った料理はおいしい。

ア カエデの葉は秋になると赤く染まる。

イ 私の見たことを、皆さんにお伝えします。

ウ この消しゴムは、君のではないですか。

エ なぜ、本当のことを言わないの。

〔問二〕 書写の時間に、行書の点画の連続について指導した。清書する際に、生徒がペアになり、お互いの始筆から終筆までの運筆を録画させ、清書作品とともに提出させた。これまでのように清書作品だけではなく、動画でも提出させることの利点を、指導と評価の一体化の観点から、簡潔に書きなさい。

(☆☆☆◎◎◎)

【高等学校】

【二】 次の文章を読み、以下の問いに答えなさい。

Ⅰ 「hyposubject」は、「hypersubject」に対置される概念だ。ハイパーオブジェクトの時代に、それでもなお意味の主宰者であり続けようとする「強い主体」を、著者は「hypersubject」と呼ぶ。これに対し、「hyposubject」とは、全体を俯瞰《ふかん》できない自己の弱さと不完全さを受け入れて生きていく「弱い主体」だ。

「hyper」が「超越」を意味する言葉なのに対して、「hypo」は、「下、下方、低い」を意味する。ハイパーサブジェクトは命令し、支配し、超越的な立場から全体を見下ろそうとするが、そんな彼らの時代は、ハイパーオブジェクトの顕在化とともに終焉《しゅうえん》を迎えなくてはならない。どれほど命令し、支配し、超越しようとしてもなお、ハイパーオブジェクトは視界の外から侵入してきて、世界を完結させようとするあらゆる試みを無残にも引き裂いていくからだ。

とすれば、ハイパーオブジェクトの時代の主体は、むしろ自己を徹底的に弱くしていくしかないのではないか。本書でモートンとボイヤーはこの可能性を追求する。ここで、「遊び(play)」が、重要なキーワードになる。

「遊び」とは既知の意味に回帰することではなく、まだ見ぬ意味を手探りしながら、未知の現実と付き合ってみることである。それは、みずから意味の主宰者であり続けようとする強さを捨てて、まだ意味のない空間に投げ出された主体としての弱さを引き受けることである。意味の①ゼンボウを見晴らせないなかで、それでも現実と付き合い続けようとする行為は、自然と「遊び」のモードに近づいていく。

Ⅱそれはいつも子どもたちが僕に教えてくれることでもある。

指をしゃぶり、椅子の下に②モグり、スプーンを投げ、食器を叩《たた》く。まだ意味がわからない対象を、舐《な》め、咥《くわ》え、叩き、投げ、転がしながら、目の前の現実をいままでよりよくわかろうとする幼子の姿は、モートンが言う「遊び心(playfulness)」の生きたモデルだ。

既存の意味が安定していた世界では、遊びはあくまで真面目な仕事からの③イツダツであった。だが、これまで意味として信じられてきた世界が崩れていくとき、既知の意味に回帰しようとする生真面目さの方が、かえって命取りになる。

大人と子どもが同じ場を共有するとき、しばしばその場を支配するのは子どもたちだ。大人は、自分こそが意味の主導権を握っているつもりである。椅子は座るもので、テーブルは食事をするためのものだ。意味を一望できる「　　」として、大人は子どもたちの前に君臨している。

ところが子どもたちはその同じ場にいて、すべてを思わぬ仕方で遊び始める。椅子にのぼり、コップを落とし、食事をするはずの場で追いかけっこを始める。子どもたちは大人が構築した世界に対抗するのでも、自分たちの「正しさ」を振りかざすのでもなく、ただ大人と同じ世界を、その与えられた配置のまま、それを構成するあらゆる要素を別の意味で使い始める。子どもたちの果てしない遊び心に、大人は④ホンロウされてしまう。強い主体であるはずの大人が、まだ意味がないことを受け入れる子どもたちの主体の弱さに、すっかり振り回されてしまうのである。

危機においてますます意味の主導権を握り続けようとするハイパーサブジェクトの支配から自由になるため

には、単純な抵抗や正義の主張では不十分なのだ。既知の意味に固着せず、意味の主宰者であろうとする大人たちを結果としてホンロウしていく子どもたちの遊び心は、これからの時代を生きる大きなヒントを孕《はら》んでいるのではないだろうか。

モートンは、子どもたちどころか、あらゆるモノが、精緻に見れば、すでに遊び心を⑤タイゲンしていると語る。

Ⅲモノがモノであるとは、遊戯的《プレイフル》であるということなのだと思う。だから、そのように生きることの方が「精緻(accurate)」なのだ。

現代の物理学は、意識も生命もないとされてきた「モノ」の世界が、いかに創造的で生産的かを明らかにしてきた。現代の宇宙物理学によれば、宇宙はかつて細胞よりも小さな極小の時空から、一〇〇〇億以上の銀河を含む現在の姿にまで⑥フクらみ続けてきた。量子力学によると、物質は最も小さなスケールで、位置と運動量が同時に決まらないような根源的な曖昧さとともに、落ち着きなく揺らぎ続けている。意識や生命がなくてもモノは、ただその場でじっとしているだけの無力な存在ではなかったのだ。

モノはそれ自体がすでに驚くべきほど創造的で、遊戯的なのではないか。とすれば、遊戯的であることは、現実から一時的に脱線することではなく、むしろ遊戯的であることこそが現実的《リアル》なのではないか。既知の意味に固着する生真面目さよりも、あらゆる可能性を試す遊び心の方が「精緻」だとモートンが言うのは、それが意識や生命すらないとされる、あらゆるモノたちに共通する根本的なあり方だからである。

「精緻さ(accuracy)」は、ハイパーオブジェクトの時代の重要なキーワードになる。一つの動かぬ「正しさ」

を決めてしまうよりも、これまでより少しでも「精緻」な認識を求めて動き続ける。これは、僕たちの大先輩である植物たちが、これまでいつも⑦ジッセンしてきたことでもある。

イタリアの植物学者ステファノ・マンクーゾは著書『植物は〈未来〉を知っている』のなかで、「緊急事態」に直面したときの動物と植物の違いについて、とても面白い指摘をしている。すなわち、動物は緊急事態に直面したとき、いつも同じ対処をしてきたというのだ。それは、「逃げる」という方法である。問題が起きたら、その場からいなくなる。動物はこのために、⑧ジンソクに動ける身体と神経系を発達させてきた。

これに対して植物は、環境から逃げずに、その場にいながら問題を解く。このため、「並外れて優れた感覚」を磨いてきた。その場にいることを選んだ生き物にとって、その場で何が起きているかを精緻に把握することこそが、⑨シカツ問題だからである。

パンデミックや地球規模の環境の大変動に対して、僕たちはすぐに逃げることはできない。これらは、「どこか別のところへ行く」という仕方では回避できない問題なのだ。だからこそⅣ僕たちは植物に学ばなければならない。ここでないどこかに行くためではなく、すでにいるこの場所をいままでより精緻に知るためにこそ、資源とエネルギーを大胆に⑩トウカしていくのだ。

(森田真生『僕たちはどう生きるか　言葉と思考のエコロジカルな転回』による)

(注)　ハイパーオブジェクト…パンデミックや気候変動等、時間的、空間的に、人間のスケールを凌駕《りょうが》した超絶的な対象のこと。

著者…独自の環境哲学を展開するティモシー・モートンと人類学者で作家のドミニク・ボイヤーのこと。

本書…モートンとボイヤーとの共著『hyposubjects』のこと。

問一　傍線部①～⑩について、カタカナを漢字に改めよ。
問二　傍線部Ⅰについて、この二つの「対置される概念」を分かりやすく説明した板書例を書け。
問三　傍線部Ⅱに関連して、「子どもたち」の例を挙げることで、筆者はどのような効果をねらったと考えられるか、書け。
問四　空欄□に当てはまる語として最も適切なものを次から選び、記号で答えよ。
ア　ハイポサブジェクト　イ　ハイパーサブジェクト　ウ　ハイポオブジェクト
エ　ハイパーオブジェクト
問五　傍線部Ⅲ「モノがモノであるとは、遊戯的であるということなのだと思う。だから、そのように生きることの方が「精緻(accurate)」なのだ」とはどういうことか、書け。
問六　傍線部Ⅳについて、現代人が「植物に学ばなければならない」のはなぜか、本文全体を踏まえ「ハイパーオブジェクト」という言葉を用いて、書け。
問七　「高等学校学習指導要領」(平成30年3月告示)の国語に示された科目「論理国語」において、「読むこと」を指導する際の教材として本文を活用する場合、どのような指導事項を指導することができるか、又、その指導をする際、ＩＣＴを活用したどのような言語活動が考えられるか、「論理国語」２　内容　を踏まえて、書け。

(☆☆☆◎◎◎)

【二】次の文章は、筆者である阿仏尼が、所領紛争の解決のために、京都から鎌倉に出発する場面のものである。これを読み、以下の問いに答えなさい。

さりとて、文屋の康秀が誘ふにもあらず、住むべき国求むるにもあらず。頃は三冬《みふゆ》立つはじめの空なれば、降りみ降らずア時雨も絶えず、嵐にきほふ木の葉さへ、涙とともに乱れ散りつつ、事にふれて心細く悲しけれど、人やりならぬ道なれば、aいきうしとてとどまるべきにもあらで、何となく急ぎ立ちぬ。

目離《めか》れせざりつる程だに荒れまさりつる庭も籬《まがき》も、ましてと見まはされて、慕はしげなる人々の袖のしづくも、なぐさめかねたる中にも、侍従・大夫などの、あながちにうち屈《くむ》じたるさま、いと心苦しければ、さまざま言ひこしらへ、閨《ねや》のうちを見やれば、昔の枕のさながら変らぬを見るも、今更悲しくて、傍らに書きつく。

A　とどめおく古き枕の塵をだに我が①立ち去らば誰か払はむ

代々に書きおかれける歌の草子どもの、奥書などしてあだならぬ限りを、選《え》りしたためて、侍従の方へ送るとて、書きそへたる歌、

B　和歌の浦にかきとどめたる藻塩草これを昔のかたみとは見よ

C　あなかしこ横波かくな浜千鳥ひとかたならぬ跡を思はば

これを見て、侍従の返事《かへりごと》いととくあり。

D　つひによもあだにはならじ藻塩草かたみを三代《みよ》の跡に残さば

E　b迷はまし教へざりせば浜千鳥ひとかたならぬ跡をそれとも

この返事、いとおとなしければ、心安くあはれなるにも、昔の人に聞かせ奉りたくて、又②うちしほたれぬ。

大夫の、傍ら去らず馴れ来つるを、ふり捨てられなむ名残、あながちに思ひ知りて、イ手習したるを見れば、

F　はるばると行く先遠く慕はれていかに其方《そなた》の空をながめむ

と書きつけたる、物よりことにあはれにて、同じ紙に書きそへつ。

G　つくづくと空ながめそ恋しくは道遠くともはや帰りこむ
とぞなぐさむる。

（『十六夜日記』による）

（注）三冬…十月。　侍従…息子の為相（ためすけ）。十七歳。
大夫…息子の為守（ためもり）。十五歳。　昔の枕…亡くなった夫、為家の用いた枕。
奥書…俊成、定家、為家などの奥書。　和歌の浦…和歌の家の意。
藻塩草…製塩のために用いる海藻。ここでは、詠草・歌書の意。　横波かくな…邪道に陥るな。

問一　二重傍線部ア、イの読み方を平仮名（現代仮名遣い）で答えよ。
問二　波線部a、bについて、それぞれ必要な語を補って口語に訳せ。
問三　傍線部①を品詞分解し、文法的に説明するための板書例を示せ。
問四　A～Gの和歌のうち、筆者が詠んだ和歌を全て選び、記号で答えよ。
問五　Dの和歌にはどのような表現技法が用いられているか。一つ取り上げ、説明せよ。
問六　傍線部②について、筆者がこのような様子になったのはどうしてか、「昔の人」が誰かを明らかにして説明せよ。
問七　Gの和歌はどのような内容を歌っているか、簡潔に説明せよ。
問八　二重波線部について、「文屋康秀」と同じく六歌仙に数えられる人物を他に二人挙げよ。また、六歌仙に対する理解を深めるために、どのようにICTを活用する方法が考えられるか、書け。

（☆☆☆☆◎◎◎）

【三】次の文章を読み、以下の問いに答えなさい。（設問の都合上、一部訓点を省略した所がある。）

恵子謂《ヒテ》二荘子《ニ》一曰《ハク》、「魏王貽《おくル》二我《ニ》大《だい》瓠《こ》之種《ヲ》一。我樹《うウルニ》レ之《ヲ》、成《リテ》而実《いル》二五石《ヲ》一。以《テ》盛《レバ》二水《すゐ》漿《しやうヲ》一、①其《ノ》堅《おもキコト》不レ能《ハ》二自《ラ》挙《グル》一也。剖《さキテ》レ之《ヲ》以《テ》為《セバ》レ瓢《へうト》、則《チ》瓠《こ》落《らくシテ》無《シ》レ所レ a容《ルル》。非《ズ》レ不《ルニ》二呺《けう》然《ぜんトシテ》大《ナラ》一也。吾為《ニ》二其《ノ》無《キガ》一レ用而掊《くだケリ》レ之《ヲ》。」

荘子曰《ハク》、「夫子固《ヨリ》 b拙《シ》二於用《フルニ》一レ大《ヲ》矣。宋人《ニ》有《リ》下善《ク》 c為《ル》二不《ふ》亀《きん》手《しゅ》之薬《ヲ》一者上。世世以《テ》三洴《へい》二澼《へきスルヲ》絖《くわうヲ》一為《ス》レ事《ト》。客聞《キテ》レ之《ヲ》、d請《ヘリ》レ買《ハント》二其《ノ》方《ヲ》百金《ニ》一。聚《あつメテ》レ族《ヲ》而謀《リテ》曰《ハク》、『我世世為《スモ》三洴二澼《スルヲ》絖《ヲ》一、不レ過《ギ》二数金《ニ》一。今一朝《ニシテ》而鬻《ひさグ》二技《ヲ》百金《ニ》一。②請《フ》与《ヘント》レ之《ヲ》。』客得《テ》レ之《ヲ》以《テ》説《ク》二呉王《ニ》一。越有《リ》レ難。③呉王使之将。冬、与二越人一水戦《シ》、大《イニ》敗《ル》二越人《ヲ》一。④裂《キテ》レ地《ヲ》而封《ズ》レ之《ヲ》。能《ク》不《ルハ》レ亀《きんセ》レ手《ヲ》一也。或《ヒハ》以《テ》封《ゼラレ》、或《ヒハ》不《ルハ》レ免《レ》三於洴二澼《スルヲ》絖《ヲ》一、則《チ》所レ用《フル》之異《ナル》也。今、子有《ルニ》二五石之瓠一、

何ソ不㆘(e)慮リテ以テ為シテ㆓大《だい》樽《そん》ト㆒、而浮カバ㆗乎江湖ニ㆖、而⑤憂其瓠落無所容。則チ⑥夫子猶ホ有ル㆓蓬《よもぎ》之心㆒也夫《かな》。」

（『荘子』による）

（注）恵子…宋の人で魏の大臣。　大瓠…「瓠」は夕顔のこと。　実五石…五石《こく》入るほどの実がなる。
水漿…水や液体。　瓢…水や酒を汲むのに用いるもの。　瓠落…ぼろぼろ欠け落ちる。

呺然…うつろで大きいさま。　不亀手之薬…ひびあかぎれの薬。手に亀裂を作らないようにする薬の意。

洴澼絖…綿を水で漂白する。　方…方法。　鬻技百金…技術を百金で売る。

越有難…越の車が呉に侵入したこと。　蓬之心…おおらかでない、曲がった心。

問一　波線部a～eの語の読み方を、送り仮名も含め、平仮名（現代仮名遣い）で答えよ。
問二　傍線部①、④を口語に訳せ。
問三　傍線部②はどのようなことを述べているか、簡潔に説明せよ。
問四　傍線部③、⑤に訓点を施せ。

③	⑤
呉王使之将。	憂其瓠落無所容。

問五　傍線部⑥について、荘子が恵子にこのように言ったのはどうしてか、簡潔に説明せよ。
問六　本教材を用いて、「高等学校学習指導要領」(平成30年3月告示)「古典探究」の　2　内容〔思考力、判断力、表現力等〕A　読むこと　(1)　ウ「必要に応じて書き手の考えや目的、意図を捉えて内容を解釈するとともに、文章の構成や展開、表現の特色について評価すること。」について指導する際に、どのような言語活動が考えられるか、A　読むこと　(2)の言語活動例を踏まえて、書け。

(☆☆☆☆◎◎◎)

解答・解説

【中学校】

【一】問一　a　役柄　b　翻訳　c　元来　問二　ごんごどうだん　問三　わかりあえる部分を探っていく営み　問四　(一)　まれてくる　(二)　自分の考えを相手に伝わりやすくする工夫として身近な例を挙げることなど、根拠の適切さについて考えることができるから。　問五　道徳科の授業で他者の心の動きを考えさせる場面で、相手の立場や性格などを踏まえて多面的に捉え、言動の意図を理解しようとする際に活用できる。(六十八字)

〈解説〉問一　漢字の表意性に留意し、同音(訓)異義語や類似の字形に注意し楷書で書くこと。　問二「言語道断」は「もってのほか。とんでもない」など、「言葉では述べられないほど甚だしいこと」をいう。

問三　②「コンテクストの摺りあわせ」の「コンテクスト」は、注では「文脈」の意味と示されている。「摺りあわせ」は、辞書的意味では、「案文などをまとめるために、関係方面と意見の調整をすること」をいう。文中では、「他者とコンテクストを摺りあわせ、イメージを共有することができる」と述べられている。この「イメージを共有する」ことを述べている次の段落の「わかりあえる部分を探っていく営み」を抜き出す。
問四　(一)　欠文の【文章A】は、文の最後に「コンテクストの摺りあわせ」には、時間を要することの必要性が述べられている。これは②「コンテクストの摺りあわせ」が長い時間をかけて行うことを例証した文章のまとめである。②を含む段落の後に補充する。　(二)「B　書くこと」の指導内容の「記述」は、「考えの形成」とともに全学年共通の事項であり、自分の考えが伝わる文章になるように工夫することを示している。文章Aに見られる表現の工夫は、「どんな共同体でも、コンテクストの摺りあわせを、長い時間かけて行う」との例証を、具体的に分かりやすい表現で、しかも根拠を挙げて論じている。この表現方法を参考にし、生徒たちは、根拠の明確さ、根拠の適切さを考え、さらに具体例を加え、自分の考えが伝わる文章を工夫するようになる。このことを活用の理由とする。　問五　「エンパシー型の教育」は、同情から共感による相互理解型の教育である。同情は、他者に近づく親しさの感情であり、共感は他者と一体化する自助から共助の感情である。文化祭での演劇で、互いに自分の役柄、他者の役柄の相互理解と協働する喜びを共有させる指導や道徳の時間でのいじめのロールプレイングで、加害者と被害者の「わかりあえない」状況に対し「わかりあえる部分」を生徒に考えさせる指導などに活用する。

【二】問一　ア　問二　清少納言が、歌を詠むことが得意ではないこと。　問三　A　お治めになっていらっしゃった　B　従って、お供して　C　粗末だ、みすぼらしい　問四　a　はべれ　b　はべり
問五　ほたるが光って飛んでいく様子や、雨が降る様子などを挙げ、自分の好きな物や趣があると思う事など

の心を動かされたことを残らず書き記している、と枕草子について評している。

〈解説〉問一 「後拾遺」は、「後拾遺和歌集」のこと。撰者は、藤原通俊。 イ 紀貫之は、醍醐天皇の勅命による「古今和歌集」の撰者。 ウ 源俊頼は、白河院の勅命による『金葉和歌集』の撰者。 エ 清原元輔は、村上天皇の勅命による『後撰集』の撰者である。 問二 「みづからも思ひ知りて」の「みづからも」は、前後の文から、清少納言を指す。清少納言は歌人の清原元輔(問一のエの解説参照)の娘であるが、後拾遺集に収められた歌が少ないことや皇后(中宮定子)に申し出て和歌にかかわらなかったことから、自分自身、歌を作る才能の乏しさを自覚していたのである。 問三 A 「治らせたまひける」の「治ら」は、「治(をさま)る」(動詞四段活用)の未然形。それに尊敬の助動詞「す」の連用形+尊敬の補助動詞「たまふ」の連用形で二重尊敬である。それに過去の助動詞「けり」の連体形が接続している。 B 「具して」の「具し」は、「具す」(自サ変)の連用形で、「従う。一緒に行く」の意の連用形。 C 「あやし」(形容詞・シク活用)は、「賤し」と書く。「見苦しい。粗末に」の意。 問四 aは、「その『枕草子』こそ」の係助詞「こそ」と呼応して結辞を活用語の已然形にする係り結びとなり、「はべれ」が入る。 bには、活用語の連用形に接続する過去の助動詞「けり」の連体形が接続しているため「はべり」の連用形「はべり」が入る。 問五 ③の「さばかりをかしくも、あはれにも、いみじくも、めでたくもあること」とは、「あれほど興味深くもあり、趣深くも、すばらしくも、りっぱでもあること」ということである。「枕草子」の第一段は、「春はあけぼの」から始まり、「夏は夜」では、「月夜。闇夜の蛍が飛び乱れる様子や降る雨」。「秋は夕暮」では、「鳥のねぐらへ向かう様子。風の音や虫の声」。「冬はつとめて(早朝)」では、「雪の降っている朝。霜の朝。寒い朝の炭火。」について、「をかし」「あはれなり」「つきづきし」の情感あふれる表現で、四季折々の自然と人の営みを描いている。この内容を踏まえ、「枕草子」の随筆の特徴を理解させる。

【三】 問一　②　いえど(も)　③　なんす(れぞ)　問二　終身不ルレ可カラ二以テ相及ブ一也　問三　故事成語
問四　昔の説話…優れた馬は一日に千里を走るが、駄馬であっても十日も歩けば千里の道を行くことができる。
現在の意味…目標を立てて着実に努力をすれば、誰でも達成することができること。

〈解説〉問一　②「雖」は「いえども」と読む。逆接の接続詞。　③「胡爲」は「なんすれぞ」と読む。「どうして。なにゆえ」の意の副詞。　問二　訓点は、漢文を古典文(和文)に翻訳するための送り仮名・ヲコト点・返り点などの総称。「レ点」(一字だけ返って読む記号)「一・二点」(二点以上離れた上の字に返って読む記号)や送り仮名は語形を明らかにするために活用語では、活用語尾や助詞、副詞等を示すため漢字の右側にカタカナで付ける。「不可」はレ点。「可～相及」は「一・二点」を付ける。　問三　「故事」は、「古事」とも書く。「成語」は、「昔の人によって作られ、広く言いならわされてきた言葉」である。　問四　「駑馬十駕」の「駑馬」は、「歩くのが遅い馬」。役に立たない馬で、転じて「鈍才」をいう。「十駕」は、馬が車を引いて進む一日分の行程。駑馬で十日間、車をつけて走らせれば、驥(一日に千里を走るという駿馬)の一日の道のりを行くことができる、というのである。冒頭で「夫驥一日而千里、駑馬十駕、則亦及之矣」と述べ、さらにこのことを踏まえ「千里雖遠、～胡爲乎其不可以相及也」と強調している。現在は、「駑馬(も)十駕」は、「才能の乏しい者も、休まず努力すれば、才能のある者(俊才)と肩を並べることができる」というたとえになっている。類似の故事成語に「騏驥(きき)の跼躅(きょくちょく)は、駑馬の安歩に如かず」(「史記」)がある。「駿馬も行き悩んでいれば、駄馬がゆっくり進むのに及ばない」の意である。

【四】問一　(一)論理の展開を考えた話の構成を工夫して、相手を説得できるようなスピーチをする。
(二)・発信日時、更新日時を確認させる。　・複数のメディアの情報を組み合わせて確認させる。
(三)双括型　問二　(一)・映像を何度も見返しながら、構成の工夫について確認することができる。
・同じ動画を手元の端末で確認しながら、話し方の工夫を他の生徒と共有できる。　(二)聞き手を納得させるためには、妙子さんの言うように主張の根拠となる理由や具体例を効果的に取り入れられるとよりよくなる、ことを助言する。　(三)・情報をキーワードとして書き留めながら聞く活動。　・自分の考えと比較し、共通点や相違点をふまえて、まとめられるように聞く活動。
〈解説〉問一　第三学年の「A話すこと・聞くこと」の学習(他校の生徒とスピーチで交流する言語活動)についての指導では、学年目標を教科目標の三つの柱をそのまま受けて整理した経緯を踏まえ、「思考力、判断力、表現力等」に関する目標をまず理解しておく必要がある。この目標では、考える力や感じたり想像したりする力を養い、社会生活での伝え合う力を高め、自分の思いや考えを広め、深める力の育成が系統的に示されている。設問の「A話すこと・聞くこと」の指導事項　イ「構成の検討、考えの形成」に関しては、第三学年では、「自分の立場や考えを明確にし、相手を説得できるように論理の展開などを考えて、話の構成を工夫すること。」と示されている。(二)は、以上のことを前提にし、「単元の課題」を考える。　(二)インターネットからの情報収集では、媒体の特性から、いつ誰が発信したか、どのような立場や目的で書かれたかなどの確認をし、フェイクニュースに注意しながら、他の情報と照合するなどの情報の点検が必要である。　(三)文章構成には、終わりに結論を置く「尾括法」。はじめに結論を置く「頭括法」などがある。設問の構成は、「双括法」。
問二　(二)は、【単元の指導計画】の⑤に関する設問である。これは、指導計画④の活動に対する、「聞き取った内容や表現の仕方」の評価活動であり、話の内容だけでなく、話の内容・話の構成や論理の展開、語句や文の使い方、声の出し方や言葉遣い、資料やIT機器の活用の仕方などについて評価し、そのプラス面を自分の表現に取り入れるための学びである。以上の学びのために、ICTを活用する利点を考える。

(二)【単元の重要事項】の④は、「スピーチの構成、内容、表現の工夫」による聞き手へのスピーチである。春菜さんの発表について、妙子さんの評価は、主張の明確さは◎だが、主張の理由や具体例は△、スピーチは○である。この評価をふまえ、特に主張については、理由や具体例を取り入れ、聞き手が納得できるスピーチにするよう助言する。　(三)　録画したスピーチの動画による「聞くこと」の学習である。系統的な指導として、第一学年では「話の内容の、共通点や相違点などを踏まえて、自分の考えをまとめること」、第二学年では「話し手の考えと比較しながら自分の考えをまとめること」、第三学年では「聞き取った内容や表現の仕方を評価して、自分の考えを広め深めること」が、学習段階に応じて示されている。以上の系統学習のうち、第一学年の「聞くこと」の学習について簡潔に述べる。

【五】問一　(一)　ア　連体詞「大きな」の一部　イ　断定の助動詞「だ」の連体形　ウ　形容動詞「きれいだ」の語尾　(二)　◎の「の」は、主語を表し、「～が」と言い換えることができる。ウの「の」は、「～のもの」と言い換えることができるので同じではない。イの「の」は、「～が」と訳すことができるので、正解は、「イ」となる。　問二　運筆や書き順についても評価することができ、その後の個別の指導に生かすことができる。

〈解説〉問一　(一)　ア「大きな」の「な」は、連体詞の一部。イの「休みなので」の「な」は、断定の助動詞「だ」の連体形。ウの「な」は、形容動詞「きれいだ」の連体形の活用語尾。　(二)　助詞「の」には、さまざまな働きがあることを述べ、次にその働きを例示する。①主語を表す格助詞(「の」の次に用言が来る)。②あとに来る名詞(体言)を修飾(説明)する格助詞。③「所有者を表す名詞(体言)」＋「の」の形で、所属するものの意を表す準体助詞。④主として女性や子どもたちが使う、言葉の最後に使う「の」。　問二　動画(アニメーション)は、画面一つ一つを確認できるため中学校での行書の指導では、書く速さや点画のつながりを学習するうえでその活用は効果的である。また始筆から終筆までの運筆および行書の点や画の連続についてペア活動することで、互いに評価し合い、学びを協働することで行書の基礎的な書き方を深く理解することができる。指導する上では生徒の動画の画面を見て運筆の評価に加え、直線的な楷書の点画の形の丸みや点画の方向、止め・はね・払いの形、点画の連続や省略により筆順が変わる面での個別指導を可能にする。

【高等学校】

【二】問一　①　全貌　②　潜　③　逸脱　④　翻弄　⑤　体現　⑥　膨　⑦　実践　⑧　迅速
⑨　死活　⑩　投下
問二
hypersubject　＝　強い主体
↓　超越的な立場から世界全体を見下ろそうとする
＝既知の意味には収束不能なハイパーオブジェクトの顕在化とともに終焉を迎えるべき主体
⇕
hyposubject　＝　弱い主体
↓　自己の弱さと不完全さを受け入れて生きていく
＝既知の意味には収束不能なハイパーオブジェクトが顕在化した後、求められるであろう主体

問三　既知の意味が通じない空間の中で、未知の現実と謙虚に向き合い続ける遊びという行為が、既知の意味に固着することができない時代を生きていく上での有用な示唆となり得ることを分かりやすく伝える効果。

問四　イ　問五　物質は元来、根源的な曖昧さとともに揺らぎ続けるものであり、既知の意味に固着しない生き方が現実的、且つ万物に共通する根本的なあり方であって、あらゆる可能性を視野に入れる生き方があるべき有り様であるということ。　問六　既知の意味には収束不能なハイパーオブジェクトが出現した現代においては、既存の価値観にとらわれずに対象を受け入れる主体が求められ、且つ植物のように変貌し続ける対象から逃れることなく対峙し、その場にいながらあらゆる可能性を視野に入れることが課題解決につながるから。　問七　指導事項…文章の種類を踏まえて、内容や構成、論理の展開などを的確に捉え、論点を明確にしながら要旨を把握すること。　言語活動…本文についての批評文を書くという言語活動が考えられる。まずは本文の要旨を把握させ、その上で批評文を書かせたい。その際、一人一台端末の文書作成ソフトを活用させてクラス全体に共有することで、生徒一人一人に新たな気付きを与えることができると考えられる。

〈解説〉問一　④「翻弄」の「弄」の訓読みは「もてあそぶ」。　問二　Ⅰ以下に説明されている内容の整理である。「ハイパーサブジェクト」は、既知の意味に固執し、意味の主宰者としての超越的な立場から全体を見下ろそうとする強い主体。しかし、既知の意味の主導権もハイパーオブジェクトの顕在化(台頭)により終焉を迎える。一方、「ハイポサブジェクト」は、全体を見通せず、自己の弱さと不完全さを受け入れて生きていく弱い主体である。以上をまとめ、本文の文章に沿って板書する。　問三　Ⅱ「それはいつも子どもたちが僕たちに教えてくれる」の「それは」の指示内容は「遊び」とは、子どもたちの既知の意味世界(大人の構築世界)への回帰ではなく、未知の意味世界を手探りしながら、未知の現実とは付き合い続けようとする行為である。この子どもたちの行為が既存の意味が不安定な今日のハイパーオブジェクトの時代を生きていく上で有用なヒントになることを伝える効果である。　問四　空欄の前後の文、「大人は、自分こそが意味の主導権を握っているつもりである」「大人は子どもたちの前に君臨している」を踏まえ、適切な語を選ぶ。　問五　Ⅲでは、「モノ」の本質が「遊戯的」であること。モノのように生きることの方が「精緻」で「現実的である」と述べられている。モノの本質について筆者は、量子力学を例示し、物質の規模、位置、運動量が同時に決まらない根源的な曖昧さと揺らぎ続ける性格であることを紹介している。この物質の遊戯的な既知の意味に固着せず、あらゆる可能性を試す生き方が「精緻」でかつ、現実的な万物共通の根本的なあり方である、というのである。問六　今日の既存の意味が安定していた世界(ハイパーサブジェクトの時代)は、ハイパーオブジェクトの台頭により終焉を迎えつつある。そのため、既存の意味の主宰者の立場を離れ、未知の現実と向き合い続ける主体が求められている。ハイパーオブジェクトに対しては、固定観念にとらわれず、「精緻」な認識を求め続けることで大変動に対しても植物のように生きればその場から逃れず、大変動の原因を把握し、あらゆる可能性を模索して問題解決を図ることができる。そのようにいうのである。植物に現代人が学ぶ理由がここにある。
問七　「論理国語」は、共通必履修科目の「現代の国語」及び「言語文化」により育成された資質・能力を基盤として、主として「思考力、判断力、表現力等」の創造的、論理的思考の側面を育成する選択科目である。「読むこと」の指導には、ア〜キの七項目がある。各指導事項の内容に応じて「言語活動例」を考える必要がある。「言語活動例」は「読むこと」の指導事項を効果的に習得させるための学習活動であり、ア〜オの五項目が示されている。設問では、ＩＣＴ活用の指導が求められている。ＧＩＧＡスクール構想は、デジタル化社会での言語活動の充実を図ることを目標にしていることを念頭に、端末による協働の学びも視野に入れたアクティブラーニングを指導内容にしてみよう。

【二】問一　ア　しぐれ　イ　てならい　問二　a　旅に出るのが嫌になったと言って、旅をやめてしまうわけにもいかなくて　b　私(為相)は迷ってしまったでしょう、もしあなた(母)が教えてくれなかったならば

問三

（例）
ラ行四段活用動詞「立ち去る」の未然形 ／ 接続助詞 ／ 名詞 ／ 係助詞 ／ ハ行四段活用動詞「払ふ」の未然形 ／ 推量の助動詞「む」の連体形

立ち去ら← ／ ば← ／ 誰← ／ か← ／ 払は← ／ む←

※動詞の未然形＋「ば」順接の仮定条件（もし～ならば）

※係助詞「か」（反語）（訳：～だろうか、いや～ない）

問四　A、B、C、G　問五「形見」と「潟見」を掛けている(掛詞)。「潟見」は「浦」の縁語(「和歌の浦」を受ける)。「三代」に「俊成、定家、為家の三代」と「見よ」を掛けている(掛詞)。　問六　息子である為相の返歌がとても大人びていたことに対して、夫の為家に聞かせたいと思ったが、既にその夫は亡くなってしまっているため。　問七　母親がいる遙か彼方の空を眺めると詠んだ息子の為守に対して、恋しいならば遠くてもすぐ帰るから、しょんぼりと空を眺めたりするなと歌っている。　問八　人物…在原業平、小野小町(僧正遍昭、大伴黒主、喜撰法師)　ICTの活用…それぞれの歌人の歌を幾つか提示し、歌人特有のテーマや特徴等についての意見を生徒一人一人が画面上で共有できるシート等に書き込みながら、個々の考えを深めていく活動を行うなどの方法。

〈解説〉問一　ア「時雨」は、「しぐれ」と読む。「晩秋から初冬にかけて、降ったりやんだり定めなく降る雨」。イ「手習」は、「てならい」と読む。「文字を書くこと。習字」の意だが、ここは「手すさび」(てなぐさみ)に書くこと」の意。　問二　a「いきうしとてとどまるべきにも」の「いきうし」は、「行き憂し」で「憂し」

(形容詞・ク活用)は、「気が進まない」の意。「とどまるべきにもあらで」の「べき」は、当然の意の助動詞「べし」の連体形。「あらで」の「で」は、打消の助動詞「ず」の連用形＋接続助詞「て」の転じた接続助詞。「行くのが嫌になったと言ってやめてしまうわけにもいかなくて」と訳す。b「迷はまし教へざりせば」は、「教へざりせば迷はまし」の倒置法。「せば〜まし」は、「モシモ〜トシタラ〜ダロウニ」の意の反実仮想を表す。「母上がお教え下さらなかったならば、私(為相)は迷ったでしょう」と訳す。問三 ①の「立ち去らば」の「立ち去ら」は、「立ち去る」(ラ行四段動詞)の未然形。「ば」は、未然形に接続しているので、順接の仮定条件を表す。「誰か払はむ」の「誰」は、代名詞。「か」は、反語の係助詞で、推量の助動詞「む」の連体形と呼応して、係り結びをつくる。「払は」は、「払ふ」(ハ行四段活用動詞)の未然形。以上の品詞分解を踏まえ、仮定条件および係り結び(反語)の解釈について板書する。問四 筆者の詠んだ和歌は、文中の「傍らに書きつく」「書きそへたる歌」のあとのAとB・C、および、為相が筆者へ送った和歌と同じ紙に書きそえたGである。問五 Dの和歌は、筆者への為相の返歌である。表現技法としては、主・述関係や修飾関係の語順を変えて意味や内容を強調する技法の「倒置法」、「形見」と「浦」(Bの和歌)の縁語の「潟見」、「三代」(みよ)と「見よ」が、同音異義を利用して、一語に両様の意味をもたせる修辞法である。なお「三代」とは、「俊成、定家、為家」のことをいう。問六 ②「又うちしほたれぬ」の「しほたれ」は、「しほたる」(ラ行下二段活用)の連用形で、「(涙を海水にたとえて)涙を流す。悲嘆に沈む」意。「うちしほたる」の「うち(打ち)」は、強意の接頭語。為相の返歌に筆者は「いとおとなしければ、心安くあはれなるにも」と、為相が大人びている姿に安心感をおぼえ、いとおしさとともに昔の人(亡夫為家)に、「聞かせ奉りたくて」と言っている。息子のことを「聞かせたい相手のいない筆者の悲嘆の心情」をまとめる。問七 Gの和歌「つくづくと空なながめそ」の「な〜そ」は、禁止を表す。「空を眺めこんではいけません」の意。為守のFの和歌「いかに其方の空をながめむ」（どんなに悲しくそちらの空を眺めることでしょう）に対する「そんなに取越苦労をして心配してはいけない」という親心である。三句の「恋しくは」以下の歌意「恋しいというならいくら遠い道程でも早速帰って来ますからね」を含めてまとめる。　問八　ＧＩＧＡスクール構想によるデジタル化社会のための教育がすでにスタートしている。タブレット端末を利用しての学習は、主体的、対話的で深い学びによる「確かな学力」が習得され、生きる力の基盤となる。まず導入として古今和歌集の文学史上の特徴や歌人たちの紹介、和歌の形式、古語の意味、修辞法、解釈についての基礎的知識を習得させた後、その活用として、ＩＣＴによるグループ学習を計画してみよう。文屋康秀以外の六歌仙の、それぞれの代表的な和歌について、修辞法や解釈および歌風などの学習をグループごとにまとめ、画面に表示して学びを協働させ、深めていく取組みにする。また、助言指導の時間では、紀貫之の「仮名序」にある「六歌仙評」について説明し、六歌仙に対する理解を深めさせよう。

【三】問一　a　いるる　b　つたなし　c　つくる　d　こえり　e　おもんぱかりて
問二　①　あまりに重くて持ち上げることができない。　④　土地を割いて将とした人物に領地を与えた。
問三　ひびあかぎれの薬の作り方を、高く買うと言ってきた客に与えたいということ。
問四　③　呉王使ム二之ヲシテ将タラ一。　⑤　憂フル二其ノ瓠落シテ無キヲレ所レ容ルル。
問五　荘子は、大きな物には大きな物として使い道があり、その活用方法を考えるべきだと考えているが、恵子は、大きな夕顔の実には使い道がないと考えて、その実を破壊してしまったから。　問六　同じ題材を取り上げた複数の古典の作品や文章を読み比べ、思想や感情などの共通点や相違点について論述したり発表したりする活動。

〈解説〉問一　a「容」は、「いるる」と読む。「汲み入れる」意。b「拙」は、「つたなし」と読む。「下手である」の意。c「為」は、「つくる」と読む。「作」と同義。d「請」は、「こえり」と読む。「要請する」の意。e「慮」は、「おもんぱかりて」と読む。「深く考える」の意。　問二　①「其の堅きこと自ら挙ぐる能はず」と書き下す。「(大瓠に水を入れたところ)重くて持ち上げることができない」と訳す。④「地を裂きて之を封ず」の「地を裂く」は、「土地を分割する」こと。「之を封ず」の「之」は指示代名詞。呉王が将(指揮者)にした客(旅人)。「封ず」は、「土地を与えた」の意。　問三　②「請与之」の「之」は、「不亀手之薬」である。「この薬の製薬法を売らせてもらいたい」と訳す。この薬のことを耳にした客が「請買其方百金」と申し出たことに対し、家族と相談して、その申し出を承諾したのである。　問四　訓点は、漢文を和訳(古典文)にするための記号である。送りがな・ヲコト点・送り点などがある。送り仮名は、助詞や助動詞、副詞や用言の活用語尾などに漢字の右下に、歴史的仮名遣いで小さくつける。返り点は、和文の構造にするため語順を変え訓読するための記号で、すぐ上の一字に返ることを示す「レ点」、二字以上離れた上の字に返る「一・二点」、一・二点をはさんで、さらに上の字に返る「上下点」がある。③は、「呉王之をして将たらしむ」、⑤は、「其の瓠落して容るる所無きを憂ふる」と訓読する。③は、使役形、⑤は、返読文字「無」「所」、動詞「憂」に注意すること。　問五　⑥「夫子猶有蓬之心也夫」の「蓬之心」とは、「こせこせしたまがった心」のことである。(注)にもあるが、蓬は茎が曲がっているので、そのことをいう。荘子は、恵子が魏王から贈られた大瓠の種から収穫した実の用途が分からず、「掊之」(打ち砕いたこと)に対し、「夫子固拙於用大矣」と述べ、綿の漂白業者が領主になった例や、瓠を大樽(舟)にして江湖に浮かべることを提示し、「大きいもの(瓠)の用い方」について創意工夫しなさい。と恵子を諭しているである。　問六　「古典探究」の内容「思考力、判断力、表現力等」の「A　読むこと」の指導事項(1)、ウには、共通必履修科目「言語文化」の〔思考力、判断力、表現力等〕の

「B　読むこと」のイとウを受けて、作品や文章の内容解釈と評価の対象が示してある。この指導を効果的にする言語活動としては、諸子百家の諸学派の思想を学習するためにグループによる協働の学びを計画し、荘子の道家以外の学派の作品や文章を読み比べ、思想や感情などの共通点や相違点を整理し、タブレット端末を用いて画面上の対話を行い、そのまとめを論述したり、発表したりするICTを活用したアクティブラーニングを考えてみよう。

二〇二二年度 実施問題

【中学校】

【一】国語科の第二学年「書くこと」の学習で、総合的な学習の時間「〇〇市の観光案内をします」と関連付け、地域振興課や地元の商店へ手紙やメールで協力を依頼する、という言語活動を設定した。次は、本単元の【単元の指導計画】【商店への手紙の下書き】【地域振興課へのメールの下書き】である。以下の〔問一〕～〔問三〕に答えなさい。

【単元の指導計画】

学習指導要領上の位置付け
知識及び技能　（1）カ　敬語
思考力、判断力、表現力等　「B 書くこと」エ　推敲

※①～⑥は単位時間を、・は教師の支援を表す。

【つかむ過程】（1時間）
・総合的な学習の時間との関連を図る。
・あらかじめ関係各所へ連絡する。

単元の課題
手紙やメールで、総合的な学習の時間への協力を、地域の方に依頼しよう。

① 単元の課題をつかみ、相手や目的を確認する。
a 手紙とメールの違いを考えさせ、どちらの方法で伝えるか決めさせる。

【追究する過程】（4時間）
② 伝える内容を考え、手紙とメールのそれぞれの構成を学習する。
③ 下書きをする。
④ 敬語の学習を行い、下書きを進める。
⑤ グループで観点にそって推敲を行う。

【まとめる過程】（1時間）
⑥ 手紙やメールを清書し、単元全体を振り返り、学んだことを一般化する。
・内容を確認し、後日送付する。

【商店への手紙の下書き】

b

△△和菓子店の皆様、突然のお手紙で、失礼いたします。○○市立群馬中学校　赤城太郎と申します。

　さて、私たちは総合的な学習の時間の中で「○○市の観光案内をします」をテーマに、地域の観光や食べ物を紹介し、発信する学習に取り組んでいます。

　そこで、△△和菓子店の商品を紹介させていただきたく、手紙を送らせていただきました。

c

　つきましては、お忙しい中とは思いますが、お店に伺い、インタビューをさせていただきたいと考えております。

　後日、電話にて連絡させていただきます。

d

九月十三日

○○市立群馬中学校
二年一組　赤城太郎

△△和菓子店　御中

【地域振興課へのメールの下書き】

宛先　○○○@☆☆.ne.jp
件名　総合的な学習の時間についての協力のお願い

○○市地域振興課　御中

　突然のご連絡、失礼いたします。○○市立群馬中学校2年1組の榛名花子と申します。

　私たちは総合的な学習の時間の中で、「○○市の観光案内をします」をテーマに、地域のよさを発信していく学習に取り組んでいます。

　つきましては、地域振興課の皆様に○○市の魅力を発信していくことについて、ご助言をいただきたいと考えています。
　平日の午後3時半から5時の間であれば、eいけます。お忙しいところ申し訳ありませんが、ご対応いただくことは可能でしょうか。ご検討ください。

　○○市立群馬中学校　榛名花子
　□□□@☆☆.ne.jp

〔問二〕【単元の指導計画】に関する次の(一)、(二)の問いに答えなさい。

(一)「中学校学習指導要領解説　国語編」には、手紙や電子メールを書く際に「相手や媒体を考慮して書く」と記されている。【単元の指導計画】の——線a「手紙とメールの違いを考え」させる際に、どのような特徴を比較させればよいか、三つ例示しなさい。

(二) 指導計画の中で、学級の生徒全員の学習評価について、記録に残す場面を精選したい。「知識・技能」の記録に残す評価は、単元の何時間目に設定すればよいか考え、その時間に設定した理由も含めて答えなさい。

〔問二〕【商店への手紙の下書き】【地域振興課へのメールの下書き】に関する次の(一)～(三)の問いに答えなさい。

(一) [b]・[d]に入る頭語・結語の組み合わせを、それぞれ漢字で答えなさい。

(二) 単元の五時間目の【グループでの推敲】の場面で、——線e「いけます」について次のように話し合われた。《 ア 》《 イ 》に当てはまる言葉を、それぞれ漢字三文字で答えなさい。

【グループでの推敲】

太郎	「いけます」は、何かおかしくないかな。
花子	これでは、相手に失礼だよね。
太郎	「いく」の敬語は、「いらっしゃる」だったかな。
教師	前の時間に学習した敬語には、どんな種類があったか確認してみましょう。
花子	そうか。「いらっしゃる」は《 ア 》だから、自分の行動に対して使うとおかしいよね。
太郎	ここは《 イ 》に直せばいいんだね。「伺うことができます」だと、どうかな。
花子	その方が良さそうだね。書き直してみるよ。

〔二〕 推敲の観点を基にグループで話し合った後、［c］に文を付け加え、紹介したい気持ちを伝えることにした。指導事項「書くこと」(1)エ「読み手の立場に立って、表現の効果などを確かめて、文章を整えること」に照らし合わせて、あてはまる文例を書きなさい。

〔問三〕 本単元のように教科等横断的な学習を行うことの、国語科における指導の利点と留意点について「必要感のある言語活動」「指導事項」の言葉を使い、簡潔に説明しなさい。

(☆☆☆◎◎◎)

【二】 次の文章を読んで、以下の〔問一〕～〔問八〕に答えなさい。

1 道具を発明し、使用する動物は人間だけである。人間と他の動物とを分ける一線を、道具の発明、使用に見るのは、①穿《うが》った考え方だろう。人間が道具を発明するに至った原因を、直立歩行に置く考え方も、なるほどと思える。人間が二本の足で歩くようになって得たもの、腹を曝して歩く大きな危険の代償として得たものは、まずは手の自由である。

2 ②この自由は、初めのうちは、まだ大したことをもたらさなかっただろう。せいぜい、ちょっと高い所にある木の実を取るとか、果物の皮をむくとか、仲間の蚤を取ってやるとか、今でも猿がやってみせているようなことだっただろう。私は動物学者でも、人類学者でもないけれど、そう想像することはできる。猿の手は、半分ほどはまだ足である。人類の手、完全に足の働きからアリダツしたその手が、いろいろな道具を作り出して、使い始めた時、とてつもなく大きな飛躍が起こったに違いない。道具は、文明の始まりであり、文明のすべてがそこに胚胎しているからだ。

3　動物、とりわけ脊椎動物にとっては、食物を求めて得ることと外敵と闘って勝つこととは、辛い必要事に違いない。ふたつのことは、動物が生きイノビル上でしなくてはならない仕事のほとんどすべてを占めている。歩行から解放された人間の〈手〉は、まずは、このことのために集中して使われただろう。［A］、道具を発明する工夫は、そこに集中したのである。採取、狩猟、牧畜、農耕へと拡がっていく人類の生活は、飛躍的な変化があるたびに、文明を画するような新しい道具の製作を成し遂げている。

4　石器時代とか鉄器時代とかいう、道具による人類史の区分は、さまざまな戦争や政治事件による歴史のウ叙述などより、はるかにしっかりとした基盤を持ったものだ。考古学の発掘が、歴史文献の渉猟より信用が置ける、という理由によってではない。人類による道具の発明、使用は、人間という特殊極まる知性動物の生存の形を、③根本から決めてきた、という理由によってである。

5　この事情は、現在に至っても、まだ少しも変ってはいない。今、世界中が、科学技術の開発に狂奔するさまを見ればわかる。この開発競争の前では、土地に根を張る伝承も文化も曖昧になり、要するに、どうでもいいものとされてしまった。開発に勝つか負けるか、それだけが共同体の死命を制する重要な問題になった。西洋近代に機械産業が出現して以降、道具を用いる人間種のこうした趨勢は、私たちを蔽《おお》う後戻りのできない運命である。

6　［B］、道具を用いる人間の技術には、近代の機械産業に発達したものとは、まったく別の方向もあった。特定の土地に根を張る伝承とか文化とかは、道具に関するこの技術を基礎にしていたのだと言える。近代になり、それまでの手工業が、産業革命による機械工業に取って替わられた。これは、目につきやすい歴史上の事実だが、手工業が含んでいた技術は、道具に係わる人間の業《わざ》として、あるいは生存の形として、現在でもまだ活《い》きている。人類が必要とするから、活きているのだろう。

7 人間の手が造り出した道具には、始めからふたつの方向が含まれていたように思う。ひとつの方向は、生存のための C に闘って勝つために、道具の発明に向かった。が、④もうひとつの方向は、 C には向かっていない。何かを踏みにじり、奪い、支配することを目的にはしていない。ここでは、道具は、知性動物たる人間の身体が、自然の働きのなかにより深く、より自由に入り込むために在る。

『愛読の方法』前田英樹

〔問一〕 ══線ア～ウについて、カタカナは漢字に直し、漢字の読みはひらがなで書きなさい。送り仮名が必要なものは送り仮名も書きなさい。

〔問二〕 ――線①「穿った」の意味として適切なものを次のア～エから選びなさい。

ア 疑ってかかる　イ 本質をとらえる　ウ 素直に受け入れる　エ 先入観のある

〔問三〕 ――線②「この自由」とはどのような自由か。十五字以内で書きなさい。

〔問四〕 ――線③「根本」の対義語を漢字二字で書きなさい。

〔問五〕 A ・ B に入る接続詞として適切なものを次のア～エから選びなさい。

ア つまり　イ このように　ウ 例えば　エ しかし

〔問六〕 次の文章は、本文のどの段落の後に入るのが適切か。段落の番号を答えなさい。

> では、道具がどんなふうに発展してきたか、想い巡らしてみよう。たとえば、落ちている枯れ木を拾って棍棒にする、それで他の動物の頭をしたたかに殴る、というのは、紛れもない道具の使用だろう。ここには、武器を使った狩猟の始まりがある。しかし、棍棒ではあんまり威力がない。大きな獣

の牙には負けるだろう。もっと殺傷力のある道具を、と考えれば、そういうものを手で造ってみるしかない。それを造るのにも、また道具が要る。石器の登場には、石器を造る道具の発明が必要だった。ひとつの道具の発明が、別の道具を造り出し、こうやって次々に発明は積み重ねられていった。すべて、手が行なったことである。

〔問七〕 C には、同じ二字の熟語が当てはまる。適切な語を本文中から書き抜きなさい。

〔問八〕 ――線④「もうひとつの方向」とは何か。「伝承」「文化」「技術」の語を使い、三十字以内で書きなさい。

(☆☆☆◎◎◎)

【三】 次の古文は、十二、三才の頃の能の稽古について書かれたものである。この文章を読んで、以下の〔問一〕～〔問五〕に答えなさい。

十二三より

この年の頃よりは、はや、やうやう声も調子にかかり、能も心づく頃なれば、次第次第に物数をも①教ふべし。

まづ、童形《とうぎやう》なれば、何としたるも幽玄なり。声も立つ頃なり。②二つの便りあれば、悪き事は隠れ、よき事はいよいよ花めけり。

大かた、児《ちご》の申楽《さるがく》に、さのみに細かなる物まねなどはせさすべからず。当座も似合はず、③能も上らぬ相なり。ただし、堪能《かんのう》になりぬれば、何としたるもよかるべし。児といひ、声といひ、しかも上手ならば、何かは悪かるべき。
さりながら、この④花はまことの花にはあらず。ただ時分《じぶん》の花なり。されば、この時分の稽古、すべてすべて易きなり。さるほどに、一期の能の定めにはなるまじきなり。
この頃の稽古、易き所を花に当てて、⑤わざをば大事にすべし。はたらきをも確やかに、音曲をも文字にさはさはと当たり、舞をも手を定めて、大事にして稽古すべし。

『風姿花伝』より

〔問一〕　この文章の作者と書かれた時代を書きなさい。

〔問二〕　――線①「教ふべし」について、現代仮名遣いに直してひらがなで書きなさい。また、現代語に訳しなさい。

〔問三〕　作者は、どんなことをさせると、――線③「能も上らぬ相なり」と言っているか、その内容を現代語で書きなさい。

〔問四〕　――線④「花」とは「魅力」のことである。作者は、この年頃の魅力についてどう考えているか、生涯の能の良し悪しとも関連させながら、作者の考えを書きなさい。

〔問五〕　作者はこの年頃の稽古について何を意識すると良いと考えているか、――線②「二つの便り」と――線⑤「わざ」の内容について触れながら、作者の考えを書きなさい。

（☆☆☆◎◎◎）

【四】次の教師Aと教師Bの漢文の指導に関する会話を読んで、以下の〔問一〕～〔問四〕に答えなさい。

教師A　今度、漢文の授業があるのですが、生徒に興味をもたせるためにどんなことを話せばよいでしょうか。
教師B　生徒がどこかで聞いたことのある故事成語を紹介するのはどうでしょう。
教師A　例えばどんな故事成語がありますか。
教師B　そうですね、例えば、「正々堂々」はどうでしょう。よく聞く故事成語ですが、もとの漢文についてはあまり知らないという人が多いと思います。
教師A　「正々堂々」の原典は何ですか。
教師B　『孫子』です。

①無カレ㆑邀《むか》フル㆓正正之旗ヲ㆒、勿カレ㆑撃《う》ツ㆓堂堂之陳《ぢん》ヲ㆒。

『孫子』軍争篇より

教師A　「正正之旗」って、「隊列を整え、旗を立てて進撃してくる敵軍」のことなんですね。では、――線①の意味は、［　②　］ということですね。『孫子』の作者「孫武」は、「正しい態度や手段で立派に戦うべし」ではなくて、［　②　］ということを伝えたかったのですね。
教師B　そうですね。故事成語の成り立ちについて考えてみるとおもしろいですね。
教師A　ところで、B先生。「レ点と一、二点のついた漢字を読む順序の違いがよくわからない。」という生徒がいたときに、B先生はどんな説明をしますか。
教師B　私は、［　③　］という説明をします。

〔問一〕次の故事成語の中で、『孫子』の中にあるものをすべて選び、記号で答えなさい。

ア　呉越同舟　　イ　彼を知り己を知れば百戦殆からず　　ウ　風林火山

エ　虎穴に入らずんば虎子を得ず

〔問二〕――線①を書き下し文に直しなさい。

〔問三〕 ② に入る文を書きなさい。

〔問四〕 ③ に入る説明を書きなさい。

（☆☆☆◎◎◎）

【五】次の〔問一〕～〔問三〕に答えなさい。

〔問一〕語句に関する次の(一)、(二)の問いに答えなさい。

(一)「祈」の筆順を漢和辞典で調べたい。漢和辞典の検索方法を三つ、書きなさい。

(二)多義語の学習をするために「かける」を例に考えることにした。異なる意味の「かける」を使った五文節以上の短文を二つ書きなさい。なお、可能動詞の意味をもつ「かける」は含めないこととする。

〔問二〕品詞に関する次の(一)、(二)の問いに答えなさい。

(一)次の例文の――線を付けた語と同じ種類のものをア～エの中から選び記号で書きなさい。

これはめったに見られない光景だ。

ア　この野菜は新鮮だ。

イ　この本は一年前に読んだ。

ウ　あそこに見えるのが榛名山だ。

エ　午後の会議には間に合いそうだ。

(二) 次の三つの例文ア〜ウの「ない」のそれぞれの違いを生徒に説明したい。「自立語」「付属語」という言葉を用い、品詞名を明らかにし、生徒に説明する形で書きなさい。

ア 今週末は予定がない。

イ いくら待っても彼は来ない。

ウ 発言の機会が少ない。

〔問三〕「若」という漢字を使って、行書の特徴である「筆順の変化」について説明したい。「若」を行書で書き、特徴が出ている部分に○をつけなさい。

(☆☆☆◎◎◎)

【高等学校】

【一】次の文章を読み、以下の問いに答えなさい。

ポイントは簡明だ。まず、わたしたちは確かに、何らかの絶対的真理を①ハアクすることなどできない。今、わたしの目の前には黒いマグカップがあるが、このような知覚物でさえ、絶対的で客観的な真理であると言うことはできない。これが絶対に黒色であるかどうか、わたしたちは決して証明することができない。Ⅰカラスは人間には認識できない②シガイセンが認識できるとされているが、そのため、お互いを黒色とは認識していないと考えられている。では、わたしたちにとっての黒がカラスにはどのように見えているかと言えば、それはだれにも分からない。わたしたちはどう頑張ってもカラスになることはできないからだ。

要するに、わたしに見えているこの黒いマグカップが、本当に、絶対に、わたしの目に見えているがままに実在しているかどうかは、決して分からないのだ。さらに言えば、そもそもこれが絶対に実在しているかどう

かさえ、わたしたちは懐疑することができてしまう（これは幻覚なのではないか？）。X

哲学的思考は、このような懐疑可能な事柄を〝思考の始発点〟（前提）Yとしてはならない。懐疑可能な前提を③シけば、その上に築かれる一切の理論もまた懐疑可能であるからだ。さらにまた、このような懐疑可能な前提をシくことこそが、さまざまな④形而上学的独断論を生み出し、人びとを調停不可能な対立に⑤オチイらせてしまうことになるからだ。

したがってわたしたちは、客観主義――目の前のマグカップは客観的に存在するという考え――を〝思考の始発点〟にするわけにはいかない。そこでⅡフッサールは、この客観世界があるとする考え方（自然的態度）を、まずはいったん脇に置いておかなければならないと言う。すなわち、エポケー（判断中止）する必要があるのだと。目の前にマグカップがあるということ、今わたしがこの本を書いている部屋の向こうには、大学のキャンパスが広がっていて、そこを多くの大学生が歩いていて、さらにその先には街があるということ、そうしたこともまた、［A］的には疑うことが可能である（全部夢かもしれないし、じつは作り物の世界なのかもしれない）。そうした素朴な客観への⑥信憑、自然的態度を、フッサールはまずエポケーせよと言うのだ。

むろん、わたしは目の前にマグカップがあるということ、今わたしがこの本を書いている部屋の向こうには大学のキャンパスが広がっていて、そこを多くの大学生が歩いていて、さらにその先には街があるということを「確信」してはいる。しかしフッサールは、そのことを絶対的な事実として前提することはやめなければならないと言うのである。

ここまでの考えは、先述した相対主義とそれほど大きく違うものではない。そもそもエポケーという言葉自体、Ⅲ古代ギリシアの懐疑主義者たちが用いていたものである。

現象学が、単なる懐疑主義・相対主義と大きく異なるのはここからだ。

わたしたちは、客観世界の存在それ自体を〝思考の始発点〟とすることはできない。⑦クり返し述べてきたように、それは懐疑可能であるからだ。

しかしわたしたちには、その上でなお、どう頑張っても疑うことのできないものがある。

「超越論的主観性」。フッサールは、それをこう呼びならわした。

目の前のマグカップは、確かに絶対に存在しているかどうか疑うことができる Z(この懐疑可能であることを現象学では「超越」と呼ぶ)。しかし同時に、わたしは、今確かにこのマグカップが「見えてしまっている」ことを疑うことはできない(この疑えないことを「内在」と呼ぶ)。そしてこの「見えてしまっている」ということを大きな根拠に、わたしはマグカップの存在を「確信」しているのだ。

要するに、わたしたちは、客観的対象それ自体の存在を疑うことはできたとしても、今わたしにその対象が見えてしまっており、それゆえこの対象の存在が確信されているというその意識作用については、どう頑張っても疑うことができないのだ。フッサールは、この意識作用を「超越論的主観性」と呼ぶのである。

ここに、あらゆるものを懐疑し相対化する、論理相対主義の論理を⑧フウじ込め打ち砕く思考の原理がある。相対主義は、「このマグカップは黒色ではないかもしれない」「そもそもこのマグカップは存在しないかもしれない」と、あらゆる⑨メイダイを懐疑し相対化する。しかしその懐疑主義者、相対主義者も、このマグカップが「見えてしまっている」こと、そしてそれゆえに、このマグカップの存在を「確信・信憑」してしまっていることについては、何をどれだけ強弁したところで疑うことはできないはずなのだ。どんな相対主義者といえども、「このマグカップは[B]かもしれない」と言うことはできたとしても、「自分にはこのマグカップが[C]」と強弁することはできないのだ。

じつを言うと、相対主義は、その論理の形態においては独断論的形而上学の双子の兄弟である。と言うのも、相対主義は、まず何らかの客観を⑩措定し、その上で、そんなものは存在しない、認識し得ないといった仕方で相対化していくからだ。その意味では、相対主義も、結局のところ「主観―客観パラダイム」の思考の枠組みから一歩も抜け出せていないのだ。

それに対して、フッサールは「主観―客観パラダイム」それ自体を解体した。すなわち、まずはエポケーによって客観というパラダイムを消し去り、その上で、懐疑不可能な明証、すなわち超越論的主観性へと一切を還元――超越論的―現象学的還元――したのである。つまり、一切は超越論的主観性における「確信・信憑」である、と。

これはいわば、Ⅳ「主観―客観パラダイム」から「内在―超越パラダイム」への転換である。「主観―客観パラダイム」では、マグカップという客観物が実在し、それを主観が認識していると考える。しかし現象学は、マグカップの絶対的な客観性をエポケーし、一切を超越論的主観性における「確信・信憑」へと還元する。そして、わたしたちは疑い得ない「内在」（見えてしまっている）を根拠に、さまざまな「超越」（マグカップの存在）を「確信・信憑」しているとするのだ。これが「内在―超越パラダイム」である。

（苫野一徳の文章による。竹田青嗣・西研編著『現象学とは何か　哲学と学問を刷新する』）

問一　傍線部①～⑩について、カタカナは漢字に改め、漢字は読みを平仮名で書け。

問二　傍線部Ⅰ「カラス」の例は、どういった意図で挿入されていると考えられるか、書け。

問三　波線部X、Y、Zで用いられている（　　）はどのような役割を果たしていると考えられるか、それぞれの役割について説明せよ。

問四　傍線部Ⅱについて、フッサールが「この客観世界があるとする考え方（自然的態度）を、まずはいったん脇に置いておかなければならない」と述べるのはなぜか、書け。

問五　空欄 A に当てはまる語として最も適切なものを次から選び、記号で答えよ。

ア　有理　イ　真理　ウ　倫理　エ　原理　オ　物理

問六　傍線部Ⅲ「現象学が、単なる懐疑主義・相対主義と大きく異なるのはここからだ」とあるが、「現象学」と「懐疑主義・相対主義」の共通点と相異点について、分かりやすく示した板書例を書け。

問七　空欄 B ・ C に当てはまる表現を、本文の内容を踏まえて、それぞれ書け。

問八　傍線部Ⅳについて、「主観―客観パラダイム」と「内在―超越パラダイム」とは、それぞれどのようなものか、説明せよ。

問九　「高等学校学習指導要領」(平成30年3月告示)の国語に示された新科目「現代の国語」において、「話すこと・聞くこと」又は「書くこと」のいずれかを指導する際の教材として本文を活用する場合、どのような言語活動を通して、どのような事項を身に付けるような指導ができると考えられるか、「現代の国語」2内容を踏まえて、書け。なお、「話すこと・聞くこと」「書くこと」のいずれか選んだほうを記すこと。

(☆☆☆◎◎◎)

【二】次の文章を読み、以下の問いに答えなさい。

月にはかられて、夜深く起きにけるも、①思ふらむところいとほしけれど、たち帰らむも遠きほどなれば、やうやうゆくに、小家《こいへ》などに例おとなふものも聞こえず、くまなき月に、ところどころの花の木どもも、ひとへにまがひぬべく霞みたり。

いま少し、過ぎて見つるところよりも、おもしろく、過ぎがたき心地して、

X　そなたへとゆきもやられず花桜にほふこかげにたびだたれつつ

と、うち誦《ずん》じて、「はやくここに、物言ひし人あり」と思ひ出でて、立ちやすらふに、ア築地のくづれより、白きものの、いたう咳《しはぶ》きつつ出づめり。あはれげに荒れ、人けなきところなれば、ここかしこのぞけど、とがむる人なし。このありつるものの返る呼びて、「ここに住み②たまひし人は、いまだおはすや。『山人に物聞こえむと言ふ人あり』とものせよ」と言へば、「その御方は、ここにもおはしまさず。なにとかいふところになむ住ませたまふ」と③聞こえつれば、「あはれのことや。a尼などにやなりたるらむ」と、うしろめたくて、「かのみつとをにあはじや」など、ほほゑみてのたまふほどに、妻戸をやはらかい放つ音すなり。

をのこども少しやりて、イ透垣のつらなる群《むら》すすきの繁き下に隠れて見れば、「少納言の君こそ。④明けやしぬらむ。出でて見たまへ」と言ふ。よきほどなる童⑤の、やうだいをかしげなる、いたう萎えすぎて、ウ宿直姿なる、蘇芳《すはう》にやあらむ、つややかなる衵《あこめ》に、うちすきたる髪のすそ、小袿《こうちき》に映えて、bなまめかし。月の明きかたに、扇をさしかくして、「月と花とを」と口ずさみて、花のかたへ歩み来るに、おどろかさまほしけれど、しばし見れば、おとなしき人⑥の、「すゑみつは、cなどか今まで起きぬぞ。弁の君こそ。ここなりつる。参りたまへ」と言ふは、ものへ詣づるなるべし。ありつる童はとまるなるべし。「わびしくこそおぼゆれ。さばれ、ただ御供に参りて、近からむところに居て、御社へは参らじ」など言へば、「ものぐるほしや」など言ふ。

みなしたてて、五、六人ぞある。下るるほどもいとなやましげに、「これぞ主なるらむ」と見ゆるを、よく見れば、衣《きぬ》ぬぎかけたるやうだい、ささやかに、いみじう児《こ》めいたり。物言ひたるも、らうたきものの、ゆうゆうしく聞こゆ。⑦「うれしくも見つるかな」と思ふに、dやうやう明くれば、帰りたまひぬ。

（『堤中納言物語』による）

(注) 月にはかられて…月明かりを夜明けと勘違いして男が早々と女の家を立ち去った状況の説明。
たびだたれ…「たちよられ」の誇張表現。
白きもの…白装束の老人。
山人…男の訪れが途絶えた女性を指す。
みつとを…昔通っていた女のもとに、男を手引きした者の名。
をのこども…供の者。
少納言の君、弁の君…男がのぞいた家の女房。
蘇芳…黒みを帯びた紅色。
衵…単衣と下襲の間に着る童女の短い衣。
小袿…女子の略式の装束。
すゑみつ…童のもとに通う男の名。
ゆうゆうしく…やさしくみやびやかに。

問一　二重傍線部ア～ウの読み方を、平仮名で答えよ。(現代仮名遣いでよい。)
問二　波線部a～dを口語訳せよ。
問三　傍線部①について、誰が何について「思ふ」のかを明らかにして口語に訳せ。
問四　Xの和歌は男のどのような心情を表現しているか、説明せよ。
問五　傍線部②、③の敬語は、誰から誰への敬意を表しているか。当てはまるものをそれぞれ選び、記号で答えよ。

A 読者　B 男　C 男が昔通っていた女　D 白装束の男　E 作者

問六　傍線部④について、品詞分解し、文法事項を説明するための板書例を示せ。

問七　傍線部⑤・⑥の助詞の用法は何か、それぞれ書け。

問八　傍線部⑦について、男はなぜ「うれしくも見つるかな」と思ったのか、理由を説明せよ。

問九　本作品と同じ時代に書かれた作品として最も適切なものを次から選び、記号で答えよ。

A『御伽草子』　B『万葉集』　C『更級日記』　D『宇治拾遺物語』　E『とはずがたり』

（☆☆☆☆◎◎◎）

【三】次の文章を読み、以下の問いに答えなさい。（設問の都合上、訓点を省いたところがある。）

魏《ノ》恵王死《ス》。葬有《リ》レ日矣。天大《イニ》雨《ふラシテ》レ雪《ヲ》、①至《ル》二於牛《ノ》目《ニ》一。壊《こぼチ》二城郭《ヲ》一、且《ツ》ᵃ為《つくリテ》二桟道《ヲ》一而葬《ラントス》。②群臣多《シ》下諫《ムル》二太子《ヲ》一者上。曰《ハク》、「雪甚《ダシキコト》如《クニシテ》レ此《クノ》而喪《さう》行《カバ》、民必《ズ》甚《ダ》病《マン》レ之《ヲ》。官費又恐《ラクハ》不《ラン》レ給《セ》。請《フ》弛《ゆるベテ》レ期《ヲ》更《かヘント》レ日《ヲ》。」太子曰《ハク》、「為《リテ》二人子《ノ》一、而以《テシテ》下民《ノ》労《ト》与二官費用《ノ》一之故《ヲ》上、而不《ルハ》レ行《ハ》二先王之喪《ヲ》一、不□也。③子勿二復言一。」群臣皆不《シテ》二敢《ヘテ》言《ハ》一、而以《テ》告《グ》二犀首《ニ》一。犀首曰《ハク》、「吾《ル》未《ダ》レ有《ラ》二以《テ》言《フ》レ之《ヲ》也。是《レ》其《レ》ᵇ唯《ダ》恵公乎。請《フ》告《ゲント》二恵公《ニ》一。」恵公曰《ハク》、「諾《ト》。」

駕而見太子曰、「葬有日矣。」太子曰、「然。」恵公曰、「昔王季歴葬於楚山之尾《ふもとニ》。欒《らん》水《すい》齧《かみ》其墓、見《あらはス》棺之前和。文王曰、『嘻《ああ》、先君必欲一見群臣百姓也夫。④故使欒水見之。』於是出而為之張朝。百姓皆見之。三日而後更《あらたメル》葬。此文王之義也。今葬有日矣。而雪甚及牛目。難以行。太子為及日之故、⑤得毋嫌於欲亟《すみやカニ》葬乎。願太子更日。先王必欲少《しば》留、而扶《たすケ》社《しゃ》稷《しょくヲ》、安黔《けん》首《しゅヲ》也。故使雪甚。因弛《ゆるベテ》期而更《あらたメテ》為日、此文王之義也。若此而弗為、意《おも》者《ふニ》羞法《のっと》文王乎。」太子曰、「甚善。敬《つつし》弛期、更擇《えら》日。」

恵子非徒《ただニ》行其説也。又令太子未葬其先王、而又因説文王之義。説文王之義、以示天下、⑥豈小功也哉。

（『戦国策』による）

（注）有日…日取りが決まった。

壊城郭…城郭の一部を壊して門の道路とする。
桟道…木を渡して作った道。
犀首…時の魏の宰相。
恵公…かつて恵王の宰相であった恵施。
駕…車に乗る。
王季歴…周の文王の父。
欒水…漏れて流れ出た水。
和…棺の頭。
文王…周の国の王。
張朝…帳(とばり)を朝廷に張る。
社稷…国家。
黔首…人民。

問一　波線部a～eの語の読み方を、送りがなも含め、平仮名で答えよ。(現代仮名遣いでよい。)
問二　傍線部①は、何がどのような状況であることを表現しているのか、説明せよ。
問三　傍線部②について、臣下たちが太子を諫めた理由は何か、書け。
問四　□に入る一字を、本文から抜き出せ。
問五　傍線部③、④を書き下し文に改めよ。
問六　傍線部⑤について、恵公は、太子が何を疑われる可能性があると述べているのか、説明せよ。

問七　傍線部⑥を口語に訳せ。また、なぜ筆者はこのように述べたのか、理由を説明せよ。

問八　「高等学校学習指導要領」(平成30年3月告示)の国語に示された新科目「言語文化」において、「読むこと」の教材として取り上げる文章にはどのようなものがあるか、「言語文化」3　内容　の取扱いを踏まえて、書け。

(☆☆☆☆◎◎◎)

解答・解説

【中学校】

【一】問一　(一)　・相手に届く早さ　・相手に与える印象　・やりとりのしやすさ　・修正のしやすさ　・構成　・使用する筆記具　・文字数の制限　から三つ　(二)・何時間目…四時間目　理由…「知識及び技能」である敬語を、指導の中心として扱う時間の中で見取るため。　・何時間目…五時間目　理由…敬語を適切に使えているかという視点で推敲させ、修正した文章から見取るため。　・何時間目…六時間目　理由…評価の総括として、手紙やメールの中で敬語がどのように活用されているかを見取るため。

問二　(一)　b　拝啓　d　敬具　(二)　ア　尊敬語　イ　謙譲語　(三)　なかでも、温泉まんじゅうは市を代表する銘菓として、ぜひ市外の方にも紹介したいと考えています。　問三　生徒の相手意識や目的意識が明確になることで必要感のある言語活動を設定することはできるが、活動ありきにならないよう、国語科としては指導事項の習得を目指す必要がある。

〈解説〉問一　(一)　従前、「話すこと・聞くこと」、「書くこと」、「読むこと」の三領域及び〔伝統的な言語文化と国語の特質に関する事項〕で構成されていた内容は、〔知識及び技能〕及び〔思考力、判断力、表現力等〕に構成し直された。〔思考力、判断力、表現力等〕は、A話すこと・聞くこと、B書くこと、C読むこと、で構成されている。設問は第二学年の「書くこと」の言語活動例にイに関するもので、電子メールでは即時性と匿名性、文章量の制限があり、手紙では形式と連絡情報の正確さ等がある。また、IT機器と筆記用具の違いにも特徴がある。　(二)「〇〇市の観光案内」のための地域振興課や地元の商店へ手紙やメールを書く学習であるから、〔追究する過程〕か〔まとめる過程〕での学習評価がのぞましい。手紙やメールでの文章の表現(説明や具体例、表現の技法、文末表現や敬語など)の工夫と効果を見取るためである。　問二　(一)　往信の手紙では、空欄bに入る頭語には、拝啓、謹啓、前略等があり、空欄dに入る結語には、敬具、かしこ、早々、等がある。　(二)「いく」の敬語「いらっしゃる」は尊敬語。相手に対して自分の行動を低めて敬意を表すには「伺うことができます」と謙譲語を用いるのが正しい。　(三)「表現の効果などを確かめる」とは、自分の考えを伝えたり印象付けたりする上で、書いた文章の表現がどのように働いているかなどを確かめることである。△△和菓子店の商品の内容の紹介であるから、名産である商品を紹介する文章を考える。　問三　平成二十九年告示の学習指導要領では、各領域において、どのような資質・能力を育成するかを(1)の指導事項に示し、どのような言語活動を通して資質・能力を育てるかを(2)の言語活動例に示している。教科等横断的学習は、多角的なものの見方・考え方を生徒に培い、「思考力、判断力、表現力等」の「生きる力」を育成する利点がある。生徒の学びへの目的意識と学習意欲を向上させる必要感のある言語活動の充実により指導事項の効果的習得を図る内容である。

【二】問一　ア　離脱　イ　延びる　ウ　じょじゅつ　問二　イ　問三　二足歩行によって得た手の自由(十四字)　問四　末梢、末節、枝葉　問五　A　ア　B　エ　問六　2　問七　競争

問八　地域特有の伝承や文化の基礎となる手工業に含まれた技術(二十六字)

〈解説〉問一　アの「離脱」は「属しているところから脱けて離れること」の意で、ここでは、足の動きから「分離する」というニュアンスになる。イの「ノビル」という訓を持つ漢字は「伸びる」「延びる」がある。「伸張」「伸縮」、「延長」「延命」といった熟語から、文脈に整合する字を判断する。　問二　「穿った」とは「物事の隠れて分かりにくい面を巧みに言い当てること」という意味。　問三　「この自由」の「この」は、前の段落の「人間が二本の足で歩くようになって得たもの」を指す。　問四　「根本」とは、「ある物事の成り立ちを支える、最も基礎となるもの」をいう。この対義語には「物の末の部分」を意味する「末端」「末節」「末梢」などがある。　問五　文と文をつなぐ接続詞は、順接、逆接、累加、例示、並列等の種類があり、論の展開のために重要な役割を果たす。A以下は、その前の文の要約であり、B以下は、近代の機械産業に発達した技術と別の方向の説明である。　問六　欠文の内容は、道具の発展についての説明である。人間が道具を作り出すために手の自由を得たことによる文明の始まり(道具の発明)の説明のあとに欠文が続く。　問七　最初のCの前の「生存のため」、その後の「闘って勝つために」から、勝負の世界が想定される。次のCは、「道具」の二つの方向性の一つで、開発競争に向かわない道具である。Cには競争が入る。　問八　問六・問七で解説したことを踏まえ「もう一つの方向」について考える。第6段落に、道具には、近代の機械産業に発達した技術と、特定の土地に根を張る伝承や文化に関わる道具の技術、いわゆる手工業に含まれた技術があることが述べられている。

【三】問一　作者…世阿弥　時代…室町時代　問二　現代仮名遣…おし(しゅ)うべし　現代語訳…教えるべきだ　問三　手のこんだ物まね　問四　この年頃の魅力は真実の魅力ではなく、一時的な魅力であり、この時期の巧拙は、生涯の能の善悪を決定することにはなりえない。　問五　容易に効果の上がる姿や声の魅力を活用すると同時に、動作を確実にしたり、はっきり発音したり、舞は型をしっかり身に付けたりするなど、基礎的演技を大切にすると良い。

〈解説〉問一　能は室町時代に観阿弥・世阿弥父子により大成された。この「風姿花伝」の作者は世阿弥で、父の教えを骨子とした、演出方法など能の全般にわたる理論書である。　問二　「教ふべし」の助動詞「べし」の文法的意味は複数あり、文脈から判断する。年齢に応じた能の指南であることから、ここでは、当然・義務の意ととる。「〜べきだ」「〜なければならない」などと訳す。　問三　「能も上らぬ相なり」は「能も上達しない」という意味。その理由として、「児の申楽に、さのみに細かなる物まねなどはせさすべからず。」とある。つまり、十二、三才の頃の子どもには、それほどまでに細かな(あの手この手の)物まねはさせてはならないと述べている。　問四　「花」(魅力)とは、能が観客に与える感動である。十二、三才の頃には、「まことの花」ではなき「時分の花」(一時的な花)であり、「一期の能」(生涯の能の良し悪し)を決定することには「なるまじきなり」と、不可能であることを述べている。　問五　「二つの便り」とは、幽玄な姿と立つ声である。少年期は声や姿が花やぐ時期で、それだけで魅力があるということである。これを活用し、動作の正確さ、きれいに発音し舞い方も型どおりに身に付けるなどの基礎的演技(わざ)を大事にすることをまとめる。

【四】問一　ア、イ、ウ　問二　正正の旗を邀ふる無かれ　問三　隊列を整え、旗を立てて進撃してくる敵軍を迎え撃ってはならない。　問四　レ点のついた漢字は、一回とばしてそのすぐ下の漢字の次に返って読み、二点のついた漢字は、一回とばして一点のついた漢字まで読んでから二点のついた漢字まで返って読む。

〈解説〉問一　アは孫子の九地篇、イは孫子の謀攻篇、ウは軍争篇である。エは後漢書の班超伝。　問二　傍線部①を含む一文で、「堂堂」は陣容が立派に整っていて意気盛んな様子を表す。　問三　「邀」は「迎え撃つ」の意。「無かれ」は「〜してはいけない」の禁止を表す。堂々たる陣を張っている敵とは正面衝突を避けるべきである。　問四　返り点と訓読については、文中ですぐ上の漢字に返ることを示すレ点と二字以上離れた上の漢字に返ることを示す一・二点について説明する。

【五】問一　(一)　音訓索引、画数索引、部首索引　(二)　・利根川に新しく赤い橋をかける。　・細かい作業をするために眼鏡をかける。　②　・算数の計算で4と3をかける。　・店の前に新しい看板をかける。から一つ　問二　(一)　ウ　(二)　アの「ない」は「自立語」の用言(述語になる)で、言い切りの形が「い」なので、「形容詞」である。イの「ない」は、「付属語」で「ぬ」に置きかえることができるため、「助動詞」である。ウの「ない」は、「自立語」の「少ない」という「形容詞の一部」である。

問三　

〈解説〉問一　「祈」は、音で「キ」、訓では「いのる」と読む。漢和辞典では、この音訓で検索する方法がある。次に、「祈」の部首「しめすへん」(ネ)さらに「祈る」の画数(八画)で検索する方法がある。　(二)　「かける」には、多様な同音異義語がある。例えば、「欠ける」「掛ける」「賭ける」「駆ける」など。　問二　(一)　例文の「だ」は断定の助動詞。アは形容動詞の活用語尾。イは完了の助動詞「た」が濁った形。エは動詞「間に合う」の連用形「間に合い」に助動詞「そうだ」がついたもの。　(二)　自立語の「ない」は、用言の形容詞。動詞に接続する「ない」は、付属語の助動詞。アは形容詞。イは助動詞。ウは形容詞の活用語尾。　問三　行書は、楷書をくずして、点や画の形が丸みを帯びたもの。点や画の方向及び止め、はね、払いの形が変わったもので、中学生の第一学年の「書写」で指導することになっている。「若」では、くさかんむりの部分に特徴が出ている。

【高等学校】

【二】問一　①　把握　②　紫外線　③　敷　④　けいじじょうがく　⑤　陥　⑥　しんぴょう　⑦　繰　⑧　封　⑨　命題　⑩　そてい　問二　黒い物が、人間に見えているままに絶対的に黒であるとは言い切れない可能性があることを示すため。　問三　Xの(　)は、直前の内容をより具体的な発言や思考の例として分かりやすく示す役割、Yの(　)は、特定の用語をより一般的な表現に言い換える役割、Zの(　)は、現象学の中での専門的な学術用語を補足的に示す役割を果たしている。　問四　目に見える物が客観的に存在するという懐疑可能な前提を思考の始発点とすると、その上に築かれる一切の理論も懐疑可能となってしまい、形而上学的独断論や調停不可能な対立を生む可能性があるため。　問五　エ

問六

懐疑主義
相対主義
※「主観-客観」という思考の枠組みの中にある。

【共通点】
目の前にあるものを絶対的な事実として前提しない。

現象学
※「主観-客観」の枠組みを解体し、存在を確信する意識作用に還元。

【相異点】

問七　B　存在しない　C　見えていない　問八　「主観―客観パラダイム」とは、何らかの客観物に対して主観が認識していると考えることであり、「内在―超越パラダイム」とは、見えてしまっているという疑

い得ない「内在」を根拠に、対象の存在を「確信・信憑」していると捉える考え方のこと。　問九　書くこと…本文を引用しながら自分の意見や考えを論述する活動を通して、読み手の理解が得られるよう、論理の展開などを考えて、文章の構成や展開を工夫することを身に付けるような指導。

〈解説〉問一　措定は、推論のたすけを借りないで、ある命題を主張すること。　問二　人間が視覚で捉える「黒」が、人間以外のもの(カラス)にも「黒」ととらえられるかどうか、そう判断できない可能性があるためである。　問三　Xは、目に見える黒いマグカップが絶対に実存しているか疑うことを、例を挙げて分かりやすく示している。Yは、哲学的思考におけるスタートを一般的な表現で説明している。Zは、眼前のモノに対して懐疑可能なことを現象学の学術用語で「超越」と呼ぶことを紹介している。　問四　傍線部Ⅱの前に「〃思考の始発点〃にするわけにはいかない」とある。その考え方については、前の第三段落で述べられている。「客観世界があるとする考え方」を思考の始発点とすると、目の前のモノが、はたして存在するのかの懐疑を生む。さらに、その上に築かれる一切の理論もまた、懐疑可能になり、その連鎖が、様々な形而上学的独断論を生み出し、人々を調停不可能な対立に陥らせるためである。　問五　Aには、人間の生活経験や生き方の根本に関わる語が入る。　問六　懐疑主義も相対主義も、「懐疑可能な客観世界を思考の始発点」とすることはできない。現象学でも、目の前のマグカップを絶対的存在として前提としない。この点は両者に共通する。しかし、前者は「主観—客観パラダイム」を主張し、後者は、この「主観—客観」のパラダイムを解体し、モノの存在を確信する意識作用に還元する点で異なる。　問七　空欄には、その前の文章に関連する表現が入る。相対主義はモノの存在を懐疑し相対化するが、モノが視覚により「見えてしまっている」こと、そのために主観的にモノの存在を「確信」していることは否定できない。　問八　傍線部Ⅳの後で、それぞれ説明されている。　問九　「現代の国語」は実社会における国語による諸活動に必要な資質・能力の育成に主眼を置き、全ての生徒に履修させる共通必履修科目である。この科目では、主として「話し合いや論述などの『話すこと・聞くこと』『書くこと』の領域の学習が十分に行われていない」という課題を踏まえて新設されている。「現代の国語」の「B　書くこと」の(2)の言語活動例のアには、「論理的な文章や実用的な文章を読み、本文や資料を引用しながら、自分の意見や考えを論述する活動」と示されている。また、「A　話すこと・聞くこと」の(2)の言語活動例のウには「話し合いの目的に応じて結論を得たり、多様な考えを引き出したりするための議論や討論を、他の議論や討論の記録などを参考にしながら行う」活動と示されている。

【二】問一　ア　ついじ(ぢ)　イ　すいがい　ウ　とのい(ゐ)　問二　a　尼などになったのだろうかと、気がかりで　b　優美である　c　どうして今まで起きないのか　d　だんだんと夜が明けるのでお帰りになった　問三　(さっき別れた)女が男の早帰りについてどう思っているだろうとかわいそうに思うが
問四　(さっき別れた)女や通り過ぎて見てきた場所よりも、目の前の桜に心惹かれる心情。　問五　②　BからCへ　③　EからBへ

問六

明け	や	し	ぬ	らむ
下二段動詞「明く」連用形	係助詞（疑問）	サ変動詞「す」連用形	助動詞（強意）「ぬ」終止形（確述用法）	助動詞（現在推量）「らむ」連体形

問七　⑤　同格　⑥　主格　問八　優雅で気品のある女性を、思いがけず見つけることができたから。
問九　C

〈解説〉問一　ア　「築地」は土塀のこと。　イ　「透垣」は「すいがい」と読む。「すきがき」の音便。「すいがき」とも読む。板や竹で間を少し透かして作った垣根のこと。　ウ　「宿直」は「殿居」の意。夜仕えるのを「宿」、昼仕えるのを「直」という。宮中や役所などに宿泊して勤務、警戒すること。　問二　a　「尼などに

やなりたるらむ」の「や」(疑問の係助詞)は、結辞「む」(推量の助動詞「む」の連体形)と呼応して係り結びとなっている。「うしろめたくて」の「うしろめたく」は、「うしろめたし」(形容詞・ク活用)の連用形で、気がかりなことの意。　b　「なまめかし」(形容詞・シク活用)は、優美である、若々しく美しい、の意。c　「などか今まで起きぬぞ」の「ぬ」は、打消の助動詞「ず」の連体形。「などか」と呼応して疑問の係り結びになっている。「ぞ」は、疑問語を伴い問いただす係助詞。　d　「やうやう明くれば」の「やうやう」は、だんだんに、次第に、の意。「明くれば」は、順接の確定条件。「帰りたまひぬ」は、尊敬の助動詞「たまひ」に注意して解釈する。　問三　月明かりを夜明けと勘違いした男が、別れた女についてあれこれと忖度する様子である。「思ふらむところ」の主語は、別れた女。「思ふらむ」の「らむ」は、推量の助動詞。「いとほしけれど」の「いとほしけれ」は、「いとほし」(形容詞・シク活用)の已然形。かわいそうだ、不憫だ、の意。問四　和歌中の「そなたへ」は、女のいるところを指す。「ゆきもやられず」は、女のいるところへ行こうという気持ちがすすまないという意である。和歌は「あなたの方へ通り過ごすこともできない。この美しい桜に心惹かれて、この木陰につい足が向いてしまう」という意である。　問五　会話文では、会話の主体から相手(客体)への敬意を表す。②は、尊敬の補助動詞で、男から昔通っていた女への敬意である。③は、「言ふ」の謙譲語で、地の文では作者から文中の対象に対して敬語を用いる。　問六　「明けやしぬらむ」では、動詞「明け」と「し」については活用の種類と活用形、助動詞「ぬ」と「らむ」については動詞との接続を踏まえて意味と活用形、助詞「や」についてはその意味と「らむ」との係り結びであることを板書の内容にする。問七　助詞の「の」は、主格、連体修飾格、同格等のはたらきをする。⑥は「主格」で述語は「言ふ」。　問八　傍線部⑦の前に、外出の衣装を整えた五、六人の女性達の中の、女主人だろうと思われる人をよく見ると、子どもらしく、やさしくみやびやかに物をいう女性だったことが書かれている。傍線部⑦はそれを見つけた男の、胸が躍る思いである。　問九　『堤中納言物語』は平安時代。Aの『御伽草子』は鎌倉時代から江戸時代。Bの『万葉集』は奈良時代。Cの『更級日記』は平安時代。Dの『宇治拾遺物語』とEの『とはずがたり』は鎌倉時代である。

【三】問一　a　かつ　b　ただ　c　まみえて　d　ここにおいて　e　かくのごとくして　問二　雪が牛の目の高さまで積もっている状況。　問三　雪の中で棺を見送る人民は苦労をし、出費も膨大になること。　問四　義　問五　③　子復た言ふ(こと)勿かれ(と)。　④　故に欒水をして之を見さしむ(と)。　問六　父の葬儀を急ぎ、早く代替わりをしたいと思っているということ。　問七　口語訳…どうして小さな功績だろうか、いや大きな功績である。　理由…太子を諫めると同時に、子としての父に対する正しいあり方を天下に知らしめたから。　問八　古典及び近代以降の文章。日本漢文、近代以降の文語文や漢詩文を含めるとともに、我が国の言語文化への理解を深める学習に資するよう、我が国の伝統と文化や古典に関する近代以降の文章を取り上げることに留意する。

〈解説〉問一　a　「且」は「また」の意。　b　「唯」は「たったひとり」の意。　c　「見」は「お目にかかって」の意。「見ゆ」は「面会する」の謙譲語。　d　「於是」は「そこで。その時に。」の意。　e　「若此」は「このようにして」の意。　問二　大雪のため、雪が牛の目に届くほど積もっている様子。　問三　太子の臣下たちが太子に諫言することを述べている。「曰」以下の「雪甚如此而喪行～請弛期更日」がその内容で、具体的には「民必甚病之。官費又恐不給。」(人民の苦労と国の財政が膨大で破綻するため)の部分が理由である。　問四　空欄の前で太子は「為人子、～不行先王之喪」と述べている。人民の苦労や国の財政が破綻しても、「人子」として父の葬儀を行わないわけにはいかないのである。第二段落で、恵公が太子への諫言に使った文王の事例に「三日而後更葬。此文王之義也」「弛期而更為日、此文王之義也」とある。　問五　③「子勿レ復ニタ言一フ(コト)」の書き下し文。　④「故ニ使ム二欒水ヲシテ見サレ之ヲ」の書き下し文。　問六「すみやかに葬らんと欲するに疑ひなきを得ん(や)」と書き下す。太子が恵王の葬儀を予定通りに済ませることに執着していると、恵公は述べている。早々に父の葬儀を終わらせ、代替わりを願う太子の下心を疑ったのである。　問七「あに小功ならんや」と読む。「豈ニ～ン哉」で反語である。「小功」は「小さな功績」の意。恵公が太子に、文王の先君の葬儀の例を示して「義」について説得し、子としての「義」のあり方を反省させ、「義」を天下に知らしめたのである。その功績は、「小功」以上のことだと述べている。　問八「言語文化」は、上代から近現代に受け継がれてきた我が国の言語文化への理解を深めることに主眼を置き、全ての生徒に履修させる共通必履修科目として新設されたものである。「言語文化」の4「内容の取扱い」の(4)「題材について」の事項のアには、「読むこと」の教材として、古典(古文と漢文)及び近代以降の文章が示されている。その中に、日本漢文、近代以降の文語文や漢詩文などを含めることが示され、我が国の言語文化への理解を深める学習に資するよう、我が国の伝統と文化や古典に関連する近代文化以降の文章を取り上げることを指導事項としている。

二〇二一年度　実施問題

【中学校】

【一】第二学年「読むこと」の学習において、クラスの友人に、今まで読んできた本の中からおすすめの本についてスピーチをする言語活動を設定した。次は、本単元の【指導計画】と【生徒A・Bのスピーチメモ】である。後の〔問一〕～〔問四〕に答えなさい。

【指導計画】

【つかむ過程】（1時間）
・今までの読書を振り返らせる。

単元の課題
本の中で印象に残った部分を引用して、「おすすめの一冊」を紹介しよう！

・引用を取り入れたスピーチを行い、適切な引用の仕方を理解するとともに、本の世界を広げることがねらいであることを伝える。
・どのようにスピーチをするか、A 教師が実際にスピーチをしてみる。
・紹介する本を決めさせる。B 学校図書館を活用させる。

【追究する過程】（3時間）
① 紹介する本のC 基本的な情報（書名や著者名、発行所名、発行年等）やあらすじをまとめさせる。
② 引用する効果と方法について理解させる。紹介する本の印象に残っている部分をいくつか選ばせた後、一つに絞り込ませ、その理由を書かせる。
③ ②を基に、引用する部分をA4サイズの用紙に書かせるとともに、スピーチメモを作成させる。
　3人程度のグループで、互いのスピーチメモへのアドバイスをさせる。

【まとめる過程】（2時間）
① クラスを3つに分けて、「スピーチ大会」を行う。生徒が紹介する本の一覧と、大会後に発表者に渡す評価シートを配布する。
② 単元全体の振り返りをさせ、回収する。

「走れメロス」　○○○社　△△△△年　《　a　》

みなさん、心から信じ合える友人はいますか？メロスの身代わりとなったセリヌンティウス。約束の時間が近付き、もう間に合わない。その時、「信じられているから走るのだ。」とメロスは言ったのです。僕は、今まで友人とケンカをして、互いの心を傷付けあったことはありましたが、ここまで信じ合うことがあったかなと、ドキッとしました。メロスを見習って、真剣に友人と向き合っていきたいと思いました。

「竹（『月に吠える』より）」　○○○社　△△△△年　《　b　》

・群馬県出身の詩人
・竹がまっすぐ伸びていく様子
・特に印象に残っているところ
　「竹、竹、竹が生え」
　　竹が生長していく力強さ
　　竹が見渡す限り生えている様子
・竹の生え始め～地上で堂々と伸びる姿
　＝必死に生きる人間の生き方の比喩？
・bが書いた他の詩も読みたい

〔問一〕【指導計画】に関する次の(一)～(三)の問いに答えなさい。

(一)　――線A「教師が実際にスピーチをしてみる」とあるが、【つかむ過程】で、教師が実際にスピーチをする意図を説明しなさい。

(二)　――線B「学校図書館」とあるが、学校図書館は「学習センター」としての機能をはじめ、三つの機能を有している。「学習センター」以外の二つを答えなさい。

(三)　――線C「基本的な情報」とあるが、本のどの部分を見ればよいか、その名称を答えなさい。

〔問二〕【生徒Aのスピーチメモ】【生徒Bのスピーチメモ】に関する次の(一)～(三)の問いに答えなさい。

(一)《　》a・bに入る著者名を、それぞれ漢字で答えなさい。

(二)　スピーチをする際、引用した部分～～～を、A4サイズの用紙に書いて提示させることにした。これは、引用の際に、かぎ(「　」)でくくること以外に、どんなことに留意させたいと考えたからか。簡潔に答えなさい。

(三)【生徒Aのスピーチメモ】を基にスピーチをする場合の長所と短所を、【生徒Bのスピーチメモ】を基にスピーチをする場合と比較して答えなさい。

〔問三〕　この授業をしたあと、国語部会(国語科担当者の会議)を行った。次は、【国語部会の様子】である。後の(一)、(二)の問いに答えなさい。

【国語部会の様子】

教師A	今日の授業は、生徒が楽しそうにスピーチをすることができてよかったです。楽しいことはもちろん大切なことですが、A先生は、なぜスピーチを言語活動として設定したのですか。
教師B	はい。先日、話し方の学習をしたので、スピーチが最適な言語活動だと思ったからです。先生方だったら、どんな言語活動を設定しますか。
教師A	本屋さんのポップを例にして、ポップ作りをよくしていますね。ブックトークを行ったこともありますよ。生徒たちは意欲的に取り組んでいましたね。
教師C	本の帯を作らせますね。そうそう、先日は読書座談会をしました。読書の指導といっても、いろいろな言語活動が考えられますね。注意したいのは、活動ありきの授業になっていないかということです。［ I ］ことを忘れてはいけませんね。
教師B	

(一)　――線「ブックトーク」とは、設定したテーマを基に、複数の本につながりをもたせて紹介する読書指導法の一つである。この方法は、生徒の読書生活にどのような効果をもたらすことが期待できるか。簡潔に説明しなさい。

(二)　［ I ］には、国語科の授業において言語活動を設定する意味が入る。「資質・能力」という言葉を使って、［ I ］に当てはまるように書きなさい。

〔問四〕　【指導計画】の【まとめる過程】において、═══線「単元全体の振り返り」とあるが、「何をどのように学んだか」、「学んだことをどう生かすか」という観点を提示して振り返りをさせたところ、【生徒Cの振り返り】のような記述が多く見られた。【指導計画】を踏まえて、本単元の授業に対して、教師としての振り返りを書きなさい。

【生徒Cの振り返り】

> 最初、みんなの前でスピーチをすると聞いた時は、あまり気が進まなかったけれど、学習が進むにつれて、何を話すのかが分かってきたし、友達からのアドバイスをもらって、やってみようという気持ちになった。スピーチ大会では、みんなが分かりやすい話し方を意識していることが伝わった。とても楽しい時間だった。スピーチを聞いて、読んでみたいと思った本が何冊かあったので、図書館で借りて読んでみたい。これからは、今まで読んだことのないジャンルの本も読んでいこうと思う。

（☆☆☆◎◎◎）

【二】次の文章を読んで、後の〔問一〕～〔問八〕に答えなさい。

人間の叡智《えいち》をもって克服しようとした睡眠は、起きている時の人間に特有な高次の脳機能や豊かな感情と違って、他の生物と共通の仕組みでア制御されている。眠っている時には、私たちは人間でなく霊長目に属するただの哺乳類になる。人間に特有の高度な判断能力や複雑な心の働きを考えずに、哺乳類の一種という視点で研究を進めることが睡眠研究の前提となる。

およそ数億年前から地球上の環境が生物の繁栄に好ましいものに変わってきた。植物が繁殖し、食物が豊富になった。こうした中で、脊椎動物の中から恐竜や鳥類、哺乳類といった恒温動物が出現した。恒温動物は、それまで繁殖していた魚類、両生類、爬《は》虫類と異なり、エネルギーを燃やし続けることで常に体内の温度を一定に保っている。外気温が低くなると活動ができなくなる変温動物と比べて、身体の内部環境を自ら一定のレンジに保つことのできる恒温動物では、環境に対する適応力は大幅に飛躍した。反面、体温を保つために常にエネルギーを燃やし続けなければならず、変温動物と比べると大量の食物が必要となった。①そのため、食物の欠乏にはひどく弱い。

　鳥類や哺乳類のような恒温動物は、さらに内外からの情報を処理し、身体をよりうまく働かせるための大脳を発達させた。大脳の発達によって適応力は飛躍的に高くなった。その頂点にいるのが人間である。［ a ］、これらの高等動物で発達した大脳は、体温を一定に保つ恒温動物としての限界をさらに超えて、膨大なエネルギーを消費する。そして、活性酸素のような有害な老廃物も産生するし、機能変調が起こりやすいという脆《ぜい》弱性を持つ。長時間働かせていると身体がＡ供給できるエネルギー量では足りなくなる。これを防ぎ、大脳をうまく働かせるために休息を上手に管理する技術が不可欠になった。これが睡眠であり、身体が休む時間帯に大脳をうまく鎮静化して休息・回復させ、必要な時に高い機能状態の覚醒を保証する機能を持つに至った。［ b ］、高等な哺乳類にとって、睡眠とは、身体が休む時に、脳の活動をしっかり低下させ休養させるシステムなのだ。

　このシステムは実は意外にシンプルな仕組みでできている。体内の温度を積極的に下げることで、②まるで変温動物のようになって脳と身体をしっかり休息させるのだ。皮膚から熱を積極的に逃がすシステムが働くと、身体の内部の温度が下がると同時に、頭の内部にある脳の温度が下がっていく。体内の温度が下がると、生命を支えている体内の化学反応が不活発化する。つまりイタイシャが下がり、休息状態になる。

　人間は手先や足先から熱を逃がすシステムが作動すると、体内の温度、そして脳の温度が下がり始めだんだんと眠くなることが一九九九年に明らかにされた。赤ちゃんの手が温かくなるのは眠たいサインだとよくいわれるが、これは生理学的にも正しい。熱を逃がして脳の温度を下げ、眠気を誘って脳を休ませているのだ。大人も同様に、夜になると自然に眠たくなるのはこうした機構が働いているからだ。③冷え性で手が冷たくなりやすい人は、熱を逃がすのが下手で不眠になりやすいということがわかった。熱を逃がす時に重要な働きをするのは、手背(手の甲)、足背(足の甲)、太ももの内側などである。こうした皮膚部分はラジエーターの役割をしているとも考えられる。

一日の中での[c]の変動は体内の温度と連動している。ウテツヤで帰宅した後、昼間に眠ろうとしてもぐっすりと眠れないのは、昼間なので体内の温度が上昇したままの状態だからだ。時差ぼけでなかなか眠れないのも同じ理由だ。時差地域で昼間に眠たくなるのは体温が下がっている時にあたるからだ。恒温動物となって、④大脳が発達するにしたがって睡眠が発達してきたことから考えると、活動のために体内温度を保って生活する動物が体内の温度を下げ、脳の温度も下げ、これを強制的に休ませることに睡眠の意義があると考えていいだろう。

(内山　真『睡眠のはなし』による)

〔問一〕‖線ア～ウについて、漢字の読みをひらがなで、カタカナは漢字に直して書きなさい。

〔問二〕[　]a・bに入る言葉として最も適切なものを、次の〔　〕からそれぞれ選びなさい。

〔 なかでも　あわせて　しかし　こうして　つまり　さらに 〕

〔問三〕～～線Aの対義語を漢字二字で書きなさい。

〔問四〕[　]cにあてはまる言葉を文中から漢字二字で書きなさい。

〔問五〕――線①「そのため、食物の欠乏にはひどく弱い」とあるが、この文の主語に当たる言葉は何かを答えなさい。

〔問六〕――線②「まるで変温動物のようになって」とあるが、変温動物のどのような点を述べているか。「〜こと」に続くように、文中から探して二十字以内で書きなさい。

〔問七〕――線③「冷え性で手が冷たくなりやすい人」は、不眠になりやすいというが、それはなぜか。その理由を、「機構」という言葉を用いて、五十字以内で説明しなさい。

〔問八〕――線④「大脳が発達するにしたがって睡眠が発達してきた」とあるが、どういうことか。「適応力」「エネルギー」「システム」という言葉を用いて、「〜ということ」に続くように、九十字以上百十字以内で説明しなさい。

（☆☆☆◎◎◎）

【三】次のA〜Cの古文を読んで、後の〔問一〕〜〔問八〕に答えなさい。

A

心もとなき日数重るままに、白河の関にかかりて、旅心定りぬ。「いかでみやこへ」と便もとめしも断《ことわり》なり。中にも此関は三関の一にして、風騒《ふうさう》の人、こころをとどむ。秋かぜを耳に残し、もみぢを俤《おもかげ》にして、青葉の梢《こずゑ》猶《なほ》あはれ也。卯の花の白妙に茨の花の咲そひて、雪にもこゆるここちぞする。古人冠をただし、衣装を改し事など、清輔の筆にもとどめ置れしとぞ。

卯の花をかざしに関の晴着哉　曾良

B

抑《そもそも》事《こと》ふりにたれど、松嶋は扶桑《ふさう》第一の好風《かうふう》にして、をよそ洞庭・西湖を恥ず。東南より海を入て、江の中三里、浙江の潮をたたふ。嶋じまの数を尽《つく》して、欹《そばだつ》ものは天を指《ゆびさし》、ふすものは波に匍匐《はらばふ》。あるは二重にかさなり、三重に畳《たたみ》て、左りにわかれ、右につらなる。負《おへ》るあり、抱《いだけ》るあり、児孫《じそん》愛すがごとし。松のみどりこまやかに、枝葉《しえふ》汐風《しほかぜ》に吹たはめて、屈曲《くつきよく》aをのづからためるがごとし。其気色《そのけしき》窅然《えうぜん》として、美人の顔《かんばせ》を粧《よそほ》ふ。千早振《ちはやふる》神の昔、大山ずみのなせるわざにや。造化《ざうくわ》の天工《てんこう》、いづれの人か筆をふるひ、詞《ことば》を尽《つく》さむ。

C

最上川はみちのくより出て、山形を水上とす。ごてん・はやぶさなど云《いふ》、おそろしき難所有。板敷山の北を流て、果《はて》は酒田の海に入。左右山bおほひ、茂みの中に船を下す。是に稲つみたるをや、いなぶねとは云ならし。白糸の滝は青葉の隙ひまに落て、仙人堂《せんにんだう》岸に臨《のぞみ》て立。水みなぎつて、舟あやうし。

さみだれをあつめて早し最上川

〔問一〕　A～Cの文章は、ある紀行文に収められている。その紀行文の名前、成立した時代を書きなさい。

〔問二〕　紀行文とはどのような文章のことをいうか。簡潔に説明しなさい。

〔問三〕　――線「白河の関」、「松嶋」、「板敷山」のように、和歌に使われたり、詠み込まれてきたりした地名のことを何というか、漢字で書きなさい。

〔問四〕　……線a「をのづから」、b「おほひ」を現代仮名遣いに直しなさい。

〔問五〕　═══線「負るあり、抱るあり、児孫愛すがごとし」は、島が重なっている様子を子や孫が仲良くする姿にたとえたものだが、Aにも、あるものを他のものにたとえている文がある。その文を現代語に訳しなさい。

〔問六〕　この紀行文の特徴として、多数の俳句が詠み込まれていることが挙げられるが、Bでは、俳句が詠まれていない。この理由について作者はどう述べているか、現代語で答えなさい。

〔問七〕　A、B、Cに描かれている情景描写の共通している点を、植物の表現の仕方に着目して答えなさい。

〔問八〕　新編日本古典文学全集「松尾芭蕉集①」によると、Cの俳句「さみだれをあつめて早し最上川」の初案は、「さみだれをあつめてすずし最上川」であったと言われている。芭蕉は、なぜ「すずし」から「早し」という言葉に改めたのか。あなたの考えを、Cの情景を踏まえて書きなさい。

（☆☆☆◎◎◎）

【四】　次の漢文を読んで、後の〔問一〕～〔問二〕に答えなさい。

a心不レバレ在ラレ焉《ここニ》、視レドモ而不レ見エ、聴ケドモb而不レ聞コエ、c食へども其の味を知らず。

『大学章句　伝七章』より

〔問一〕　――線aを、①書き下し文に直し、②現代語に訳しなさい。

〔問二〕　――線bの「而」は、訓読するときには読まない字であるが、このような文字を何というか。また、その働きについて簡潔に書きなさい。

〔問三〕 ――線cの書き下し文に合うように、送り仮名と返り点を付けなさい。

［食　而　不　知　其　味　］

【五】 次の〔問一〕～〔問三〕に答えなさい。 (☆☆◎◎◎)

〔問一〕 熟語の構成に関する問題について、次の(一)、(二)の問いに答えなさい。

(一) 次の①②の熟語の構成として適切なものを、後のア～オから記号で選びなさい。

① 黒板　② 点滅

ア 似た意味の漢字を重ねたもの
イ 反対の意味の漢字を重ねたもの
ウ 上下で主語・述語の関係のもの
エ 上下で修飾・被修飾の関係のもの
オ 上の字が下の字の意味を打ち消しているもの

(二) 熟語の構成の授業で、「握手」の構成を視覚的に説明したい。板書でどのように示すかを矢印や記号などを用いて書きなさい。

〔問二〕 次の資料は、文化庁の「国語に関する世論調査」の一部である。後の(一)、(二)の問いに答えなさい。

（一）「食べられない」を品詞分解し、それぞれの品詞名を答えなさい。

（二）「食べれない」「来れますか」といった「ら抜き言葉」の使用について、資料から分かること、そのことに対するあなたの考えを、理由も含めて書きなさい。

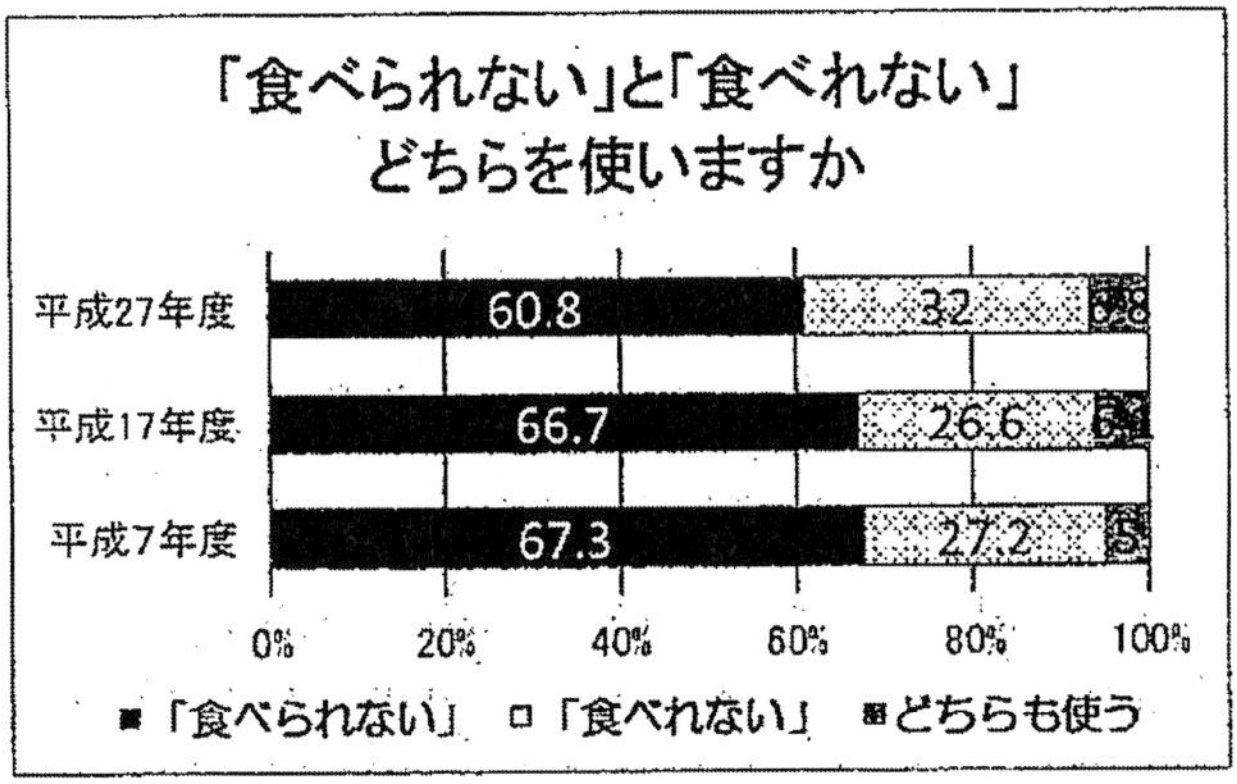

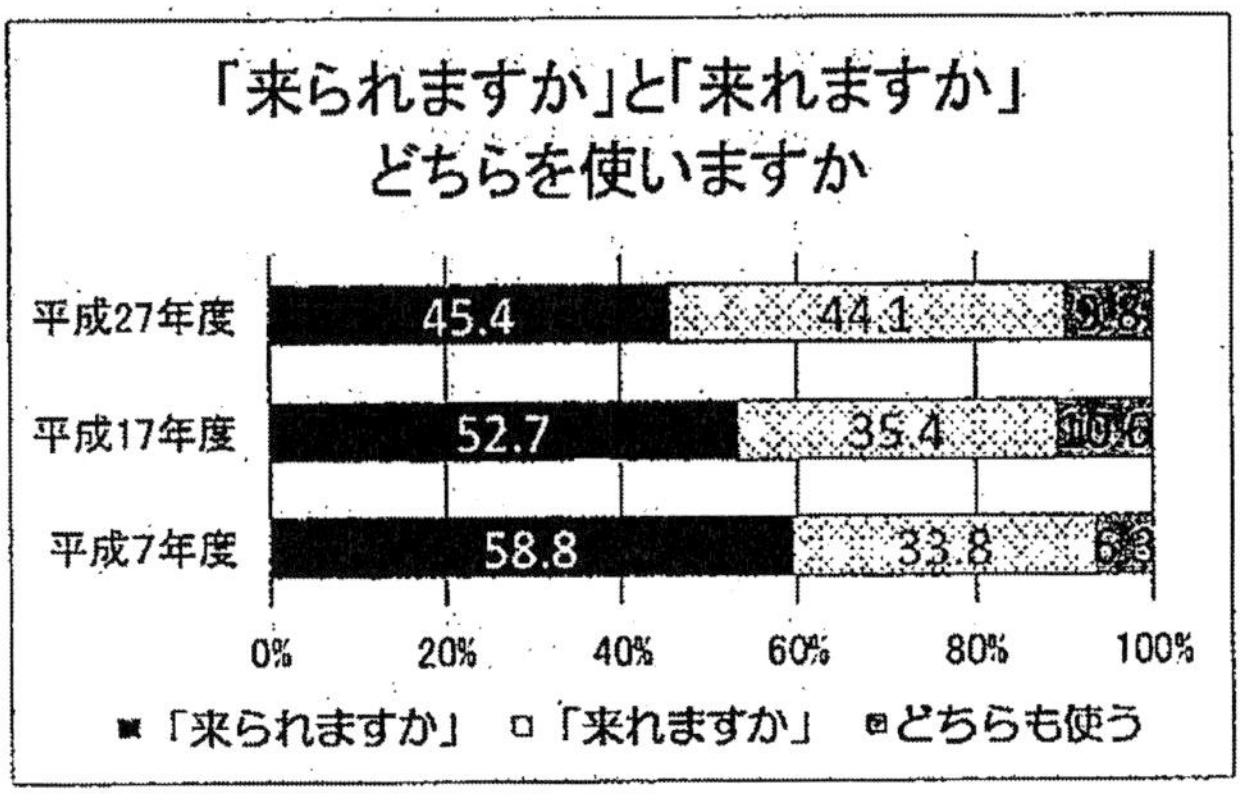

〔問三〕「板」という漢字を使って、行書の特徴である①「点画の省略」と、②「点画の連続（直接連続）」について説明したい。「板」を行書で書き、①・②の特徴が出ている部分を囲み、①・②をつけなさい。

（☆☆☆◎◎◎）

【高等学校】

【一】次の文章を読み、後の問いに答えなさい。

1. 優先座席に座っている若くて健康な人が、お年寄りや体の不自由な人に席を①ユズること
2. ②キフやボランティアをすること
3. 健康な若者が献血をすること
4. 駅で線路に落ちた人を救うこと
5. 自殺したいという友人を説得してやめさせること
6. 台風で増水した川で溺れている人を泳いで助けに行くこと

あなたは、これらはすべて義務ではないと考えるかもしれない。例えばあなたは、善行には時間や労力など何らかの犠牲を払う必要があるため、そのような行為は義務ではありえないと考えるかもしれない。しかし、よく考えてみれば、約束を守ることもしばしば犠牲を払う必要のある行為である。例えば、Ⅰ『走れメロス』の主人公のメロスは、友だちとの約束を守るために死にそうになりながらも約束の場所まで③カけていった。一部の人はそのような犠牲を払いたくないので約束を守らないだろう。犠牲を払うがゆえに善行が義務でない

としたら、約束を守ることも、犠牲を払う必要があるがゆえに義務ではなくなるだろうか。そうではないだろう。

またあなたは、善行というのは、してもしなくてもよいことを④アえてするところに価値があるのであり、義務にしてしまうと善行ではなくなってしまうと考えるかもしれない。しかし、それは善行の定義次第である。仮にキフや献血が法や道徳によって義務付けられたとしても、困っている人が助かることには変わりない。また、道徳的に義務だからという理由で、すなわち義務感から善行をなすことで、善行の価値が減ずるかどうかは次章で見るように議論があるところである。必ずしも A と B は相容れないわけではない。

あることが義務であるとはそもそもどういう意味なのか。道徳的義務と法的義務はどう違うのか。関連する⑤ガイネンとともに少し詳しく説明しよう。

ここで言う道徳的義務とは、ある行為が道徳的に要請されるまたは禁止されるという意味での義務であり、法的な義務と対比して用いられている。例えば人を正当な理由なく殺してはいけないというのは、道徳的義務であり、法的義務でもあると考えられる。このように両者が重なる場合もあるが、道徳的義務である事柄が常に法的な義務でもあるとは限らない。読者の中にはこのような道徳的義務が存在すると思っていない者もいるかもしれないが、それはおそらく、道徳的義務の多くは空気のように当たり前のものだからだろう。例えば法的な義務ではないが道徳的な義務であるものとして典型的に考えられるものには、友人に嘘をつかないとか、約束を守るといったものがあるだろう。あるいは、行列に横入りしない、でもよい。これらは、道徳的に要請される以上、単に⑥キョヨウされている場合と異なり、我々はそれをなすべきであり、従わない場合には法的な処罰を受けないとしても他人から非難されて当然だと考えられる。あるいは、他人から非難されない場合でも、良心の⑦呵責を感じたり罪悪感を抱いたりしてしかるべきだと考えられる。つまり、法的義務と同様、道徳的義務の場合にも、違反した場合にⅡ何らかの制裁が当然あるものとして考えられているのだ。

Ⅲ一般に義務には二種類あると言われる。いわゆる完全義務と不完全義務の区別だ。すでにカントの自殺の議論でも少し言及したが、完全義務とは、他人や自分に危害を加えてはならないとする義務であり、約束を破ってはいけないとか、自殺をしないというのがこれに当たる。この場合、他人には私に約束の履行を請求する正当な権利が発生し、約束を守ることは正義の要請だと考えられる。他者危害原則によって禁じられるのは、通常はこのような他人に対する完全義務である。⑧フヨウの義務のような特定の人に対する義務も、通常は完全義務と考えられている。

一方、不完全義務とは、困っている人を助ける義務や、勤勉や研鑽により自分を⑨陶冶する義務を指す。これらの義務は、他人あるいは自分に危害を与えるのとは逆に、他人に害悪が生じるのを防いだり、自分を現在よりもよくしようとしたりするものである。ここで「不完全」とあるのは、完全義務と比較した場合、個人の良心に⑩マカされ不履行に伴う罰則や制裁を伴うことが少ない、義務に対応する権利が受け手の側に生じない、特定の個人に対して負う義務ではないなどの観点で不完全さがあるという意味だと考えられるが、この点は論者によって解釈が異なる。いずれにせよ、不完全義務は正義の要請というよりは、正義としばしば対比される善行の要請だとされる。とはいえ、この区別に従えば、何らかの意味で不完全ではあるにせよ、善行は義務だということになる。

それに対して、親切のような利他的行為はそもそも義務ではなく、してもしなくてもよい行為であり、やればよい人であるが、やらなくても非難される謂れはないものだ、という理解もありうる。これは、親切をするかどうかというのは、個人の自由にマカされており、例えば休みの日に映画を観に行くか美術館に行くかといった選択とそう変わらないものだとみなす考え方だと言える。

より正確に言えば、これは、利他的行為は義務ではないが、Ⅳ超義務(supererogation)という種類の行為だとみなす考え方と言える。英雄的な行為や大きな自己犠牲を伴う行為など、誰にでもできる行為とは言えない行為もある。それらの行為が超義務であるとは、すべての人が負う義務ではなく、それゆえ不履行を非難されることはないが、やれば賞賛されるような行為だということだ。例えば、二〇一三年九月に上陸した台風一八号によって増水した淀川で溺れている九歳の男児を飛び込んで助けた中国人の二〇代男性は、毎日プールで泳いでいて泳ぐのが得意だったこともあり、無事に男児を救助して自分も助かった。その後、彼は総理大臣から感謝状をもらってその行為を賞賛された。しかし、彼の行為は英雄的な行為であり、同様な状況にある他の誰でも飛び込む義務があるとか、飛び込まなければ非難されると主張することは難しいだろう。

このように利他的行為を超義務とみなした場合、それは義務ではないことになり、この場合、他人に利他的行為をするように助言はできたとしても、義務として強く要請することはできないことになる。

Ⅴはたして、善行は義務なのだろうか、あるいは義務ではないのだろうか。これは我々の実践に大きな影響を持つ重要な問いであるため、少し時間を取って考えてみてほしい。今日、多くの人は善行を義務とは考えていないように思われる。しかし、その考えが間違っており、少なくとも一部の善行については義務であることがわかったとすると、あなたの善行を必要とする多くの人がいる限り、あなたは普段の生き方を改める必要が出てくるかもしれない。この意味で上記の問いは重要な実践的問いなのだ。

(児玉聡『実践・倫理学　現代の問題を考えるために』による)

問一　傍線部①～⑩について、カタカナは漢字に改め、漢字は読みを平仮名で書け。

問二　[A]・[B]に当てはまる語を、本文中からそれぞれ抜き出して書け。

問三　傍線部Ⅰ『走れメロス』の作者名を漢字で書け。また、この作者による作品を次から全て選べ。

ア　桜桃　イ　草の花　ウ　砂の女　エ　津軽　オ　道化の華　カ　豊饒の海　キ　李陵

問四　傍線部Ⅱ「何らかの制裁」とは、具体的にどのようなものか、答えよ。

問五　傍線部Ⅲ「一般に義務には二種類あると言われる」とあるが、二種類の義務について分かりやすく示した板書例を書け。なお、板書には、それぞれに対応する適切な具体例を示すこと。

問六　傍線部Ⅳ「超義務(supererogation)という種類の行為」とあるが、「超義務」とはどのようなものか、説明せよ。

問七　傍線部Ⅴ「はたして、善行は義務なのだろうか、あるいは義務ではないのだろうか」とあるが、このことに着目して生徒の理解をより深めたい場合、国語科の言語活動としてどのようなものが考えられるか、書け。

問八　本文を、「高等学校学習指導要領」(平成30年3月告示)の国語に示された新科目(「現代の国語」「言語文化」「論理国語」「文学国語」「国語表現」「古典探究」)のいずれかで使用するとしたら、どの科目の教材として用いるのが適切だと考えられるか。適切だと考えられる科目の目標に触れながら、その理由を書け。

(☆☆☆◎◎◎)

【二】次の文章を読み、後の問いに答えなさい。

七日になりぬ。同じ港にあり。今日は白馬《あをむま》を思へど、かひなし。ただ、波の白きのみぞ見ゆる。

かかるあひだに、人の家の、池と名あるところより、鯉はなくて、鮒よりはじめて、川のも海のも、こと物

ども、ア長櫃にaになひつづけておこせたり。①若菜ぞ今日をば知らせたる。歌あり。その歌、

X　あさぢふの野辺にしあれば水もなき池に摘みつる若菜なりけり

②いとをかしかし。この池といふは、ところの名なり。よき人の、男につきて下りて、住みけるなり。この長櫃の物は、みな人、童までにくれたれば、飽き満ちて、船子どもは、腹鼓を打ちて、海をさへおどろかして、b波立てつべし。

かくて、このあひだに事多かり。今日、イ破子持たせて来たる人、その名などぞや、今思ひ出でむ。この人、歌よまむと思ふ心ありてなりけり。とかくいひいひて、「波の立つなること」とうるへいひて、よめる歌、

Y　行く先に立つ白波の声よりもおくれて泣かむわれやまさらむ

とぞよめる。③いと大声なるべし。持て来たる物よりは、歌はいかがあらむ。この歌を、これかれcあはれがれども、一人も返しせず。しつべき人もまじれれど、これをのみいたがり、物をのみ食ひて、夜更けぬ。この歌主、「まだまからず」といひて立ちぬ。

ある人の子の童なる、ひそかにいふ。「まろ、この歌の返しせむ」といふ。おどろきて、「いとをかしきことかな。dよみてむやは。よみつべくは、はやいへかし」といふ。「『まからず』とて立ちぬる人を④待ちてよまむ」とて求めけるを、夜更けぬとにやありけむ、やがて⑤いにけり。「そもそもいかがよんだる」と、いぶかしがりて問ふ。この童、さすがに恥ぢていはず。強ひて問へば、いへる歌、

Z　行く人もとまるも袖の涙川ウ汀のみこそ濡れまさりけれ

となむよめる。⑥かくはいふものか。⑦うつくしければにやあらむ、いと思はずなり。「童言にてはなにかはせむ。嫗、翁、手捺《お》しつべし。悪しくもあれ、いかにもあれ、たよりあらばやらむ」とて、おかれぬめり。

（『土佐日記』による）

（注）同じ港…作者たちが高波により足止めされている港。　白馬…白馬の節会。宮廷行事の一つ。
うるへいひて…大げさに嘆いて。　手捺す…署名捺印する。

問一　二重傍線部ア～ウの読み方を、平仮名で答えよ。（現代仮名遣いでよい。）
問二　波線部a～dを口語訳せよ。
問三　傍線部①は、具体的にどのようなことを述べているのか、説明せよ。
問四　傍線部②は、Xの歌のどのような点が「をかし」であると述べているのか、説明せよ。
問五　傍線部③のように述べているのは、Yの歌にどのようなことが詠まれていたからか、説明せよ。また、傍線部③には書き手のどのような心情が込められているか、次から一つ選び、記号で答えよ。
A　賞賛　B　驚愕　C　追従　D　揶揄　E　悲嘆
問六　Xの歌の詠み手とYの歌の詠み手はそれぞれどのような人物か、文中の記述に即して説明せよ。
問七　傍線部④、⑤は、それぞれ誰の行動か、次から一つずつ選び、記号で答えよ。
A　『土佐日記』の書き手　B　Xの歌の詠み手　C　Yの歌の詠み手　D　童　E　媼、翁
問八　傍線部⑥について、書き手がこのように感じたのはどうしてか。Zの歌の特徴に触れながら、理由を説明せよ。
問九　傍線部⑦について、品詞分解し、文法事項を説明するための板書例を示せ。

（☆☆☆◎◎◎）

【三】次の文章を読み、後の問いに答えなさい。（設問の都合上、一部訓点を省略した所がある。）

昔者《むかし》晋有六将軍。而智伯莫為強焉a。計其土地之博、人徒之衆《おほきトヲ》、欲以抗諸侯、以為b①莫若攻戦之速。故差論其爪牙之士、比列其舟車之衆、以攻中行氏、而有《たもチ》之、以其謀為既已足矣。又攻茲范氏、而大敗之、②併三家以為一家、而③不止。又囲趙襄子於晋陽。及若此c、則韓・魏亦相従而謀曰、「古者《いにしへ》有語。④『唇亡、則歯寒。』趙氏朝亡、我夕従之。趙氏夕亡、我朝従之。詩曰、『⑤魚水不務、陸将何及乎。』」是以d三主之君、一心戮《あはセ》力、辟《ひらキ》門除道、奉甲興士、韓・魏自外e、趙氏自内、撃智伯、大敗之。

是故子墨子言曰、「古者有語。曰、『⑥君子不鏡《かんがミ》於水、而鏡於人。』鏡於水、見面《かほ》之容《すがた》、鏡於人、則知吉与凶。』今、以攻戦為利、則⑦蓋嘗鑑之於智伯之事乎。⑧此其為不吉而凶、既可得而知ル一矣。」

（『墨子』による）

（注）六将軍…智氏（智伯）、中行氏、茲范氏、趙氏、韓氏、魏氏の六氏のこと。　差論…選ぶこと。
　爪牙之士…精鋭士官。　陸…川などの岸。　除道…道を清めること。出陣に当たって行う。
　吉与凶…運命の吉凶。　墨子…諸国の君主たちに他国を侵略をしないよう説いた思想家。

問一　波線部ａ～ｅの語の読み方を、送りがなも含め、平仮名で答えよ。（現代仮名遣いでよい。）
問二　傍線部①を、全文平仮名の書き下し文に改めよ。
問三　傍線部②は、誰がどういうことをしたと述べているのか、分かりやすく説明せよ。
問四　傍線部③について、何を「不止」なのか、文中から漢字二字の語を抜き出して答えよ。
問五　傍線部④は、どのような状況を説明するための喩えか、文中の記述に即して記せ。
問六　傍線部⑤について、適切に言葉を補って現代語訳せよ。また、「魚水」と「陸」は、それぞれ何のことを喩えているのか、文中の語で記せ。
問七　傍線部⑥について、君子がこのようにするのはどうしてか、文中の記述に即して説明せよ。
問八　傍線部⑦に、訓点を記入せよ。ただし、「嘗」は「こころみ（に）」と読むこと。
問九　傍線部⑧について、「其」の内容が分かるように言葉を補って、現代語訳せよ。

（☆☆☆◎◎◎）

解答・解説

【中学校】

【一】問一　(一)　生徒に単元のゴールをイメージさせ、学習の大まかな流れをつかませるため。　(二)　読書センター、情報センター　(三)　奥付　問二　(一)　a　太宰治　b　萩原朔太郎　(二)　引用する文章が適切な量であること。　(三)　長所…伝えたいことが整理されており、正確に伝えることができる。短所…原稿を読んでしまい、相手を見て話すことができない。　問三　(一)　同じテーマの本にもたくさんの種類があることを知り、幅広い読書をすることにつながる。　(二)　活動することを目的と考えるのではなく、言語活動を通して、単元で育成すべき資質・能力を身に付けていく。　問四　スピーチに対しての感想が中心になってしまい、適切な引用の仕方についての記述がないので、授業のねらいを示したり振り返りをさせたりする際に、身に付けさせたい力を意識させるようにする。

〈解説〉問一　(一)「見本」を提示することの意味を活動に即して説明する必要がある。　(二)　学校図書館は、生徒の読書活動や生徒への読書指導の場である「読書センター」、生徒の学習活動を支援したり授業の内容を豊かにしてその理解を深めたりする「学習センター」、生徒や教職員の情報ニーズに対応したり生徒の情報の収集・選択・活用能力を育成したりする「情報センター」としての機能を有している。　(三)　書籍の基本的な情報の見つけ方だが、情報の信頼性の確かめ方としては、第一学年で学習した「出典の示し方」から確認する方法がある。本であれば奥付に書かれた書名、著者名、発行年、出版社等を確認することが、「中学校学習指導要領(平成29年告示)解説　国語編(平成29年7月)　第3章　各学年の内容　第3節　第3学年　(2)　情報の扱い方に関する事項」に記されている。本問は第二学年の指定であるが参考にするとよい。

問二 (一) いずれの作品も両作家の代表作である。 (二) どこをどれだけ引用するかということも指導が必要な事柄である。 (三) 生徒Aのスピーチメモは読み原稿であるのに対して、生徒Bのスピーチメモは箇条書きになっている。この形式の違いが持つ意味を説明する。 問三 (一) 生徒は「ブックトーク」では、設定されたテーマを基に、複数の本に接することになる。このことが生む効果を考える。読書に対する興味を引き出す新しいジャンルの本とであうことができる。紹介した著者やほかの作品・テーマなど本の背景に目を向けさせることができる。ブックトークする生徒の間に関係を築くことができる。などである。 (二) 言語活動はあくまでも手段に過ぎない。 問四 言語活動の「ねらい」を生徒が意識しているかどうかが重要である。言語能力を育成する中心的な役割を担う国語科では、教科の目標において、言語活動を通して資質・能力を育成することを目指していることを明示している。

【二】問一 ア せいぎょ イ 代謝 ウ 徹夜 問二 a しかし b つまり 問三 需用 問四 眠気 問五 恒温動物(は) 問六 外気温が低くなると活動ができなくなる 問七 手先の皮膚から熱を逃がすことが上手にできず、脳の温度を下げて眠気を誘うという機構が働かないから。(四十八字) 問八 大脳の発達によって、環境への適応力は飛躍的に高くなったが、膨大なエネルギーを消費するようになったため、体内の温度を下げることで、強制的に大脳の活動を低下させ、上手に休息・回復を図るシステムが発達した(九十九字)

〈解説〉問一 同音異字の多い語句は、文中での意味を捉えた上で、漢字を考えることが重要である。
問二 空欄aの前後では、それぞれ大脳の長所・短所という逆の事柄が説明されているので、逆接の接続詞が適切である。空欄bの後の内容は、ここまでの説明を要約したものである。 問三 「供給」は「必要に応じて、物を与えること」。「需要」は「必要として求めること」。といった意味。この二つの語句は、狭義では経済学の用語である。　問四　「体内の温度」と連動して変化するものを探せばよい。　問五　傍線部①を含む第二段落は、「恒温動物」の特性について説明している。　問六　第二段落で「恒温動物」について述べる中で、「変温動物」との相違を挙げている。　問七　「冷え性」と「不眠」の間の因果関係を説明しなければならない。人間が眠くなるシステムについて説明することが必要となる。　問八　「大脳」の発達と「睡眠」の発達の間を因果的な説明でつないで解答する。睡眠が要請されるようになった理由、および睡眠を促す仕組みの二点が、説明しなければならない事柄である。

【三】問一　名前…おくのほそ道(奥の細道)　時代…江戸時代　問二　旅行をした時の体験や感想などを書き綴った文章　問三　歌枕　問四　a　おのずから　b　おおい　問五　卯の花の白いところに、さらに白い茨の花が咲き誇って、雪の折りにでも関を越えているような気がする。　問六　あまりに素晴らしい景色で、この様子を誰が絵画や詩文に表現できるだろうか。だれも表現なんてできない。　問七　鮮やかな色彩で表現することで自然の豊かさを表している。　問八　最上川の涼しさや清涼感から「すずし」と表現したものの、五月雨で増水して水があふれかえり、舟がひっくり返りそうになるほどの最上川の激しさを表すには、「はやし」の方が最適だと思ったから。

〈解説〉問一　C中の俳句は松尾芭蕉が詠んだ代表的なものである。A中の俳句の作者「曾良」は芭蕉に師事し、この旅に同行している。　問二　「紀行」の「紀」は「記す」の意。　問三　ここでの「歌枕」は、俳句に多く詠み込まれる名所・旧跡である。　問四　aは、「ぢ」「づ」は「じ」「ず」に置き換える。また、助詞以外の「を」は「お」に置き換える。bは、語頭と助詞以外の「は・ひ・ふ・へ・ほ」は「わ・い・う・え・お」

に置き換える。　問五　「白妙」とは、白い色のこと。また、関所を超える描写なので、「こゆる(こゆ)」は関を越えることを言う。　問六　松嶋は「造化の天工、いづれの人か筆をふるひ、詞を尽さむ」(造物主のわざ、だれが筆で書き表し言葉で表現しつくせようか)と述べている。　問七　「白妙」「松のみどり」「青葉」などの表現に着目する。　問八　「すずし」にはない、「早し」という表現が持つ躍動感を捉えたい。なお、一般にその土地を称えるように句を詠むのが礼儀である。「すずし」という表現にはその配慮が感じられる。

【四】問一　①　心焉(ここ)に在らざれば、視れども見えず。　②　心が上の空の状態では、見ているようでも実際には何も見えていないということ。(心を集中させなければ、真実を見抜くことはむずかしいということ)。　問二　文字…置き字　　働き…語句と語句の関係を示したり、文の流れを整えたりする働き
問三　食ヘドモ而不レ知ラ二其ノ味ヲ一

〈解説〉問一　現代語訳する際に、「在らざれば」の確定条件、「視れども」の逆接を正しく訳出すること。
問二「而」は、句と句をつなぐ接続詞のような働きをする。他の代表的な置き字には、「焉」「矣」「於」「于」「乎」がある。　問三　動詞は下から返って読む規則である。また、cは、その直前の箇所と対句の関係にあるので、送り仮名・返り点を付ける上で参考にする。

【五】問一　(一)　①　エ　②　イ　(二)　握るレ手を
※下から上の矢印等も可

問二　(一)

食べ	られ	ない
動詞	助動詞	助動詞

(二)　・ここ二十年の間に、いわゆる「ら抜き言葉」を使う人が増えている。言葉は時代とともに変化してい

くものなので、柔軟に受け入れるべきである。・「ら抜き言葉」を使う人が少しずつ増えている。助動詞「られる」は受け身や尊敬、可能等の意味があり、「ら抜き言葉」はそれらを区別するよさもある。今後今まで以上に一般的になるとも考えられる。・「ら抜き言葉」を使う人が増えているが、まだ過半数には届かず、従来の言葉遣いをしている人の方が多い。昨今「言葉の乱れ」が問題になることも多いため、許容するには時期尚早であると考える。

問三

〈解説〉問一　（一）①は「黒い板」という構成である。②の「点滅」とは、灯火がついたり消えたりすることを言う。（二）「手を握る」という構成を視覚化する。問二　（一）可能動詞ではないことに注意が必要である。（二）ら抜き言葉の利点を捉えることもできる。問三　筆の運びを意識することが必要である。

【高等学校】

【一】問一　①　譲　②　寄付(附)　③　駆　④　敢　⑤　概念　⑥　許容　⑦　かしゃく　⑧　扶養　⑨　とうや　⑩　任　問二　A　善行　B　義務　問三　作者名…太宰治　記号…ア、エ、オ　問四　他人から非難されたり、良心の呵責を感じたりすること。

問五

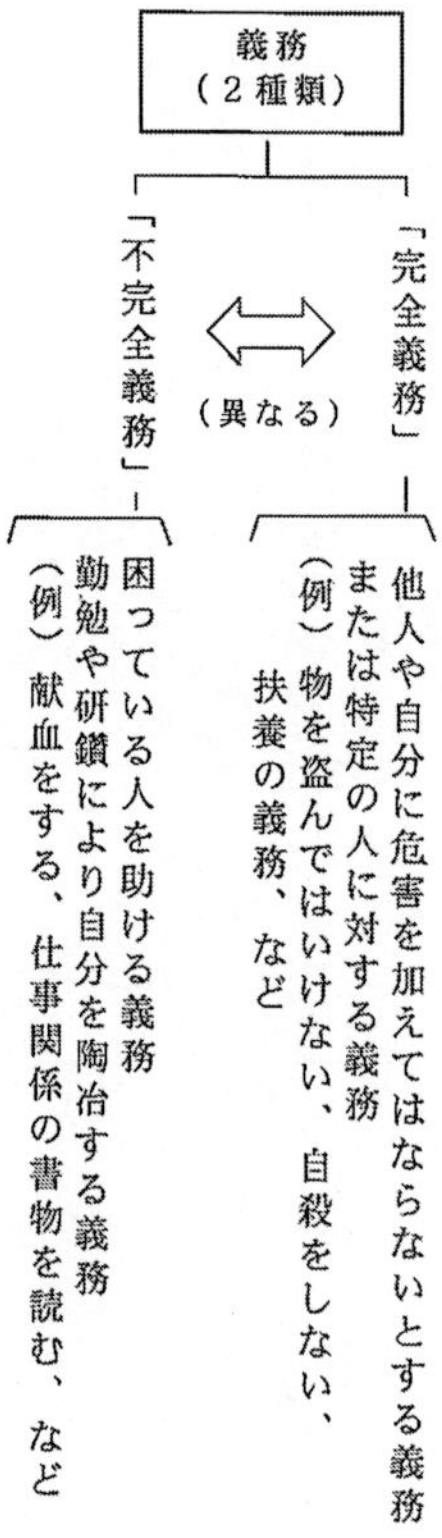
義務
（２種類）
「完全義務」
他人や自分に危害を加えてはならないとする義務
または特定の人に対する義務
（例）物を盗んではいけない、自殺をしない、
扶養の義務、など
（異なる）
「不完全義務」
困っている人を助ける義務
勤勉や研鑽により自分を陶冶する義務
（例）献血をする、仕事関係の書物を読む、など

問六　英雄的な行為や大きな自己犠牲を伴う行為など、不履行を非難されることなく、やれば賞賛されるものを「超義務」の行為と位置付ける。「超義務」は義務を超えたものであり、すべての人が負うべきものである「義務」とは区別される。　問七　「善行が義務であるか義務ではないか」について述べられた複数の文章を読み比べ、それらを比較して論じたり批評したりする活動。　問八　「論理国語」の目標には、論理的、批判的に考える力を伸ばすとともに、創造的に考える力を養い、他者との関わりの中で伝え合う力を高め、自分の思いや考えを広げたり深めたりすることができるようにすると示されている。本教材は、論理的、批判的に考える力を伸ばすのにふさわしいと考えられるため、「論理国語」で使用するのが適切だと考えられる。

〈解説〉問二　空欄A、Bが含まれる段落では、実例を挙げて「義務」と「善行」の関係が問われている。

問三　イは福永武彦、ウは安部公房、カは三島由紀夫、キは中島敦である。　問四　傍線部Ⅱが含まれる一文の冒頭には接続詞「つまり」がある。直前の内容を要約している。　問五　「完全義務」については傍線部Ⅲの直後で説明され、次の段落では冒頭に「一方、不完全義務とは」とあるとおり、不完全義務の内容が詳述されている。　問六　「義務」との違いから、「超義務」の特徴を説明する必要がある。　問七　生徒の理解をより深めるための活動なので「読むこと」の分野に属する。例えば「高等学校学習指導要領(平成30年告示)解説国語編(平成30年7月)」の「現代の国語　C　読むこと」の言語活動例として、「異なる形式で書かれた複数の文章や、図表等を伴う文章を読み、理解したことや解釈したことをまとめて発表したり、他の形式の文章に書き換えたりする活動」が挙げられている。　問八　本文は評論文であるので、「論理国語」で用いることが第一に考えられる。ただし、重要なことは、科目の目標と、教材利用の理由が合致していることである。

【二】問一　ア　ながびつ　イ　わりご　ウ　みぎわ・なぎさ　問二　a　次々と担ぎ入れてよこした　b　波を立ててしまいそうだ　c　褒めはするものの　d　本当に詠めるのだろうか　問三　届けられた若菜が、今日が七草の節句だと知らせてくれた、ということ。　問四　実際には水のない野辺で摘んだ若菜だが、地名にちなんで「池」で摘んだと詠んでいるところ。　問五　説明…港に残されて泣く自分の声の方が、荒れる波音よりも大きいということ。　記号…D　問六　Xの歌…夫につき従って都から下り、この場所に住んでいる、身分の高い人。　Yの歌…大げさに嘆いたりして、歌を詠めるところを見せつけようとする人。　問七　④　D　⑤　C　問八　童が、対句や縁語を駆使して、大人顔負けに、Yの歌の返歌を上手に詠んだから。

問九　形容詞「うつくし」已然形／接続助詞／助動詞「なり」連用形／係助詞／ラ変動詞「あり」未然形／助動詞（推量）「む」連体形
（例）うつくしけれ／ば／に／や／あら／む

〈解説〉問一　イの「破子」は弁当箱のこと。　問二　bは、助動詞「つ」「べし」の完了、推量の意味をそれぞれ確実に訳出する。cは、「あはれ」の意味を文脈から判断する必要がある。直後の逆接の後、「一人も返歌をしない」とつながるので、「感心する」の意に解せる。dの「てむ」は、ここでは可能推量を表す。
問三　若菜を、正月七日の節句に食べる風習があった。　問四　傍線部②の直後の補足を踏まえて、Xの和歌を解釈する。　問五　Yの歌の詠み手は、白波の音と張り合って、自身の泣き声の大きさ、悲しみの大きさを表現している。　問六　Xの歌の詠み手については、Xの歌の直後で説明される。またYの歌の詠み手については、「歌よまむと思ふ心ありてなりけり」と歌を読む前にその魂胆を見透かしている。　問七　Yの歌の詠み手が帰ろうとするのを、童が引止めていたのであった。　問八　傍線部⑥の後で「いと思はずなり」とある通り、童の歌の出来栄えに感心しているのである。　問九　係助詞「や」に呼応して文末は連体形になる。

【三】問一　a　たるは　b　おもえらく　c　ごときに　d　ここをもって　e　より　問二　こうせんのすみやかなるにしくはなし(と)。　問三　智伯が、自分と中行氏、茲范氏を合わせた三氏分の領地と人民を、自分一人のものとした。　問四　攻戦　問五　趙氏が滅びれば、我々、韓と魏も滅ぶだろうという状況。　問六　現代語訳…魚と水が、手を組もうと努力しなければ、横で見ている川岸が、いったいどうして、何かを始めるに至るだろうか、いや、ない。　魚水…韓・魏　陸…趙　問七　水に自分を映せば、容姿が見えるだけだが、他の人に自分の行いを照らし合わせて見れば、自分の運命が、吉か凶かを判断することができるから。

問八　蓋ソル三嘗ニ鑑ミ二之ヲ於智伯之事ニ一乎。

問九　侵略を良策であると考えた人たちの運命が、不吉にして凶であることは、すでにお分かりのはずでしょう。

〈解説〉問一　c「若」には、「ごと(し)」の他に「も(し)」「し(く)」という読み方もある。文脈に応じて、その読み・意味を判断する。　問二　「莫」若二〜一」の形で、「〜にしくはなし」と読み、後の内容が一番であることを示す。　問三　「三家」と「一家」の内容を具体的に説明する必要がある。智氏はここまでで中行氏、茲范氏を破っている。　問四　智氏は引き続き六将軍の残りを攻めようとしている。　問五　「唇」と「歯」が具体的に何を指しているのかを明らかにしなければならない。趙氏の状況が、韓氏・魏氏は自分たちと無関係ではないことを述べている。　問六　傍線部⑤の直後にある通り、結果として、韓氏・魏氏、そして趙氏の三者は協力するのである。　問七　傍線部⑥の直後で、水に自分を映すこと、他人に自分を映すことの違いが詳述されている。　問八　「蓋」は再読文字。「なんぞ〜ざる」と読み、「どうして〜しないのか」という意味を表す。　問九　傍線部⑧は自分たちから攻撃することが有利だと考えたことについて論じている箇所である。第一段落における具体的な内容に照らし合わせるならば、韓氏、魏氏、趙氏たちの行動について言っていることが分かる。

二〇二〇年度　実施問題

【中学校】

【一】「伝統的な言語文化と国語の特質に関する事項」に関する次の〔問一〕、〔問二〕に答えなさい。

〔問一〕次は、生徒Aの生活記録の一部である。――線「校長先生がお話しになられました」を適切な形に直しなさい。また、直した理由を、敬語の指導を踏まえて簡潔に書きなさい。

> 今日から人権週間が始まるということで、朝、全校集会がありました。最初に、校長先生がお話しになられました。相手を傷つける言葉は絶対に言ってはいけないと、(略)

〔問二〕書写に関する後の(一)〜(三)の問いに答えなさい。

(一) 右の「花」の書体を漢字で書きなさい。

（二）（一）の書体の特徴をまとめた次の【　】a・bに当てはまる言葉を書きなさい。

① 点画の【　a　】
② 丸み
③ 点画の形・方向の変化
④ 点画の省略
⑤【　b　】の変化

（三）書写指導における毛筆と硬筆の関連について、中学校学習指導要領解説国語編の内容を踏まえて簡潔に書きなさい。

（☆☆☆◎◎◎）

【二】次の文章を読んで、後の〔問一〕～〔問六〕に答えなさい。

A 襖《ふすま》と障子はもともと部屋を仕切るために用いられ、襖は仕切りのみでなく、絵を描いて部屋の雰囲気を出し、障子は障子紙を張り、光を導き入れる役割をはたしていた。日本の場合、襖は障子のヴァリエーションといえよう。①それは同様に部屋を区切り、開閉が可能である。その場合、絵が描かれる襖絵のモティーフは多様であるが、自然、花鳥風月が描かれることが多く、日本では人びとが自然に囲まれた世界を求めた証である。しかし一般家庭ではヨーロッパのように華美な絵画ではなく、色調を抑えた淡い色合いのものが好まれてきた。

B 障子は開け閉めによって開口部の面積を自由に可変することができる。いうまでもなくそれは、敷居と鴨《かも》居《い》の間を障子が移動するからである。障子を開けると、部屋は境界がなくなり、庭の自然と一体化する。春の自然のア息吹、夏の濃い緑、秋の落ち葉、寒々とした冬、そして雪景色、その移り変わりを肌で敏感に感じ取ることができる。俳句の季語、時候の挨拶状にみられる細やかな自然観の生まれるゆえんである。

[C]とくに障子は日本の音の文化にイコウケンしてきた。すでに述べたようにガラスは音を遮断したが、それと違って障子は音を通過させる。水の音、風の音、虫や小鳥の声、木々の葉のすれる音、季節のなかで暮らしてきた②日本人の細やかな感覚とつながる。最も敏感なのは聴覚であって、それは日本の擬声音、擬態音というオノマトペの発達とも深くかかわっている。

[D]水に関して思いつくものでも、チョロチョロ、サラサラ、ザアザア、シトシト、ジャブジャブ、ポツポツ、ザブンザブンなど、すぐにいくつか浮かんでくる。風の音でもヒューヒュー、ソヨソヨ、ザワザワ、ゴーゴー、動物の鳴き声でもチュンチュン、カーカー、コロコロ、ニャーニャー、ピィピィ、ゲロゲロ……など[　　]にいとまがない。とくに幼児言葉、マンガやアニメにもオノマトペはよく登場し、日本人の耳は言語、文化にも大きな影響をおよぼしていたのである。

[E]吉田兼好がウシテキするように、もともと日本の風土における、エ家屋の構造は、夏の高温多湿を凌《しの》ぐための先人の知恵が込められていたのである。部屋の通風を考えれば、可変性という開放型の障子が夏には不可欠であったということが理解できる。日本家屋は風通しが第一に考えられ、それによって涼しさを求めたのである。逆に冬は炭火を入れた火鉢という局所的な暖房ということになるが、それでも暑さ寒さを自然環境の一部として取り入れてきたのである。

[F]日本人の融通無碍《げ》の思想は、自然との折り合いのなかから生みだされてきたといえる。自然を重視したブルーノ・タウトも、日本の住居は仮住まいであると規定している。畳はまるで自然の草の上にすわっている印象を与え、家も「風の道」を想定しながら、自然のなかで生活をしてきた日本人の知恵を強く感じることがで

きる。

（浜本　隆志『「窓」の思想史―日本とヨーロッパの建築表象論―』による）

〔問一〕 ――線ア～エについて、漢字は読みをひらがなで、カタカナは漢字に直して書きなさい。
〔問二〕 □に入る適切な語句を漢字二字で書きなさい。
〔問三〕 次の□の段落は、A～Fのどの段落の後に入るのが適切か、記号で答えなさい。

> オノマトペは感覚的な主観を表現するときに多用されるので、客観的表現を重視する欧米語より、情感を重視する日本語の方が多い。また宮沢賢治の童話や小説では独特のオノマトペが、なつかしいノスタルジアを醸しだす。それは自然と一体化して暮らしてきた、先史時代からの日本人の情感を再現するような役割をはたしている。

〔問四〕 ――線①「それは同様に部屋を区切り、開閉が可能である」とあるが、襖と障子を通した自然との関わり方について、「自然」という言葉を使って、それぞれ三十字以内で書きなさい。
〔問五〕 ――線②「日本人の細やかな感覚」とあるが、Dの段落にある二つのオノマトペを例に挙げながら、オノマトペのよさを説明しなさい。
〔問六〕 本文中で筆者が述べている内容を、「音」、「風通し」、「文化」という語を用いて、八十字以上百字以内で説明しなさい。

（☆☆☆◎◎◎）

【三】次の漢文と文章を読んで、後の〔問一〕～〔問四〕に答えなさい。

【Ⅰ】

子曰ク、視二其ノ所一レヲ以《な》ス、観二其ノ所一レヲ由ル、察二其ノ所一レヲ安ンズル、

人焉《いずく》ンゾ廋《かく》サン※注一哉、①人焉ンゾ廋サン哉。

（為政篇）

注一　廋…ごまかす

【Ⅱ】

余自ら視、観、察を飜転《ほんてん》して、姑《しばら》く一生に配せんに、三十已下は、視の時候に似たり。三十より五十に至るまでは、観の時候に似たり。五十より七十に至るまでは、察の時候に似たり。察の時候には当に知命、楽天に達すべし。而して余の齢今六十六にして、［　②　］

而るを況や知命、楽天に於てをや。余齢幾ばくも無し。自ら励まざる容《べ》からず。

（佐藤一斎『言志四録』より）

【Ⅲ】

孔子の人物観察法は、視・観・察の三つをもって人を鑑別しなければならないというところに特徴がある。

まず第一に、その人の外面に現われた行為の善悪正邪を視る。第二に、その人のその行為の動機は何であるかをとくと観きわめ、第三に、さらに一歩を進めてその人の行為の落ち着くところはどこか、その人は何に満足して生きているかを察知すれば、必ずその人の真の性質が明らかになるもので、いかにその人が隠しても隠しきれるものでない。

外面に現われた行為が正しく見えても、その行為の動機が正しくなければ、その人はけっして正しい人物とはいえない。

また、外面に現われた行為も正しく、その動機も精神もまた正しいからといって、もしその安んじるところが飽食・暖衣・気楽に暮らすというのでは、その人はある誘惑によっては意外な悪をなすこともあろう。

その安んじるところが正しい人でなければ、本当に正しい人であるとは保証できない。この三段階の観察法を実行すれば、その人がいかに隠そうと、善人は善人、悪人は悪人と常に明白に判定できる。

（渋沢栄一『孔子―人間、どこまで大きくなれるか』より）

〔問一〕【Ⅰ】は、孔子と弟子たちのやりとりを記録した書物である。その書名を漢字二字で書きなさい。

〔問二〕――線①「人焉廋哉」の現代語訳を書きなさい。

〔問三〕 ② には次の訓読文の書き下し文が入る。この訓読文の書き下し文と現代語訳を書きなさい。

猶ホ未ダ㆑能ハ㆔深ク入ル㆓理路ニ㆒。

〔問四〕佐藤一斎と渋沢栄一は、【Ⅰ】の文章に対して、【Ⅱ】、【Ⅲ】の中で、自分の考えを述べているが、両者の考え方の共通点と相違点をそれぞれ書きなさい。

（☆☆☆◎◎◎）

【四】次の古文を読んで、後の〔問一〕～〔問五〕に答えなさい。

霍公鳥《ほととぎす》と藤の花とを詠む一首

長歌

桃の花　紅色に　にほひたる　面輪《おもわ》のうちに　青柳の　細き眉根《まよね》を　笑み曲がり　朝影見つつ　娘子《をとめ》らが
手に取り持てる　まそ鏡　二上山《ふたがみやま》に　木《こ》の暗《くれ》の　繁き谷辺を　呼びとよめ　朝飛び渡り　夕月夜　かそけき野
辺に　はろはろに　①鳴くほととぎす　立ち潜《く》くと　羽触れに散らす　藤波の　花なつかしみ　引き攀《よ》ぢて
②袖に扱入《こき》れつ　染《し》まば染むとも

【　A　】

ほととぎす　鳴く羽触れにも　散りにけり　盛り過ぐらし　藤波の花

（『万葉集』より一部修正）

〔問一〕『万葉集』は現存する最古の歌集で、特徴の一つとして、「ますらをぶり」が挙げられる。そのことを踏まえて、『万葉集』の表現の特徴を簡潔に書きなさい。

〔問二〕【　A　】には、長歌を要約した歌の名称が入る。適切な言葉を書きなさい。

〔問三〕———線①「鳴くほととぎす」とあるが、ほととぎすが鳴いている情景や様子が描かれている部分を現代語に訳しなさい。

〔問四〕———線②「袖に扱入れつ　染まば染むとも」の内容を踏まえて、藤の花に対する作者の思いを説明しなさい。

〔問五〕この古文を読んだあと、『万葉集』にある他の歌について、中学二年生で鑑賞文を書く授業を行うことにした。次の(一)、(二)の問いに答えなさい。

(一)　生徒に馴染《なじ》みのある「百人一首」から、次の歌を取り上げて、モデル文を提示することにした。この歌の情景が思い浮かぶように、表現技法に触れながら、八十字程度で書きなさい。

ほととぎす　鳴きつる方を　ながむれば　ただ有明の　月ぞ残れる

(二)　ほととぎす以外の鳥の歌を五首用意し、生徒に選択させて鑑賞文を書かせることにした。生徒が鑑賞文を書いた後、読みを深める交流活動を行いたい。どのようなグループで交流活動を行わせるかについて、その目的を含めて書きなさい。

(☆☆☆◎◎◎)

【五】第二学年「話すこと・聞くこと」の学習において、来年度入学する小学六年生に、中学校生活の特徴についてグループでプレゼンテーションをする言語活動を設定した。次は、本単元の【学習計画表】と生徒Aのグループが行った同級生への【アンケート結果】である。後の〔問一〕～〔問四〕に答えなさい。

【学習計画表】

「単元の課題」
小学6年生に中学校生活の特徴についてプレゼンテーションをしよう！

《学習の流れ》
①アンケートの内容を考え、クラス内で実施する。
②アンケートをまとめ、結果を基に紹介する話題を選択する。
③効果的な資料の提示の仕方を考える。
④話す順番とフリップに書く内容を考える。
⑤役割を分担して、練習する。
⑥(入学説明会で)6年生にプレゼンテーションをする。
⑦単元全体の振り返りをする。

【アンケート結果】

「中学校生活で特徴的なこと」
(40人：複数回答)

・入学式	1人
・新しい教科	3人
・先輩・後輩の関係	9人
・部活動	28人
・委員会活動	8人
・体育大会	21人
・職場体験学習	12人
・合唱祭	30人
・3年生を送る会	3人
・卒業式	1人

〔問一〕【学習計画表】にあるような学習を行うと、生徒によってはプレゼンテーションをすることが目的だと捉えてしまう場合がある。そうならないようにするために、「単元の課題」を提示する際、言語活動を示すとともに、確認すべきことは何かを答えなさい。

〔問二〕【アンケート結果】を基に、生徒Aのグループは紹介する話題を「部活動」「体育大会」「合唱祭」にした。プレゼンテーションに向けて、さらに情報を収集する必要があるが、どのような方法で、どのような情報を収集するとよいかを答えなさい。

〔問三〕次は、生徒Aのグループが作成したプレゼンテーションの【進行案】と、それに対する【グループ交流の一部】である。後の㈠〜㈣の問いに答えなさい。

【進行案】

	〔フリップ〕	〔メモ〕
a	東西中学校の生活 「みんなが全力」	※問いかける ・「中学校生活に不安はあるか？」 ※間をとる
b	５つの部活動 活発 「目標に向けて全力」	・「野球・ソフトテニス・バレーボール・陸上・吹奏楽」 ※早口にならない
c	盛り上がる体育大会 長縄跳び・全員リレー 「全力で競技・応援」	・競技の説明 ※６年生の反応を見る ・「応援もすごい」
d	心をひとつに、合唱祭 「練習から全力」 先輩の合唱	・練習時間や内容、クラスの雰囲気を説明 ・「先輩方の合唱のハーモニーに感動」
e	みなさんの「全力」 待ってます 〜東西中学校〜	※呼びかける ・「東西中学校に入学するみなさん」 ※間をとる ※フリップを出す ※明るく元気よく

【グループ交流の一部】

生徒A	五枚のフリップを見ると、ちょっと印象が弱いような気がする。
生徒B	bだったら、文字の周りに部活動のイラストを加えたらどうかな。
生徒A	そうだね。イラストを指しながら部活動の名前を言うと、イメージがわきやすくなるよね。他にはどうかな。例えば、dだったらどう？
生徒C	合唱祭だったら、やっぱり先輩たちの合唱のすごさを伝えたいね。でも、言葉でハーモニーに感動するって言っても伝わらないよね。
生徒A	〔　　　　〕
生徒C	その方が言葉で説明するよりもいいね。準備できるか聞いてみよう。
生徒B	b、c、dは分担して説明すればいいと思うけれど、eはグループ全員で声を合わせて言った方が六年生に私たちの気持ちが伝わると思う。
生徒A	その案に賛成。みんなで元気のある声で言えるといいね。

(一)【進行案】で資料として五枚のフリップを作成しているが、フリップを提示する効果について簡潔に書きなさい。また、生徒Aのグループがグループ交流前に作成したフリップの工夫点を二点、簡潔に書きなさい。

(二)【進行案】a、eのメモに「※間をとる」とあるが、間をとることでどのような効果を期待しているか、それぞれ書きなさい。

(三)【グループ交流の一部】の〔　　〕に入る内容を、前後のつながりが合うように書きなさい。

（四）「話すこと」に関する指導事項として、小学校では、「相手を見て話すこと」について指導するとあるが、中学校では「相手の反応に注意すること」を重視して指導することになっている。【進行案】 cの場面を例に挙げて、どのような指導をするべきかを具体的に書きなさい。

〔問四〕 生徒Aは次のように単元の学習を振り返った。――線の記述にはどのようなよさが表れているかを書きなさい。

> 六年生にプレゼンテーションをしたことで、……。（中略）
> 今回、グループでプレゼンテーションをして、みんなと意見を言い合えたのでよかった。みんなから出された意見を取り上げることで、よりよいプレゼンテーションになったと実感できた。この学習は、職場体験学習のインタビューや入学試験の面接など、自分のことを知らない相手に、自分の考えを伝える場面で役に立つと思うので、今回学んだことを生かしていきたい。

（☆☆☆◎◎◎）

【高等学校】

【一】次の文章を読み、後の問いに答えなさい。

接客業のプロは、Ⅰ受けとめること、認めることだけが聴くことでないことを熟知している。たとえば憎まれ口を叩く、わざとつれなくする、思いとは逆のことを言う、聞こえていないふりをするなどして、相手を突き放す。あるいは、聞き流す、聴かなかったことにする、逸らす、とりあわないなどして、相手をはぐらかす。もちろんこんこんと①諭したり説教したりすることもある。そんな緩急や押し引きをよく心得ている。

いずれにせよ、聴くときに大事なのは、最後までつきあうことだ。《時間をあげる》ということだ。語る／聴くという関係のなかでは、「ふれあい」よりも、ずれや齟齬、すれ違いのほうが②ケンザイカしてしまう。が、このぎすぎすした関係を何度も経験することこそが大切なのだ。こういう試行錯誤のくり返しの果てにしか、ほんとうの意味で、語る／聴くという関係は生まれてこない。語りは信頼を③ゼンテイとするが、信頼は言葉の積み重ねのなかでしか生まれてこないからである。Ⅱそういう言葉のやりとりにかける時間を、ひとびとはなぜか惜しむようになっている。

聴くことにも専門家が生まれたというのは、ちょっと危うい状況である。ついこのあいだまでは、聴くプロがいない代わりに町のなかに聞き役がいた。ひとびとはたがいに自然に聞き役になりあっていた。いまは、たがいに他人の家のことには踏み込まないようになって、聞き役もいなくなった。だから聴くプロも登場してくるのだが、聴くプロがいるとひとはますます他人の話など聴かなくなる。子どもの鬱ぎをみずから聴く前に、すぐに「カウンセリング受けてみる?」と訊く。Ⅲそういう悪循環がどんどん進行しているように見える。

言葉というのは不思議なもので、交わせば交わすほどたがいの違いが際立ってくる。たがいに理解しあうということ、相手のことをわかるということは、相手と同じ気持ちになることだと思っているひとが多い。しかしそれは理解ではなく合唱みたいなものであって、同じものを見ていても感じることがこんなにも違うのかというふうに、違いを思い知らされることが、ほんとうの意味での理解ではないかと思う。

以前、友人の家族と会ったとき、母親が自分の息子を指さして「この子とは性が合いませんねん」と言った。Ⅳこのお母さんは素敵だなと思った。ひとには言ってもわからないことがある、それを知ったうえでそれでもいっしょにいる。わからなくてもたがいの信頼が揺るがないことを肌で感じている……。性が合わなくてもいい、いやむしろ合わなくて当然なのだ。

「納得」という言葉がある。「納得」というのは不思議な心持ちで、「あなたの言うことはわかるけど、納得できない」と、わたしたちはしばしば口にする。逆に、「あなたの言っていることはわたしには④肯うことはできないけれど、でも納得はできる」とか「事はそれで解決したわけではないけれど、納得はした」と口にすることもある。

　このように、「納得」にはどうも、事態の理解、事態の解決には尽きないものが含まれているようだ。だから、わかってもらいたいと願って口を開いたひとが、「わかる、わかる」と相手にすらすら言葉を返されると、「そんなにかんたんにわかられてたまるか」と、逆に⑤頑なになるのだろう。

　ある家庭裁判所の⑥チョウテイインからおもしろい話を聞いたことがある。離婚のチョウテイで、双方がそれぞれの言い分をぶつけ合った果てに「⑦バンサク尽きた」「もうあきらめた」「いくら言ってももう無駄だ」と観念したとき、そのぎりぎりの⑧ケツレツのときにこそ、ほんとうの話しあいの途が微かに開けることがあるというのだ。訴え合いのプロセス、交渉のプロセスが尽くされてはじめて開けてくる途がある、と。

　言葉のぶつけ合いの果てに、相手方のなかにその相手(つまり、このわたし)の心根をうかがうような想像力もしくは関心がふと芽生えたことを察知したとき、そしてこの修羅場から降りずに、果てしなく苦しいこの同じ時間を共有してくれたことそのことにふと意識が及んだときに、「納得」ということが起こるというわけだろう。その意味では、「納得」は、事態の解決というより、その事態に自分とは違う立場からかかわるひととの関係のあり方をめぐって生まれる心持ちなのだろう。

　聴くというのも、話を聴くというより、話そうとして話しきれないその疼きを聴くということだ。そして聴き手の聴く姿勢を察知してはじめてひとは口を開く。そのときはもう、聴いてもらえるだけでいいのであって、理解は起こらなくていい。Ⅴ妙にわかられたら逆に腹が立つというものだ。

こうして一つ、たしかなことが見えてくる。他者の理解とは、他者と一つの考えを共有する、あるいは他者と同じ気持ちになることではないということだ。むしろ、苦しい問題が発生しているまさにその場所にともに居合わせ、そこから逃げないということだ。

　こういう交わりにおいて、言葉を果てしなく交わすなかで、同じ気持ちになるどころか、逆に両者の差異がさまざまの微細な点で際立ってくる。「ああ、このひとはこういうときこんなふうに感じ、こんなふうに惑うのか」と、細部において、ますます自分との違いを思い知ることになる。それが他者を理解するということなのである。そして差異を思い知らされつつ、それでも相手をもっと理解しようとしてその場に居つづけること、そこにはじめてほんとうのコミュニケーションが生まれるのではないかと思う。Ⅵこのことはもっと大きな社会的次元においても、つまり現代社会の多文化《マルチカルチュラル》化のなかで起こるさまざまな葛藤や衝突のなかでも、同じように言えるはずだ。

（鷲田清一『わかりやすいはわかりにくい？——臨床哲学講座』による）

問一　傍線部①～⑧について、カタカナは漢字に改め、漢字は読みを平仮名で書け。

問二　波線部Ⅰ「受けとめること、認めることだけが聴くことでない」という表現について、文末を「ある」に改め、意味を変えずに言い換えよ。

問三　波線部Ⅱ「そういう言葉のやりとりにかける時間」とはどのような時間か、説明せよ。

問四　波線部Ⅲ「そういう悪循環」について、次の①、②に答えよ。

①　「悪循環」という語を用いて、一般的な意味や使われ方が分かるような例文を一つ作れ。

②　本文では、どのようなことを指して「悪循環」と言っているのか、説明するための板書例を示せ。

問五　波線部Ⅳ「このお母さんは素敵だなと思った」のはなぜか、本文の内容を踏まえて説明せよ。
問六　波線部Ⅴ「妙にわかられたら逆に腹が立つ」のはなぜか、本文において「納得」について述べられたことに触れつつ、「他者の理解」という観点から説明せよ。
問七　波線部Ⅵ「このことはもっと大きな社会的次元においても、つまり現代社会の多文化化のなかで起こるさまざまな葛藤や衝突のなかでも、同じように言えるはずだ」について、なぜ「同じように言えるはず」なのか、現代社会のあり方に触れつつ記せ。
問八　「高等学校学習指導要領」(平成21年3月告示)「国語総合」の「話すこと・聞くこと」の指導事項を一つ書け。

(☆☆☆◎◎◎)

【二】次の文章を読み、後の問いに答えなさい。

われ、その能ありと思へども、人々にゆるされ、a世に所置かるるほどの身ならずして、人のしわざも、ほめむとせむことをも、いささか用意すべきものなり。
三河守知房《みかはのかみともふさ》所詠の歌を、伊家弁《これいへのべん》、感歎して、「b優によみ給へり」といひけるを、知房、腹立《ふくりう》して、「詩を作ることはかたきにあらず。和歌のかたは、すこぶるかれに劣れり。これによりて、かくのごとくいはるる。もつとも奇怪《きつくわい》なり。今よりのち、和歌をよむべからず」といひけり。
①優の詞《ことば》も、ことによりて斟酌すべきにや。
これはまされるが、申しほむるをだに、かくとがめけり。いはむや、劣らむ身にて褒美、なかなか、②かた

はらいたかるべし。よく心得て、心操をもてしづむべきなり。

c人の善をもいふべからず。いはむや、その悪をや。

このこころ、もつとも神妙《しんべう》か。

ただし、人々、遍照寺《へんぜうじ》にて、「山家秋月《さんかしうげつ》」といふことをよみけり。その中に範永朝臣《のりながのあそん》、ア蔵人たる時の歌、

すむ人もなき山里の秋の夜は月の光もさびしかりけり

とありけり。イ件の懐紙の草案どもを、定頼中納言とりて、公任卿出家して居られたる、北山長谷《きたやまながたに》といふところに③遣はしたりければ、範永が歌を深く感じて、かの歌の端に、

範永誰人哉、得二其体一。（範永　誰人や、其の体を得たり。）

と自筆にて、書きつけられたりけるを、範永、情感にたへず、その草案乞ひ取りて、錦袋に入れて、宝物として持ちたりけり。
④これこそ称美のかひありと聞ゆれ。かやうのことは、⑤よくいたれる人のすべきなり。

（『十訓抄』による）

（注）三河守知房…藤原知房。平安後期の官人。　伊家弁…藤原伊家。平安後期の歌人。
範永朝臣…藤原範永。平安後期の歌人。　定頼中納言…藤原定頼。公任の子。

公任卿…藤原公任。平安中期の公卿、歌人。

問一　二重傍線部ア、イの読み方を、平仮名で答えよ。（現代仮名遣いでよい。）
問二　波線部a～cを、それぞれ口語に訳せ。

問三　傍線部①について、語り手がこのように述べるのはどのようなことがあったからか、説明せよ。

問四　傍線部②、③について、それぞれ品詞分解し、文法事項を説明するための板書例を示せ。

問五　傍線部④について、口語に訳せ。また、「これ」とは具体的にどのようなことを指しているか、説明せよ。

問六　傍線部⑤「よくいたれる人」とは、この文章中では具体的に誰のことを指しているか、答えよ。

問七　『十訓抄』と同じ時代に成立したと考えられる作品を次から選び、記号で答えよ。

ア『雨月物語』　イ『古今著聞集』　ウ『日本霊異記』　エ『枕草子』　オ『大和物語』

問八　本教材を用いて、「高等学校学習指導要領」(平成21年3月告示)「古典A」の2内容(1)ア「古典などに表れた思想や感情を読み取り、人間、社会、自然などについて考察すること。」について指導する際に、どのような言語活動が考えられるか。2内容(2)の言語活動例を踏まえて答えよ。

(☆☆☆◎◎◎)

【三】次の文章を読み、後の問いに答えなさい。(設問の都合上、一部訓点を省略した所がある。)

高祖置‐酒ス雒陽ノ南宮ニ一。高祖曰ハク、「列侯諸将、無ク二敢ヘテ隠スコトレ朕ニ一、皆言ヘ二其ノ情ヲ一。吾ノ所‐以ノ有《たもテル》二天下ヲ一者ハ何ゾ。項氏之所‐以ノ失ヒシ二天下ヲ一者ハ何ゾト。」高起・王陵対ヘテ曰ハク、「陛下ハ慢ニシテ□侮ルレ人ヲ。項羽ハ仁ニシテ□愛スレ人ヲ。然レドモ陛下使人攻城略地、所ノ二降下一スル者ハ、c因ツテ以テ予《あたへ》レ之ニ、②与二天下一同《ジウスル》レ利ヲ也。項羽ハ妬ミレ賢ヲ嫉《にくミ》レ能ヲ、有ルレ功者ハ害《いミ》レ之ヲ、賢者ハ疑フレ之ヲ。戦ヒ勝テドモ□不レ予ヘ二人ニ功ヲ一。得レドモ地ヲ□不レ予ヘ二人ニ利ヲ一。此レ所三以ニ失ヒシ二天下ヲ一也ト。」高祖曰ハク、「公ハ知リテ二其ノ一ヲ一、③未レ知ラ二其ノ二ヲ一。夫レ運《めぐラシ》二籌《ちゆう》策《さく》ヲ帷帳之中ニ一、④決スルハ二勝チヲ於千里之外ニ一、吾不レ如カ二子房ニ一。鎮メ二国家ヲ一、撫デ二百姓ヲ一、給シ二餽《き》饟《じやう》ヲ一、不ルハレ絶タ二糧道ヲ一、吾不レ如カ二蕭《せう》何《か》ニ一。連ネ二百萬之軍ヲ一、戦ヘバ必ズ勝チ、攻ムレバ必ズ取ルハ、吾不レ如カ二韓信ニ一。此ノ三者ハ皆人傑也。吾能ク用フレ之ヲ。此レ吾ノ所三以ニ取リシ二天下ヲ一也。項羽ハ有レドモ二一ノ范増一、□不レe能ハ用フルコト。⑤此レ其ノ所三以ニ為リシ二我ガ

（『史記』による）

（注）高祖…ここでは、漢の劉邦のこと。　雒陽…洛陽。　項氏…項羽。
高起・王陵…ともに漢の高祖に仕えた将軍。　子房…漢の高祖に仕えた名宰相、張良の字《あざな》。

餽饟…食糧。　蕭何…漢の高祖に仕えた名臣。　韓信…漢の高祖に仕えた名将。
范増…項羽の軍師。

問一　波線部a～eの語の読み方を、送りがなも含め、平仮名で答えよ。（現代仮名遣いでよい。）
問二　傍線部①、③に訓点を施せ。
問三　二重傍線部の質問に対して、高起・王陵は何と答えているか、簡潔に説明せよ。
問四　傍線部②、④を口語に訳せ。
問五　傍線部⑤を書き下し文に直せ。また、高祖は、結果的に傍線部⑤のような結末を迎えた理由が何であると述べているか、簡潔に説明せよ。
問六　□に共通して当てはまる置き字として最も適切なものを選べ。
ア　矣　イ　于　ウ　焉　エ　兮　オ　而
問七　『史記』の作者名を漢字で書け。

（☆☆☆◎◎◎）

解答・解説

【中学校】

【一】問一　適切な形…校長先生がお話しになりました。　理由…敬語を重ねて使用することで、かえって相手に失礼な言い方になってしまうから。　問二　(一)　行書　(二)　a　連続　b　筆順　(三)　毛筆の指導は、硬筆による書写の能力の基礎を養う

〈解説〉問一　「校長先生がお話しになられました」の「お話しになられ」は、「お～になる」＋尊敬の助動詞「れる」の形で、敬語が過剰である。　問二　(二)　行書の書体の特徴は、直線的な点画で構成されている漢字の点や画の形を曲線的に書く場合があること、点や画の方向及び止めや払いの形が変わる場合があること、点や画が連続したり省略されたりする場合があること、筆順が変わる場合があること、等である。　(三)　中学校学習指導要領(平成29年告示)の第2章　第1節　国語　第3　指導計画の作成と内容の取扱い　2　(1)　ウ(ウ)では、「毛筆を使用する書写の指導は各学年で行い、硬筆による書写の能力の基礎を養うよう指導すること。」と示されている。それについて同解説では、毛筆を使用する書写の指導は各学年で行うことを示し、(ウ)では、毛筆を使用する書写の指導が、硬筆による書写の能力の基礎を養うことをねらいとしていることを明確にしている。このことは、日本の豊かな文字文化を理解し、継承、創造していくための基礎ともなる。硬筆による書写の能力の基礎を養うために、毛筆による書写の指導が一層効果的に働くことが求められているのである。なお、書写については、現行の学習指導要領と新学習指導要領について大幅な変更がないため、新学習指導要領を参照して解説している。

【二】問一　ア　いぶき　イ　貢献　ウ　指摘　エ　かおく　問二　枚挙　問三　D
問四　襖…花鳥風月を描き、閉めた状態でも自然に囲まれるようにする。（二十八字）　障子…開けると部屋と庭との境界がなくなり、外の自然と一体化する。（二十九字）　問五　同じ雨でも、「ザアザア降る」「シトシト降る」等使い分けることで、雨の量や降り方の違いを豊かに表現し、相手に伝えることができる。
問六　日本人は、夏の高温多湿を凌ぐために風通しを第一に考え、障子を取り入れたことで、涼しさに加え自然の音と暮らすことになった。それが日本人の細やかな感覚につながり、言語、文化にも大きな影響を及ぼした。（九十七字）

〈解説〉問二　空欄の前は、擬声語の例を示している。この他にも数多くある擬声語を、「数が多すぎてきりがない」という意味の慣用句「枚挙にいとまない」で表現している。　問三　オノマトペについてはC段落で言及し、それをD段落で例示して、オノマトペと日本人の聴覚とを関わらせ、言語や文化への影響を述べている。オノマトペの役割を述べた脱段落の内容は、このD段落の例示の後に補充するのが適切である。　問四　襖は障子とともに部屋を仕切る建具であるが、障子のように、開けると庭の自然と一体化することはできない。そのため、自然との触れ合いを求め、襖絵には花鳥風月が描かれ、自然に囲まれた空間(世界)を創り出す工夫がなされた。一方、障子は、それを開けると庭の自然と一体化する。こうして、人々と春夏秋冬の自然の季節に囲まれた世界との触れ合いが生まれるのである。　問五　D段落では、水の音、風の音、動物の鳴き声などのオノマトペを例示しており、解答では「水」の音について述べている。　問六　和風建築の建具は、わが国の四季折々の変化に応じて工夫されて作られている。高温多湿を防ぎ、光を導入し、自然の音を耳にするための風通しのよい障子、寒気を防ぎ部屋を区切る襖、その襖絵にも自然(花鳥風月)を描き、自然との触れ合いを求めた日本人は、その豊かな感性(細やかな感覚)によって、日本人独自の情緒的な言語や文化を創造したのである。

【三】問一　論語　問二　人はどうしてごまかせるものであろうか、いやごまかせない。　問三　書き下し文…猶ほ未だ深く理路に入る能はず。　現代語訳…なおいまだ深く道理の路に入ることが出来ない。　問四　共通点…「視・観・察」それぞれに対して、自分の考えを述べていること。　相違点…「視・観・察」を、佐藤は、人生を歩んでいく年代に類似したものとしてとらえているのに対し、渋沢は、人間を観察する三つの方法としてとらえている。

〈解説〉問一　「論語」は、四書の一つで、弟子との問答、及び高弟の言行などを集めて編んだ儒教の聖典である。「学而」から「堯曰」に至るまでの二十篇に分けられており、「為政」は第二篇である。　問二　「人いずくんぞ廋さんや」は反語形で、「人はどうしてごまかすことができようか、いや決してごまかすことはできない」となる。　問三　再読文字及び訓点に注意して訓読しながら書き下す。「猶」は「なほ」と読む。「未能」は「未だに～することができない」と訳す。　問四　佐藤一斎は、江戸時代の儒家。渋沢栄一は、明治時代の経済界の重鎮。両者に共通する考え方は、孔子の人物観察法(視・観・察)について、それぞれの立場で述べている点である。両者の相違点は、佐藤一斎が、年代の違いに応じて「視」「観」「察」を分けて論じ、この人物観察法を踏まえ、自分の経てきた年代を自己分析したうえで、これからの人生を有意義に生きようと自省しているのに対し、渋沢栄一は、「視・観・察」の三つの人物観察法に対し、それを具体的に分析していることである。

【四】問一　「素朴で力強い」、「感動を素直に表現している」　から一つ　問二　反歌　問三　ほととぎすが木の茂った谷辺に響きわたるように鳴き、朝には飛び渡り、夕月のかすかな野辺にはるか遠く鳴いている様子。　問四　袖に入れて汚れてしまうのも構わず、藤の花が散るのを惜しむ気持ち。　問五　（一）　ほととぎすが鳴いているので、その方角を見ると、もうその姿は見えないということを、「月ぞ残れる」と係り結びを使って、月だけが残っていると表し、寂しさを強調している。（八十一字）　（二）互いの鑑賞文を比較し、共通点や相違点を話し合わせることで、新たな気付きを得るために、同じ鳥の歌を選んだ生徒同士のグループを作る。

〈解説〉問一　万葉集の歌風は、現実的、素朴、雄大であり、これを、賀茂真淵が「ますらをぶり」と評した。問二　「反歌」は、長歌の終わりに詠み添える短歌である。長歌の大意をまとめ、またはその意を補うものである。　問三　「鳴くほととぎす」の情景や様子が描かれているのは、「二上山」に、「木の暗の」「繁き谷辺を」「呼びとよめ」「朝飛び渡り」「夕月夜」「かそけき野辺に」「はろはろに」「鳴くほととぎす」の部分である。ここを現代語訳としてまとめる。　問四　「袖に扱入れつ　染まば染むとも」は、倒置法によって表現された作者の「藤の花」への熱い思いである。「袖に扱入れつ」は、「藤の花をしごきとって袖に入れたよ」の意。「染まば染むとも」は、「たとえ藤の花の色香が袖に染みこむとしても(それでもかまわずに)」の意である。問五　（二）この歌は、「千載和歌集」所収の「藤原実定」の作とされている。歌意は「ほととぎすが鳴いていたので、その方を眺めると、もうほととぎすの姿は見えず、ただ、明け方の月が残っているばかりだ。」である。修辞法として「月ぞ残れる」(係り結び)が用いられている。「ほととぎすの声」(聴覚)による美的な感動が、一瞬にして視覚(有明の月)による寂寥へと転じた情景の変化と心情の変化を三十一音に定型化した点も捉えておくこと。　（二）現行の中学校学習指導要領解説　国語編(平成二十年七月)では、第一・第二学年における「B　書くこと」の指導事項のオ(第三学年は「イ」)では、「交流に関する指導事項」が示されている。この事項は、書いた文章を互いに読み合い、自分の表現に役立てるとともに、自分の考えを広げたり深めたりすることを指導することを意図している。各学年の交流の内容に応じた指導を図ることを念頭にアクティブラーニングによるグループ研究を計画してみよう。鳥の歌では、「うぐひす」や「田鶴」などがある。

【五】問一　プレゼンテーションを通して、身に付けさせたい資質・能力を確認する。　問二　クラスの仲間に聞き取りをして(再度アンケートを行って)、それぞれの活動のどんな部分に特徴があるのかを調査する。問三　(一)　効果…視覚的に情報を与えることで、聞き手により分かりやすく伝えられる。　工夫…・「全力」という共通の言葉を使っている。短い言葉で簡潔にまとめている。　・キーワードの文字を大きく書いている。　(二)　a　聞き手に考えさせる時間をとる。　e　聞き手全員に顔をあげてもらう。

(三)　昨年の合唱祭のビデオ(映像・音声)を流したらどうかな。　(四)　六年生は競技のことは知らないのだから、聞き手(六年生)の表情等で、話している内容が理解されているのかを判断し、場合によっては補足するなどして話すとよい。　問四　単元で学んだことが日常生活でどのように活用できるかを考えている。

〈解説〉問一　「プレゼンテーション」は、ここでは、「小学6年生に中学校生活の特徴について」説明することが単元の課題である。学習は、「話すこと・聞くこと」の学習であり、「プレゼンテーション」は、説明のための「話す力」「スピーチ力」の育成が目的である。この「話す力(身につけたいさせたい資質・能力)」を、プレゼンテーションを通じて育成することを確認する。　問二　アンケートの結果で、人数の多い学校行事を紹介する話題にしているが、その特徴、内容をクラス全体で検討することが必要だと思われる。他の学年の生徒へのアンケートや「体育大会」や「合唱祭」を参観した保護者や家族および地域の住民の声も聞く活動を考えてみよう。　問三　(一)　フリップは、聞き手にプレゼンテーションが効果的に伝えられる。Aグループは、プレゼンテーションの内容をa～eに分け、それを太文字とカギ括弧で簡潔にまとめている。中学生活がいかに充実し楽しいものであるか、全員一体となって目標に向かっている姿を「全力」という言葉で効果的に表現している。　(二)　プレゼンテーションで「間を取る」のは、聞き手に考えさせたり、必要に応じて質問させたりする時間を設け、説明が徹底して聞き手に伝わる効果を期待しているからである。　(三)　空欄の前に発言した生徒Cは、合唱祭でハーモニーに対しての感動を口頭で説明しても伝わらない、と言っているのであるから、視聴覚教材で合唱祭の映像を活用することを空欄の内容にする。　(四)　全学年を通して、自分の考えが分かりやすく伝わるように表現を工夫することを目指しているが、第一学年では、相手の反応を踏まえながら表現を工夫することに重点を置くことが示されている。第二学年もこれを受け、Cの場面では聞き手(六年生)の表情をうかがいながら説明が分かりやすく伝わっているかどうかを判ずる必要がある。聞き手からの質問に応じたり、競技の内容や応援の様子をビデオで放映したりして伝えることも考えてみよう。　問四　グループでのプレゼンテーションが、日常生活における職場体験学習のインタビューや入学試験の面接に役立つことを認識した生徒Aはこの学習で習得した「話す能力」(スピーチ力)を今後の社会生活で活用していきたいと考えている。

【高等学校】

【一】問一　①　さと　②　顕在化　③　前提　④　うべな　⑤　かたく　⑥　調停員　⑦　万策　⑧　決裂　問二　受け止めること、認めること以外にも聴く方法はある　問三　語る／聴くという関係のなかで、ずれや齟齬、すれ違いといったぎすぎすした関係を何度も経験しながら、言葉を積み重ねていく時間。　問四　①　寝不足で仕事の効率が落ちてしまい、仕事が期限までに終わらずに、よりひどい寝不足の状態に陥るという悪循環から抜け出せない。

たがいに他人の家のことには踏み込まないようになって、聞き役もいなくなった。

② 聴くプロが登場　プロがいるとみずから聴く前にプロに頼る（ますますプロに頼る）
→他人の話など聞かなくなる　→ますます他人の話など聞かなくなる

問五　相手を理解するということが相手と同じ気持ちになることだと思っているひとが多いなかで、この母親は、息子とは性があわないということを、自然に受け入れていたから。　問六　「納得」とは、双方がそれぞれの言い分をぶつけ合いながらも、この修羅場から降りずに、果てしなく苦しい時間を共有してくれたことに意識が及んだときに生まれる心もちであるため、「かんたんにわかられ」ると逆に頑なになる。これと同様に、「他者の理解」も、違いを思い知らされながらも、そこから逃げずに言葉を果てしなく交わすなかで生まれるものであり、事態だけ簡単にわかられても、それはほんとうの意味での「他者の理解」ではないから。

問七　現代社会は、人種、性別、年齢をはじめ、多様な個性や価値観を持った人々が共に生きていくことが求められており、このような社会においてはより一層、違いによる衝突から逃げることなく、時間をかけて向き合い続け、自分と相手との差異を理解していくことが必要となるから。　問八　課題を解決したり考えを深めたりするために、相手の立場や考えを尊重し、表現の仕方や進行の仕方などを工夫して話し合うこと。

〈解説〉問二　「認めることだけが聴くことでない」の限定の意の助詞「だけ」を、「例外もある」の形に直す。

問三　「そういう言葉のやりとりにかける時間」の「そういう言葉のやりとり」について、同じ段落の前の部分を見る。(他者との)語る／聴くという関係のなかでは、ずれや齟齬、すれ違いを何度も経験することによって言葉を積み重ねること、を指しており、その言葉の積み重ねによって相互信頼が生まれる、というのである。

問四　①　「悪循環」とは、学習不足による成績不振、そのための学習嫌いと学力がさらに低下するなどが考えられる。　②　聴くプロの台頭により、他者同士の語る／聴く関係の消滅。プロへの依存と他者とのコミュニケーションの途絶(人間関係の希薄化)への連動を板書する。　問五　筆者は、第十一・十二段落で、「他者の理解とは、他者と一つの考えを共有する、あるいは他者と同じ気持ちになることではないということだ」と述べ、「(他者と)細部において、ますます自分との違いを思い知ることになる」と論じている。「この子とは性が合いませんねん」と自分の息子のことを言う母親は、息子と自分の性が合わないことを思い知らされながらも愛し深く理解しようとする「素敵な母親」なのである。　問六　筆者はVの前の第七～九段落で、「納得」には、事態の理解、事態の解決には尽きないものが含まれているようだ、と推測している。そして訴え合い(言葉のぶつけ合い)が尽くされ、相手方のなかにその相手の心根への想像力や関心が芽生えたことを察知したとき、そして、この訴え合い(修羅場)から降りずに、果てしない苦しみの時間を共有してくれたことに意識が及んだときに、「納得」の気持ちが生まれるのだろう、と述べている。だから話の聴き手にこの気持ちがなく「わかる」と簡単に言葉を返されると、「そんなにかんたんにわかられてたまるか」という怒りの感情が生まれるのである。他者の理解について筆者は、他者との一つの考えの共有、他者と同じ気持ちになることではなく、言葉をぶつけ合うなかで自分と相手の違いを思い知らされながら、その場に居つづけて相手を理解しようと努めることではないか、と述べている。つまり、「他者の理解」も「納得」と同じく、事態の理解、事態の解決には尽きないものが含まれているのである。　問七　「このことはもっと大きな社会的次元においても」の「このこと」は、「他者の理解」についての筆者の考えである。現代の多文化社会では、他者との差異による様々な衝突に真正面から向き合い、訴え合い、交渉のプロセスを尽くし、自国と他国との差異を理解していくことが必要となる。地球共生社会を生きる人類にとって「他者の理解」は共通の課題である。　問八　「国語総合」は、共通必履修科目であり、教科の目標を全面的に受け、総合的な言語能力を育成することをねらいとしている。「A　話すこと・聞くこと」の指導事項は、次のア～エを示している。

ア　話題について自分の考えをもつこと、論理の構成や展開を工夫すること
イ　効果的に話すこと、的確に聞くこと
ウ　工夫して話し合うこと
エ　表現について考察したり交流したりして、考えを深めること
このア～エの指導事項を具体的に示した内容を一つ書くこと。

【二】問一　ア　くら(ろ)うど　イ　くだん　問二　a　世間でも一目置かれるほどの立場　b　見事に歌をお詠みになっている。　c　人の良い点についても言ってはいけない。まして、悪い点については言うまでもない。　問三　知房が、自分よりもかなり和歌に秀でている伊家に、自分の和歌を褒められたことに腹を立てたということがあったから。

問四　②
かたはらいたかる／べし
ク活用形容詞「かたはらいたし」の連体形
推量の助動詞「べし」の終止形（連用形に接続・ラ変型には連体形）

③
遣はし／たり／けれ／ば
サ行四段動詞「遣はす」の連用形
完了の助動詞「たり」の連用形（連用形に接続）
過去の助動詞「けり」の已然形（連用形に接続）
接続助詞　※已然形＋「ば」（順接の確定条件）

問五　訳…これこそ、褒めたたえてよかったと思われる。　説明…範永が、褒められたことをとても嬉しく思い、懐紙の草案を宝物として大事に持っていたこと。　問六　公任卿(藤原公任)　問七　イ　問八　図

書館を利用して古典などを読み比べ、そこに描かれた人物、情景、心情などについて、感じたことや考えたことを文章にまとめたり話し合ったりする活動。

〈解説〉問一　ア「蔵人」は、天皇の御衣・御膳など御起居のことに奉仕し、その他の宮中の諸事をつかさどった。　問二　a「世に所置かるるほどの身」の「世に」は、「世間で」の意。「所置かるる」は、「一目置かれる。はばかれる。遠慮される。」の意で、他者から評価される人物のことをいう。　b「優によみ給へり」の「優に」は、「優なり」(形容動詞)の連用形で、「すばらしく上手に」の意。「よみ給へり」は、「よ(詠)む」＋「給ふ」＋完了の助動詞「り」で、「(歌を)お詠みになっている」と訳す。　c「人の善をもいふべからず。ましていはむや、その悪をや」は、抑揚形で、「人の善(長所・良い点)についても言ってはいけない。まして、人の悪(欠点・悪い点)についてはなおさらである。」と訳す。

問三　①「優の詞も、ことによりて斟酌すべきにや」とは、「ほめ詞も状況によっては、ひかえめにするべきではなかろうか」の意である。伊家弁が三河守知房の歌を秀歌だと評価したのに対して知房が立腹したことへの伊家の反省である。　問四　②③をまず単語に分解し、次に単語を品詞に分ける。自立語の用言では活用の種類と活用形、付属語の助動詞は意味と活用形と単語の接続関係を明らかにして板書例を示す。③の接続助詞「ば」は、活用語の已然形に接続しているので確定条件と判断する。仮定条件の場合は、活用語の未然形につく。　問五　「これこそ称美のかひありと聞ゆれ」の「これ」は、その前の文にある、範永が、自分の歌の端に「得其体」(和歌の本質を理解した秀歌)と出家した藤原公任が自筆した懐紙の草案を大事に持っていたことを指す。「称美のかひあり」とは、「ほめたたえた甲斐(効果、ねうち)があった」の意。「聞こゆ」(ヤ行下二段活用)は、「わかる。理解できる。」の意。　問六　「よくいたれる人」の「いたれる」は、「この上なく考え(思い)が及ぶ」ことをいう。藤原公任が歌人として申し分ない才能の持ち主であることへの筆者の評価である。

問七　『十訓抄』は鎌倉時代に成立。アの『雨月物語』は江戸時代、イの『古今著聞集』は鎌倉時代、ウの『日本霊異記』は平安時代初期、エの『枕草子』は平安時代中期、オの『大和物語』は平安時代(10世紀ごろ)の成立である。　問八　本資料の「古典A」の2内容(1)アの「思想や感情を読み取」る、とは、書き手や文章中の人物のものの見方、感じ方、考え方をとらえることである。また、「人間、社会、自然などについて考察する」とは、古典社会での人間のものの見方、感じ方、考え方を理解するとともにそれを踏まえ、現代人の生き方を見つめ直すことである。この指導を効果的なものにするための言語活動例のウは、読み比べたことについて、文章にまとめたり話し合ったりする活動を示している。

【三】問一　a　あへ(え)て　b　ゆゑ(え)ん　c　よつ(っ)て　d　しかず　e　あたは(わ)ざりき

問二　①　陛下ハ使メ二人ヲシテ攻メレ城ヲ略セ一レ地ヲ、　②　未ダレ知ラ二其ノ二ヲ一。

問三　項羽は、優れた者や能力のある者を妬んだり疑ったりし、戦いに勝っても人に功績を与えず、土地を得ても人に利益を与えなかったため、　問四　②　天下の人々と利益を分け合った。　④　勝利をはるか遠方の地において決める点では、　問五　書き下し文…此れ其の我の擒と為りし所以なり。(と)。

理由…自分は、部下である張良、蕭何、韓信三人の優れた点を見極め、上手に用いることができたが、項羽は、軍師である范増を十分に用いることができなかったため。　問六　オ　問七　司馬遷

〈解説〉問一　aは、句法との関係で、「無・不」＋「敢」で「決して〜しない」と訳す。bは、「所以」の熟語で、「故になり」の音便「ゆえんなり」からの転。dの「不如」は比較形。eの「不能」は否定形。

問二　①は、「使二AヲシテBセ一」の使役形の応用。送りがなは、助詞、助動詞、用言の活用語尾などにつける。③の「未」は、再読文字であることに注意する。　問三　高起・王陵が高祖から尋ねられたことは、自分が天

下を支配している理由と項羽が天下を支配できなかった二つの理由であるが、二重傍線部は、項羽についての質問である。「項羽妬賢嫉能、～此所以失天下也。」の内容を要約して説明する。　問四　②「天下と利を同じうするなり」と書き下す。「天下の人々」は「一般民衆」(国民)を指す。「利を同じうする」は、「平等に利益を分け合う」ことをいう。　④「勝ちを千里の外に決するは」と書き下す。「於」は場所を示す置き字。「はるか遠くの地において勝利を収めること」をいう。　問五　訓点に従って訓読しながら書き下す。⑤は、項羽の軍師范増が劉邦の捕虜となった理由を、項羽が范増の才能を上手に活用できなかったからだと述べている。⑤の前の文で、劉邦は部下三人の才能をフルに活用し、天下人になったことを述べ、この発言を踏まえての項羽に対する批判である。　問六　空欄の前の文字の送りがなは、「～ニシテ」「～ドモ」の順接、逆接の接続的な働きをしている。置き字は「而」が適切。　問七　司馬遷は、前漢の歴史家。「史記」百三十巻の大著を二十年がかりで完成した。

二〇一九年度　実施問題

【中学校】

【一】第三学年「書くこと」の学習において、県外の小学六年生に群馬の魅力を伝えるリーフレットをグループで作成する学習活動を設定した。次のア・イは生徒Aが集めてきた情報の一部である。後の〔問二〕～〔問五〕に答えなさい。

ア「ガイドブックから」

「上野三碑」は、飛鳥時代末期から奈良時代初期にかけて建てられた山上碑・多胡碑・金井沢碑の三つの石碑のことをいう。二〇一七年十月三十一日、ユネスコ「世界の記憶」に登録された。千三百年前の東アジアの文化交流を記す日本最古の石碑群である。

・「山上碑」は、日本語の順序で文字が書かれた最古の石碑である。
・「多胡碑」は、多胡郡が作られた記念碑で、書道の手本として有名である。
・「金井沢碑」は、家族の幸せを祈った碑で、仏教の広がりや家族のあり方など古代の一族の様子が書かれている。

イ「新聞記事から」

【接近した地域に集中】
「上野三碑」は飛鳥・奈良時代に高崎市南部に建てられた山上碑、多胡碑、金井沢碑の総称である。全国的にみてもこれほど接近した地域に集中していることは極めて珍しく、その歴史的価値の高さから、いずれも国の「特別史跡」に指定されている。

【実際に見ることで歴史を感じる】
「上野三碑」は直径三キロの範囲に集中している。ウォーキングをしながら、また、電車で景色を眺めながら巡ることもできる。無料で三碑をめぐるバスもある。多胡碑の近くにある多胡碑記念館には、三碑の実物大レプリカなどが展示されている。

〔問一〕生徒Aは、ガイドブックと新聞記事からア・イの情報を集めてきた。これらをリーフレットに引用する際、指導すべきことを二つ書きなさい。
〔問二〕ア・イの文章の書き方の工夫を、それぞれ簡潔に書きなさい。
〔問三〕伝える方法として、ポスターやパンフレット、新聞等も考えられるが、その中で「リーフレット」を設定した教師の意図を、「パンフレット」と比較して書きなさい。
〔問四〕次は、リーフレット作成のためにグループ交流で使用した【生徒Aの下書き】と、【グループ交流の観点】である。後の(一)〜(三)の問いに答えなさい。

【生徒Aの下書き】

Ⅰ
「歴史を語る日本最古の石碑群」
　群馬の魅力の一つに上野三碑があります。上野三碑とは、飛鳥・奈良時代、現在の高崎市南部に建てられた山上碑、多胡碑、金井沢碑の総称です。1300年前の東アジアの文化交流を記す日本最古の石碑群で、これほど接近した地域に集中しているのは大変珍しいそうです。2017年、ユネスコ「世界の記憶」に登録されました。

Ⅱ
「母に対する思いは変わらない」
　先日、電車に乗って、上野三碑に行きました。私は山上碑が特に印象に残っています。予想よりも小さい碑で、長利というお坊さんが母の供養のために作ったそうです。母に対する思いは今も昔も変わらないと思いました。すぐ隣に山上古墳がありました。景色もとてもきれいでした。皆さんもぜひ足を運んでみてください。

【グループ交流の観点】

① 小学六年生に向けて書かれた内容になっているか。 ← 相手意識
② 群馬県の魅力が伝わる内容になっているか。 ← 【　】意識
③ リーフレットの特徴を生かして作成しているか。 ← 方法意識

（二）【生徒Aの下書き】のよい点についてまとめた次の文章の［a］、［b］に当てはまる内容を簡潔に書きなさい。

> Ⅰで書かれた内容は、ア・イの情報から、［a］
> Ⅱで書かれた内容は、イの後半の情報をもとに、［b］

（二）【グループ交流の観点】では、①～③の三つの意識に着目している。【　　】に当てはまる語を漢字二字で書きなさい。

（三）グループ交流が円滑に進められるように、【グループ交流の観点】を基に生徒同士が行うアドバイスを、教師が例示することにした。観点①について、どのような例示が考えられるかを書きなさい。

〔問五〕生徒Aは次のように単元の学習を振り返った。単元を通して学んだことを自覚させ、今後の学習につなげられるようにするために、教師として——線c、dの記述に対して、どのように助言したらよいかをそれぞれ書きなさい。

僕の担当は「上野三碑」だった。ガイドブックや新聞記事から情報を見つけた。同じテーマでも文章の内容や書き方がいろいろあることが分かった。多くの情報をまとめるのは難しかったけれど、c Bさんのまとめ方を参考にしたら、自分なりに書けるようになった。今回、グループでリーフレットを作ってみて、最初は不安だったけれど、完成した時はとてもうれしかった。みんなのアドバイスも参考になった。d またみんなでリーフレットのようなものを作りたい。

（☆☆☆◎◎◎）

【二】次の文章を読んで、後の〔問一〕～〔問七〕に答えなさい。

類人猿と進化の道を分けてから、人類が大きな成功を収める原動力になった能力が、今人間に絶滅の危機をもたらしている。それは集団の力である。家族と集団を同時に編成できる能力をもった人間は、他者に依存して生活できる世界を作り上げた。しかし、その他者は今や名前も顔もない架空の人になってしまった。独りで生きられないことを誰もが知りつつ、誰に頼って生きているのかわからない。そんな中で自分探しのア空虚な旅を続けているのが現代の人間なのだ。

ゴリラを見ていると、彼らが群れをまるで自分の体のように感じていることがよくわかる。メスも子どもたちも*シルバーバックの［A］に気を配っていて、シルバーバックが行動するとすぐにそれに応えるかのように動く。シルバーバックもたいしたものだ。メスが声を出せば、すぐに応答して様子を見に飛んでくるし、子どもが木の上に残されていれば、じっと下で待っている。それがわかっているからこそ、メスや子どもたちは気の向くままに木に登って果実をつまみ、安心して遊ぶことができるのだ。そこには私たちが忘れてしまった信頼というものが力強く働いている。

　現代の人間は、誰が味方か敵かもわからなくなって、わが身を守るためにどうしようもなく暴力を用いているような気がする。だからこそ、はっきりした敵の存在がしめされれば、暴力を用いることに躊《ちゅう》躇《ちょ》しなくなっているのではなかろうか。①私たちはもう一度、人間が作り上げた共同体がどのようなものであったかを再確認しなくてはならない。ゴリラやチンパンジーには現れなかったどんな特徴がそこに潜んでいるのか。人々はどうやって信頼を確保したのか。信頼のもととなる共感とはどのようにして作られるものなのか。答えは、人間の家族が矛盾なく地域社会に組み入れられるところにある。

　現代の日本を見ると、人々は必死に信頼できる集まりの場を求めていることがわかる。ケータイを通じて、そしてインターネットの中に、会ったこともない人々のヴァーチャルな共同体が［B］のように現れるのは、そんな人々の切ない思いが反映されている。現代は、経済的なイコウリツと利便さを目的に作られた機器やシステムが、予想もしない形で人間性を壊していく時代である。コンビニやファストフードは個食を増やし、食事という人間に大切な社会交渉を失わせてしまった。人々はその欠落を埋めようとして、レストランやバーやカラオケに集まる。しかし、どこかそれは違うのだ。

（中略）

　二〇〇〇年、コフィー・アナン国連事務総長は、ミレニアム・サミットにおいて、「恐怖からの自由」と「欠乏からの自由」を実現することが重要だと述べた。その後国連難民高等弁務官を務めた緒方貞子と、経済学者のアマルティア・センを共同議長として、「人間の安全保障」を目指す委員会が発足した。そこではもはや国家という単位は対象とされていない。個人の自由がいかに［C］によって侵され、人間の信頼がウソコナワレているかが伝わってくる。このミレニアム報告書には、さらにもう一つの自由の必要性が提案されている。それは②「未来の世代がこの地球で生き続けていく自由」である。急速に進行している環境破壊を食い止め、その価値を未来の世代に伝えることこそ、われわれの世代の義務だというのである。二〇世紀に締結された国連人間環境会議(ストックホルム会議)の人間環境エ センゲンも、世界遺産条約や生物多様性条約も、みな今ある地球の資源はわれわれだけでなく、未来の世代の財産であるという思想にもとづいている。その持続的価値を守る努力とともに、その財産を受け継ぐ子どもたちを世界が一つになって育てることこそ、今の人間に求められている道だと思う。それはまた、人間の共同体を原初の精神に立ち戻って再編する試みにもつながる。これまでどの文化も子どものためと言いながら、多くの子どもを犠牲にする誤った戦いの道を歩んできた。戦いは決して子どもを幸福にしないことをオ 肝に銘ずるべきであろう。

(山極　寿一『暴力はどこからきたか―人間性の起源を探る―』による)

＊シルバーバック…大きな体をした、背中の白いオスのゴリラ

〔問一〕 ～～線ア～エの漢字は読みをひらがなで、カタカナは漢字に直して書きなさい。送り仮名がある場合は、送り仮名を付けなさい。

〔問二〕 ～～線オ「肝に銘ずる」は慣用句であるが、その意味を書きなさい。

〔問三〕 [A]、[B]にあてはまる語句を、次のア～エから選び、それぞれ記号で答えなさい。

A【ア　千里眼　イ　十人十色　ウ　五十歩百歩　エ　一挙手一投足】

B【ア　鶴の一声　イ　雨後の竹の子　ウ　他山の石　エ　阿吽《あうん》の呼吸】

〔問四〕 ――線①「私たちはもう一度、人間が作り上げた共同体がどのようなものであったかを再確認しなく

てはならない」とあるが、人間が作り上げた共同体とはどのようなものであったと述べているか。文章中から十五字以内で抜き出しなさい。

〔問五〕　筆者は、「他者とのつながり」という視点から、ゴリラと現代の人間の違いについて述べている。その概要を六十字以上、八十字以内で書きなさい。

〔問六〕　C にあてはまる語句を、（中略）より前から二字で書き抜きなさい。

〔問七〕　――線②「未来の世代がこの地球で生き続けていく自由」とあるが、それを実現させるために、筆者はどうしたらよいと述べているか。「子どもたち」という語を使って、三十字以上、四十字以内で書きなさい。

（☆☆☆◎◎◎）

【三】次の漢詩Ａ・Ｂを読んで、後の〔問一〕～〔問五〕に答えなさい。

Ａ

黄鶴楼ニテ送三ル孟浩然ノ之二クヲ広陵一ニ

李白

故人西ノカタ辞二シ黄鶴楼一ヲ
煙花三月下二ル揚州一ニ
孤帆ノ遠影碧空ニ尽キ
惟ダ見ル長江ノ天際ニ流ルルヲ

Ｂ

吹レク笛ヲ

杜甫

吹レク笛ヲ秋山風月ノ清キニ
誰ガ家カ巧ミニ作ス断腸ノ声
①風ハ飄シテ律呂ヲ相和スルコト切ニ
月ハ傍二ウテ関山一ニ幾処カ明カナル
胡騎中宵堪二ヘタリ北走一スルニ
武陵ノ一曲想二フ　②　一ヲ
故園ノ楊柳今揺落ス

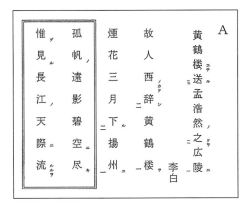

③何ソ得シ二愁中ニ却ツテ尽ク生ズルヲ一

・誰家…たれ。
・律呂…音階。ここでは笛のしらべ。
・関山…関所のある山。関山月という曲があり、別離を悲しむ曲。
・楊柳…故郷の楊柳と笛の曲「折楊柳」をかけている。
・揺落…枯れて散ること。

（A、Bの原文は「新釈漢文大系　唐詩選」による）

〔問一〕　AとBの漢詩の形式をそれぞれ漢字四字で書きなさい。

〔問二〕　Aは、「誰が誰に対して何をした詩」か、書きなさい。

〔問三〕　Aの□について、作者の悲しみが一層感じられる表現であることを生徒に気付かせたい。どのような指導が考えられるか。作者の視野に着目して答えなさい。

〔問四〕　Bについて、次の㈠～㈢の問いに答えなさい。

㈠　――線①に返り点を付けなさい。

㈡　②に入る適切な語を次から選び、記号で答えなさい。

ア　南走　　イ　東走　　ウ　南征　　エ　東征

㈢　――線③「何得愁中却尽生」を書き下し文に直しなさい。また、この意味を次のア～エから選び、記号で答えなさい。

ア　もし、この笛の音を聞いたならば、憂いに堪えぬ私の心の中に、かえっていっぱいに故郷の楊柳の様子が広がるであろう。

イ　たとえ、この笛の音を聞いたとしても、憂いに堪えぬ私の心の中に、かえっていっぱいに故郷の楊柳の様子は広がらないであろう。

ウ　おそらく、この笛の音を聞いて憂いに堪えぬ私の心の中に、かえっていっぱいに故郷の楊柳の様子が広がっていくのだろう。

エ　なぜ、この笛の音を聞いて憂いに堪えぬ私の心の中に、かえっていっぱいに故郷の楊柳の様子が広がるのであろうか。

〔問五〕　Aを題材に、クラスで音読発表会をするという言語活動を設定した。このような言語活動を設定した教師の意図は何か。中学校学習指導要領解説国語編の内容を踏まえて答えなさい。

(☆☆☆◎◎◎)

【四】　次の古文を読んで、後の〔問一〕～〔問八〕に答えなさい。

或者、子を法師になして、「学問して因果の①理をも知り、説経などして世わたるたづきともせよ」と言ひければ、教へのままに、説経師にならんために、先づ馬に乗り習ひけり。輿・車は持たアぬ身の、導師に請ぜられん時、馬など迎へにおこせたらんに、桃尻にて落ちなんは、心憂かるべしと思ひけり。次に、仏事ののち、酒などすすむる事あらんに、法師の無下に能なきは、檀那②すさまじく思ふべしとて、早歌といふことを習ひけり。二つのわざ、やうやう境に入りければ、いよいよよくしたく覚えて嗜みけるほどに、説経習ふべき隙なくて、年寄りにけり。

この法師のみにもあらず、世間の人、なべて③この事あり。若き程は、諸事につけて、身を立て、大きなる道をも成じ、能をもつき、学問をもせんと、行末久しくあらます事ども心にはかけながら、世を長閑に思ひてうち怠りつつ、先づ、さしあたりたる目の前の事にのみまぎれて月日を送れば、ことごと成す事なくして、身は老いぬ。終に物の上手にもならず、思ひしやうに身をも持たず、悔ゆれども取り返さるる④齢ならねば、走りて坂を下る輪のごとくに衰へゆく。

されば、一生のうち、⑤むねとあらまほしからん事の中に、いづれかまさるとよく思ひくらべて、第一の事を案じ定めて、その外は思ひ捨てて、一事をはげむべし。一日の中、一時の中にも、あまたのことの来らんなかに、少しも益のまさらん事を営みて、その外をばうち捨てて、大事を急ぐべきなり。何方をも捨てじと心に執り持ちては、一事も成るべからず。 〈 後略 〉

（『徒然草』第百八十八段による）

〔問一〕 この作品は古典における三大随筆の一つである。この作品の作者と、この作品以外の三大随筆の作品名をそれぞれ漢字で書きなさい。
〔問二〕 ――線①「理」、④「齢」の読み方を現代仮名遣いで書きなさい。
〔問三〕 ――線②「すさまじく」、⑤「むねとあらまほしからん事」を現代語に訳しなさい。
〔問四〕 ～～線ア、イの「ぬ」は意味が異なる。それぞれの「ぬ」の文法上の違いを説明しなさい。
〔問五〕 ――線③「この事」が指す内容を具体的に説明しなさい。
〔問六〕 本文中には、人が年を取っていく様子を他のものに例えている箇所がある。何に例えているかを現代語で答えなさい。

〔問七〕　═══線の考えに対して、あなたはどう考えるか。賛成か反対かを明確にして、八十字以上、百字以内で書きなさい。

〔問八〕　古典の学習において、随筆を扱う際に生徒に気付かせたいことを、中学校学習指導要領解説国語編の内容を踏まえて答えなさい。

（☆☆☆◎◎◎）

【高等学校】

【一】次の文章を読み、後の問いに答えなさい。

ここで、神の気まぐれ（のように見えること）が、神が神であるために、神が超越的な存在であるためにどのくらい重要か、ということを強調しておきたいと思います。普通は、気まぐれで単にサイコロをふるような［A］的な仕方で人をひいきしたり、①貶めたりする神は、尊敬されなくなり、権威がなくなる、と言われます。実際その通りで、これは半分の真実を言い当てています。では、一切の②恣意性が消えてしまっているような世界だったら、神の存在感が増すかといえば、そうではなく、まったく逆に、神がいないに等しいことになってしまいます。

このことは、スポーツや試験や選挙のような「勝負事」に、一定程度の「偶然」が入ることを僕らはひそかに望んでいる、ということと関係があります。一方では、僕らは勝負事が実力を反映していなくてはならない、と思っています。たとえばスポーツは、気まぐれで、勝ったり負けたりするわけではないんですね。普通は、実力のある人が勝つわけです。ちゃんと練習し、能力を付けた人が勝つようになっている。もし、スポーツの勝ち負けが、結局は、ジャンケンで決まるのと同じということであれば、それは、もうスポーツとしては成り立たない。練習しても無意味になってしまうし、おもしろくもありません。ですから、スポーツの勝負は、偶然や気まぐれで決まるという要素が少ないほうがよい、ということは基本にはあります。しかし、それでも、スポーツの勝負に偶然の要素が入ることを、僕らは、半分無意識のうちに、あるいはある程度意識的に、望んでいるところがあります。

もしあるスポーツにおいて、絶対に偶然の勝利、つまり番狂わせが起きない、一〇〇%強いやつが勝つんだというふうになっていたら、意外につまらないのではないか、と思います。スポーツをやっている人にとっても、またそれを見ている人にとっても、楽しくなくなるのではないでしょうか。もちろん、全部偶然で勝負が決まるのでは困ります。けれどもかなりの率、偶然的な理由で勝ってしまう、あるいは負けてしまうということがあるのを、僕らは好むじゃありませんか。

たとえば僕はサッカーというスポーツに特別人気がある理由の一つはそこにあると思っています。サッカーはすべてのスポーツの中で最も愛されている。サッカーのワールドカップは、オリンピックよりも盛り上がります。サッカーは、非常に偶然の率が、つまり弱い方が勝ってしまう番狂わせの率が非常に高いスポーツです。そうなる原因のひとつは、得点の少なさですね。サッカーでは、三対〇といったら大差で、多くが、一対〇です。かなり実力に差があっても、それが得点に反映されにくい。一方の側の方が明らかに実力があって、③アットウテキに押しているのに点がなかなか入れられず、弱い側の方が、ワンチャンスで運良く取った一点を守りきって勝ってしまう、ということがわりと④ヒンパンにある。

実は、Ⅰサッカーを「改良」して、番狂わせを少なくする方法は、かんたんに想像できるのです。ネットをゆらす正式のゴールの他にも、ある程度の点を認めるのです。たとえば、⑤ワクをしっかり捉えたシュートをはなったら〇・五点とか、とりあえずシュートまでもっていったら〇・二点とか、です。ボールポゼッションの率によって、「判定」する要素を入れてもよいかもしれない。そうすると、番狂わせはぐんと減るでしょう。けれども、おもしろさは半減すると思います。

もう一つ、ついでだから述べておくと、サッカーの大会を見ると、ときどき変だなと感じることがあるわけですが、大事なゲームほど偶然で決まりやすくなっているのです。どういうことかというと、ワールドカップのことを考えてください。まず、世界各地で、年単位の時間をかけて予選をやりますね。予選の各試合は、ホームアンドアウエーの方式で二回ずつやる。予選は、トーナメントではなく、リーグ戦の方式が多い。アジアも含め、予選が何段階にもなっていて、本戦出場国を⑥シボり込むようになっています。これだけ⑦シンチョウにやると、強いチームが、運悪く予選の早い段階で敗退してしまう、ということがほとんどなくなります。一試合くらい番狂わせで落としても、挽回できるからです。サッカーの「番狂わせの多さ」を埋めあわせる対策になっているのです。そして、いよいよ、本番のワールドカップになるわけですが、まずは、グループリーグがある。これは、リーグ戦なので、一回くらい負けても、たいてい突破できます。ところが、その後は、決勝トーナメントになって、一回でも負けたら終わりです。欧州チャンピオンズリーグでは、決勝トーナメントも、それぞれの試合は、ホームアンドアウエーで二回ずつやるので、一回の番狂わせを挽回するチャンスがまだ残りますが、ほんとうの決勝戦は、なぜか一発勝負です。野球の日本シリーズみたいに、優勝者を決する大事な勝負だから七試合やろうということにはならず、大事だからこそ、一発勝負。サッカーのファンは、偶然を愛していて、その結果、このような大会の構成になったのではないか、と僕は想像しています。

サッカーの話を長々としましたが、Ⅱサッカーファンは、サッカーの神様の気まぐれが現れるのを望んでいるのです。個々の試合に関しては、大番狂わせで失望する人もたくさんいるわけですが、ファンは、サッカーの全体から、気まぐれや偶然が消え去ることを決して欲していない。サッカーの神が、ときどき気まぐれを示してくれるのを望んでいる。

整理すると、神の超越的な力は、その「気まぐれ」――人間の目から気まぐれとしか見えないようなこと――によって⑧タンポされているのです。その気まぐれが、神の自由意思の存在をはっきりと示すからです。

⑨ゲンミツに言えば、Ⅲ気まぐれは、神にとっては両刃の剣です。もしどんな決定も完全に気まぐれで、その根拠がわからない、というような――神でもなくてもいいのでたとえば――王様がいたとしましょう。あるいは、根拠や理由のわからない好き嫌いやえこひいきをする王様がいたとしましょう。そういう王様は、臣下からの信頼を失い、やがて支配者や指導者としての正統性を奪われるに違いありません。だれもついていかなくなるでしょう。だから、気まぐれの⑩カタマリのようなものになってしまってもだめです。しかし、逆に、その決定に、まったく恣意性が入らなくなったら、そういう王も、権威を失うことになるのです。恣意性が入らないということは、何か上位にある普遍的で説得的な根拠から演繹される、ということです。王様の決定がことごとく、何か別の原理からそうやって論理必然的に演繹されるものだけであったとしたら、そういう王様は、権威をもったものではなくなるでしょう。

（大澤真幸『憎悪と愛の哲学』による）

問一　傍線部①～⑩について、カタカナは漢字に改め、漢字は読みを平仮名で書け。

問二　［A］に当てはまる語として適切なものを考えて書け。

問三　二重傍線部「演繹」という語について、①読み、②意味　を簡潔に書け。

問四　傍線部Ⅰ「サッカーを『改良』して」とあるが、「改良」という語に「　」が付けられている理由として考えられることを書け。

問五　傍線部Ⅱ「サッカーファンは、サッカーの神様の気まぐれが現れるのを望んでいるのです」とあるが、このように言えるのはなぜか、説明せよ。

問六　傍線部Ⅲ「気まぐれは、神にとっては両刃の剣です」とあるが、ここでいう「両刃の剣」とは具体的にどのようなことか、わかりやすく示した板書例を書け。

問七　波線部「神がいないに等しいことになってしまいます」と筆者が述べる理由について説明せよ。

問八　本文を用いて「高等学校学習指導要領」（平成21年3月告示）「現代文B」における　2内容(1)　ウの事項について指導する際、具体的な言語活動としてどのようなものが考えられるか。　2内容(2)にある言語活動の例を踏まえて答えよ。

（☆☆☆◎◎◎）

【二】次の文章を読み、後の問いに答えなさい。

近比、帰朝の僧の説とて、ある人語りしは、唐にア賤しき夫婦有り。餌を売りて世を渡りけり。夫の道の辺にして餌を売りけるに、人の袋を落としたりけるを見ければ、銀の軟挺六つ有りけり。家に持ちて帰りぬ。妻、心すなほに欲なき者にて、「①我等は商うて過ぐれば、事も欠けず。イいとほしき事なり。主を尋ねて返し給へ」と云ひければ、「誠に」とて、ウ普く触れけるに、主と云ふ者出来て、是を得て、あまりに嬉しくて、「三つをば奉らん」と云ひて、②既に分つべかりける時、思ひ返して、煩ひを出さんが為に、「七つこそ有りしに、六つあるこそ不思議なれ。一つはA隠されたるにや」と云ふ。「さる事なし。本より六つこそ有りしか」と論ずる程に、果ては、国の守の許にして、是を断らしむ。国の守、眼賢くして、「この主は不実の者なり。この男は正直の者」と見ながら、不審なりければ、かの妻を召して別の所にて、事の子細を尋ぬるに、夫が状に少しもたがはず。「この妻は極めたる正直の者」と見て、かの主、不実の事慥《たし》かなりければ、国の守の判に云はく、「この事、慥かの証拠なければ判じがたし。但し、共に正直の者と見えたり。夫妻また詞変らず、主の詞も正直に聞こゆれば、七つあらん軟挺を尋ねて取るべし。是は六つあれば、別の人のにこそ」とて、六つながら夫妻に給はりけり。

宗朝の人、いみじき成敗とぞ、普く讃めののしりける。心直ければ、自ら天の与へて、宝を得たり。心曲れば、冥のとがめにて、宝を失ふ。この理は少しも違ふべからず。返す返すも心浄くすなほなるべき者なり。

（『沙石集』による）

（注）銀の軟挺…良質の銀を細長く打ちのばした貨幣　宗朝…宋朝

問一　傍線部ア～オの文中における意味を答えよ。

問二　二重傍線部①～④について、それぞれ、具体的な状況が分かるように言葉を補い、口語訳せよ。なお、③については「是」の示す内容についても具体的に示すこと。

問三　波線部A「隠されたるにや」について、文法事項を説明する際の板書例を示せ。

問四　波線部B、Cについて、

(1)　それぞれから動詞を抜き出し、その動詞の活用の行と種類、終止形を書け。

(2)　それぞれの動詞の意味に注意して、口語訳せよ。

問五　二重傍線部⑤について、

(1)　口語訳せよ。

(2)　このような状態になったのは、この「成敗」がどのようなものであったからか、具体的に説明せよ。

問六　古典の学習に当たり、どのような事項について指導するのが適切か。高等学校学習指導要領(平成21年3月告示)に示された「古典A」の内容を踏まえて、二つ答えよ。

(☆☆☆◎◎◎)

【三】次の文章を読み、後の問いに答えなさい。(設問の都合上、一部、送り仮名を省略してある。)

之言也。言フコト婉ニシテ而順ニ、希レヒ旨ヲ合レヒ意ニ、初メ聞キテ若レキ可レキガ喜ブ者ハ、邪臣之言也。至二リテハ於言レフ事ヲ之官一ニ、各挙二ゲ其ノ職一ヲ、或イハ当レタリテ朝ニ正レシ色ヲ、顕‐言シ於廷一ニ、或イハ連章列署シテ、共ニ論二ズ其ノ事一ヲ。言一タビ出ヅレバ、則チ万口争ヒ伝ヘ、衆目共ニ視ル。C雖レモ欲レスト為レサント私ヲ、其ノ勢ヒ不可ナリ。故ニ凡ソ明‐言シテ於外一ニ、不レル畏二レ人ノ知一ルコトヲ者ハ、皆公言也。若シ非二ザレバ其ノ言職一ニ、又不二敢ヘテ顕言一セ。或イハ密奏シテ乞レヒ留レメンコトヲ中ニ、或イハ面言シテ乞レヒ出レダサレンコトヲ自二リ聖断一、不レル欲四セ人ノ知三ルコトヲ言ニ有二ルヲ

主名一者ハ、⑦蓋シ其ノ言渉リ二傾邪ニ一、懼レルレバナリ遭フコトヲ二弾劾ニ一。故ニ凡ソ⑧陰カニ有リテ二奏陳スル一、

而畏ルル二人ノ知ルヲ一者ハ、皆挾ムレ［X］ヲ之説也。自リレ古人主、d能以二此術一

知二臣下之情一、則聴レ言易也。

（注）人主之聴言…主君が（臣下の）意見を聴く　朝…朝廷　正色…厳正な態度をとる

連章列署…上奏文を並べて署名を連ねる　聖断…主君の判断　主名…自分の名前

（『唐宋八大家読本』による）

問一　傍線部①～⑧の読みを、送り仮名を含め、平仮名で答えよ。（現代仮名遣いでよい。）

問二　点線部aについて、筆者はその理由を何と述べているか、本文に即して口語で説明せよ。

問三　点線部bのための方法として、どのような内容が述べられているか。本文に即して、分かりやすく示した板書例を書け。

問四　点線部cについて、

(1)　適切な言葉を補い、口語訳せよ。

(2)　「不可」である理由について、本文の内容に即し、口語で説明せよ。

問五　空欄［X］に当てはまる漢字一字を書け。

問六　点線部dについて、適切な送り仮名を補い、書き下し文にせよ。

（☆☆☆◎◎◎）

解答・解説

【中学校】

【一】問一　出典を明示すること、「　」でくくること、引用する文章が適切な量であること　から二点　問二　ア　箇条書きを使っている。　イ　小見出しを使っている。　問三　絵や写真、見出し等を使って紙面を構成しているのは両者とも同じだが、パンフレットが複数枚でまとめるのに対して、リーフレットは一枚にまとめるので、書くスペースが限られる。そのため、伝えたいことを明確かつ簡潔に書くにはどうしたらよいかを考えさせたい。　問四　(一)　a　必要な情報を取り出して、自分なりにまとめている。　b　実際に見学し、その体験を書くことで説得力を高めている。　(二)　目的　(三)「総称」といっても小学生には理解できないから、「合わせた呼び名」した方がいいと思います。「供養」は小学生には読めないと思うから、ふりがなをふるといいと思います。　問五　c　どのようなことに気を付けたら、Bさんのようにまとめられたのか、詳しく書いてみましょう。　d　リーフレット以外にどのようなものが作れそうか考えましょう。次に作るときはどのようなことに気をつけるとよいか書いてみましょう。

〈解説〉問一　新中学校学習指導要領の第三学年「B　書くこと」の指導事項ウに「表現の仕方を考えたり資料を適切に引用したりするなど、自分の考えが分かりやすく伝わる文章になるように工夫すること」と示してある。選んだ資料を適切に引用する際には、カッコでくくる等、引用箇所を明示すること、出典を明らかにすること、引用する文章が適量であること等が求められる。　問二　第三学年の「B　書くこと」の指導事項エでは推敲に関することが示されている。ここでは、目的に合った効果的な体裁に整えることが必要である。石碑として分かりやすくするための「小見出し」と「箇条書き」「読みやすく分かりやすい簡潔な文章」等が該当する。　問三　リーフレットは、一枚刷りの印刷物であるため、パンフレットのような複数枚の小冊子と異なり、要約と効果的な表現を必要とする。そのため、ガイドブックと新聞記事の内容分析と一定字数内での報告文の作成と推敲の指導を行う。　問四　(一)　Ⅱは自分の体験と碑の印象を簡潔にまとめ、自分の気持ちや伝えたいことを明確に示していることに着目したい。　(二)　問題文より「群馬の魅力を伝える」ことは、そもその目的に該当するため、目的意識が適切と考えられる。　(三)　小学六年生までの学習内容を意識しながら、未学習と思われる箇所については補足が必要と考えられる。例として、Ⅰの「総称」「ユネスコ」の意味、Ⅱの「供養」の読みと意味があげられる。　問五　c　「Bさんのまとめ方を参考にした」ということは、生徒Aにはその知識・発想がなかったことを意味する。その点を分析することで、自身の知識・発想の向上につながることを助言するとよい。　d　広報媒体は多数あり、それぞれ異なる特徴を持つ。したがって、リーフレット以外の媒体作成にも目を向けることで、生徒の知識・技能の発展をはかりたい。

【二】問一　ア　くうきょ　イ　効率　ウ　損なわれ　エ　宣言　問二　深く心に刻む、心に刻みつけて忘れない　問三　A　エ　B　イ　問四　他者に依存して生活できる世界　問五　ゴリラは群れを自分の体のように感じ、目の前の相手と強く信頼し合っているが、現代の人間は誰が敵か味方かもわからなくなり、わが身を守るために暴力を用いている。(七十七字)　問六　暴力　問七　環境破壊を食い止め、世界が一つになって未来を担う子どもたちを育てるとよい。(三十七字)

〈解説〉問二　「肝に銘ずる」は、「肝銘」の書き下し文である。「肝」は心を指し、「銘ずる」は刻みこむという意味である。　問三　A　後にある「シルバーバックが行動…応えるかのように動く」を踏まえること。シルバーバックの行動にあわせるには行動をみる必要がある。　B　空欄前にある「人々は必死に…求めていることがわかる」を踏まえる。いわゆる「集団の噴出」が起こり、「雨後の竹の子」が最も適切であることがわかる。　問四　第一段落に「家族と集団を同時に編成できる人間の能力」が作りあげた世界が述べられており、これが解答となる。　問五　第一～三段落の内容を中心にまとめればよい。第一、三段落では現代の人間、第二段落ではゴリラの「他者とのつながり」について述べられている。　問六　個人の自由とそれを侵害するものとの関係から、「恐怖」「欠乏」など、負の内容を意味する熟語を探せばよい。　問七　後文の内容をまとめればよい。今ある地球資源を未来の世代の財産として受け継ぐ子どもたちを世界が一つになって育てることが現代の人間に求められている、が筆者の主張である。

【三】問一　A　七言絶句　B　七言律詩　問二　李白が孟浩然に対して別れを惜しんだ詩　問三　時間の経過にともなって、友人が乗った舟の姿が次第に小さくなり、最後に消えていくことを実感させるために、複数のコマに分けて作者の見えているものを絵で描かせたり、距離が遠くなることで見え方はどうなるかを考えたりする。　問四　(一)　風ハ飄シテ二律呂ワ一相和スルコト切ニ　(二)　ウ　(三)　書き下し文…何ぞ愁中に却って尽く生ずるを得し　意味…エ　問五　音読を通して、古典特有のリズムを味わわせながら、古典の世界に触れさせたい。(楽しませたい、親しませたい)

〈解説〉問一　Aは一行七字(七言)で四行だから七言絶句、Bは一行七字で八行だから七言律詩である。　問二　詩のテーマは「黄鶴楼にて孟浩然の広陵に之くを送る」である。李白が友人の孟浩然が広陵へ向かうのを送ったときの惜別の詩である。　問三　二重枠内は「ぽつんと浮かぶ遠い帆かけは、碧空のなかに消えてゆき、あとはただ揚子江が天のはてまで流れているのが見えるだけだ」と通訳する。漢字の表意性と音楽性や色彩を音読させて味わう指導や「孤帆遠影碧空尽」の「碧空」を「碧山」にした場合の情景の変化を話し合うアクティブラーニングを考えてみよう。　問四　(一)　漢文の構造にしたがい「主語・述語・目的語」の関係を和文にする。主語は「風」、述語・目的語は「調・律呂」(一・二点をつける)。「相和」と「切」は主語・述語関係、最後が「切に」としているのは、連用中止法による。　(二)　五句目にある「胡騎」と「北走」、および律詩の押韻(清、声、明、生)から、「南征」が適切とわかる。　(三)　「何」は疑問副詞、「愁中」は愁いに包まれた自分の心、「生」は故郷の抑揚と笛の調べが生起すること、を踏まえて考えるとよい。　問五　新学習指導要領解説では「伝統的な言語文化」に関する学習として、音読するなどして我が国の伝統的な言語文化の世界に親しむことを系統的に示している。第一学年では「文語のきまりや訓読の仕方を知り、古文や漢文を音読して、古典特有のリズムを味わいながら古典に触れること」、第二学年では「作品の特徴を生かして朗読するなどして、古典の世界を楽しむこと」とある。

【四】問一　作者…吉田兼好(兼好法師・卜部兼好)　作品名…枕草子、方丈記　問二　①　ことわり　④　よわい　問三　②　つまらなく、おもしろくなく、興ざめだ　⑤　主として望ましいようなこと　問四　アの「ぬ」は、打消しの助動詞「ず」の連体形、イの「ぬ」は、完了の助動詞「ぬ」の終止形である。　問五　乗馬や早歌をならっているうちに、本来の目的だった仏教の説教を習う時間がないままに年をとってしまったこと。　問六　坂道を転がる車輪　問七　・私は作者の考えに賛成です。多くのものや情報があふれる現代、あれもこれも手を出すと、どれもが中途半端になってしまいます。それならば、一つに絞った方が達成感も得られるし、力も身に付くと思います。(九十五字)　・私は反対です。一つに絞り込んでしまうと、失敗したときにやり直すことが難しいと思います。それに、いろいろなものに挑戦することは、人間の幅も広がるのでよいと思います。(八十一字)　問八　「古典に表れたものの見方や考え方」の中には、長い年月を隔ててもなお現代と共通するものもあれば、現代とは大きく異なるものもあるということ。

〈解説〉問一　著名な作品は作者、成立年、書き出しなどが頻出なので、まとめておくこと。なお、『徒然草』は一三三〇年ごろ、『枕草子』は一〇〇一年ごろ、『方丈記』は一二一二年ごろの成立とされている。　問二　それぞれの漢字の訓読みである。①の「理」は道理、④の「齢」は年齢を意味する。　問三　②は「すさまじ」(形・シク)の連用形で興ざめに、⑤の「むねと(宗と)」は主として・第一に、「あらまほしから(ん)」は「あらまほし」(形・ク)の連用形で、あることがのぞましい、という意味であり、「ん(む)」は婉曲表現の助動詞である。　問五　前にある内容を踏まえるとよい。説経師になるための乗馬や軍歌を習うために、一段と心を入れて稽古をしている間に、説経を習うはずの時間がないまま、年をとってしまったことを指す。　問六　文中に「悔ゆれども取り返さるる齢ならねば(老齢のため)走りて坂を下る輪のごとく衰へゆく」とある。　問七　二重傍線は「(主として望ましいようなことのなかで)どれがまさっているか、よくよく考えくらべて、一番大事なことを考え定めてそのほかは断念して、その一つのことだけに精励すべきある」と通釈する。この筆者の考えに賛成するか反対するか、根拠を明確に示して書くことが大切である。また、自分の考えが効果的に伝わるように説明や具体例を加えたり表現を工夫したりして書くように指導することが求められる。　問八　古典の学習は、我が国の歴史の中で創造され継承されてきた伝統的な言語文化に対しての理解を深め、古典に親しむ態度の育成を図るためのものである。新学習指導要領解説では、第二学年「伝統的な言語文化に関する事項」のイに「古典に表れたものの見方や考え方を知ること」が示されている。長い年月を隔ててもなお現代と共通するものもあれば、現代とは大きく異なるものもある。その違い(文化の違い)に気づかせることが、古典への関心と古典継承の態度を育成させることにつながる。

【高等学校】

【二】問一 ① おとし ② しいせい ③ 圧倒的 ④ 頻繁 ⑤ 枠 ⑥ 絞 ⑦ 慎重 ⑧ 担保 ⑨ 厳密 ⑩ 塊 問二 偶発(偶然) 問三 ① えんえき ② 前提された命題から、経験等に頼らず、論理の規則に従って必然的な結論を導き出すこと。 問四 本来、「改良」とは、悪いものを良いものに変えるという意味だが、ここでは、サッカーの番狂わせを少なくするための変更を意味しており、論の展開上、現在のルールに不備があると仮定した場合、あるいはその立場に立った場合のみの視点で述べられているから。 問五 サッカーの大会は、野球の日本シリーズなどとは異なり、決勝戦などの大事なゲームほど一発勝負が多く、偶然で勝敗が決まりやすくなっているように見えるから。 問六 「両刃の剣」…【意味】大きな効果をもたらす可能性を持つ反面、多大な危険性をも併せ持つこと。

神の気まぐれ

〈大きな効果〉神の自由意思の存在をはっきり示すことができる。

⇔【両刃の剣】

〈危険性〉人々からの信頼を失い、正統性が疑われ、だれもついていかないということになりかねない。

問七 神の決定が、神個人の自由意思によってではなく、何か別の原理から論理必然的に導かれるということになり、神の存在意義自体が否定されることにつながってしまうから。 問八 本文を読み、「神は気まぐれであるがゆえに超越的な存在である」という書き手の考えに対する意見文を書いたり、サッカーを例に挙げて説明する展開の仕方に対する意見文を書いたりする。

〈解説〉問二 空欄Aの前の「気まぐれで単にサイコロをふるような」とあることから、必然的に反する語が入る。 問三 「演繹」とは、普遍的な事実(前提)から、経験に頼らず論理の規則に従って、特殊的個別的事実を導き出すこと。三段論法はその一つ。対語は「帰納」である。　問四　筆者は後で偶然性をなくす方法を示しているが、偶然性がサッカーの魅力であり、特別人気がある理由の一つであることを認めている。つまり、サッカー全体からみれば改悪であることを示すため、カッコでくくっている。　問五　傍線のある段落の前段落の内容をまとめればよい。野球との比較を持ち出すと、具体的かつ分かりやすくなるようになるだろう。　問六　「両刃の剣」は、「一方ではよい結果をもたらすが、他方では危険を招く恐れもあるもの」という意味の慣用句である。本文では、前者は「神の自由意志の存在を顕示する。」、後者は「信頼の失墜と正統性を奪われ権威もなくなる」であることを踏まえ、板書案を作成するとよい。　問七　全体をまとめればよいが、スポーツの勝敗は実力と恣意性で構成されており、恣意性があることで「番狂わせ」が起きるという構図を理解しておくこと。　問八　「現代文B」の指導事項(1)のウは、「文章を読んで批評することを通して、人間、社会、自然などについて自分の考えを深めたり発展させたりすること」、また内容(2)の言語活動例イには、「論理的な文章を読んで、書き手の考えやその展開の仕方などについて意見を書くこと」と示してある。本文の主題と文章内容を踏まえ、「B 書くこと」の指導も念頭に置いて設問に答えよう。

【二】問一　ア　身分の低い(貧しい)夫婦　イ　気の毒なことだ　ウ　言い広めたところ　エ　眼力に優れていて　オ　六つとも全部　問二　①　私たち夫婦は商売をして暮らしを立てているので、生活に不足することもない。　②　まさに袋の中の軟挺を夫婦に分け与えようとした時　③　国守のいるところで、餌売りの夫婦と袋の主の男のどちらが正しいか、判断してもらうことになった。　④　七つあるような軟挺を探し出して取るのがよい。

問三

- 隠さ → 四段活用動詞「隠す」未然形
- れ → 尊敬の助動詞「る」未然形
- たる → 完了の助動詞「たり」連体形
- に → 断定の助動詞「なり」連用形
- や → 係助詞「や」（あらむ） 結びの省略

問四 (1) B 活用の行・種類…マ行上一段活用 終止形…見る C 活用の行・種類…ヤ行下二段活用 終止形…見ゆ (2) B 見抜いたものの C 感じられた 問五 (1) 素晴らしい裁定であると、世の人々が皆、大声をあげて褒めたたえた。 (2) 正直な者と不正直な者を見分けつつ、敢えてどちらも正しいと認めるふりをし、結果として正直者に報いるという、道理にかなった裁きであったから。

問六 ・古典などに現れた思想や感情を読み取り、人間、社会、自然などについて考察すること。 ・古典特有の表現を味わったり、古典の言葉と現代の言葉とのつながりについて理解したりすること。

〈解説〉問一 アは「賤し」(形・シク)の連体形で、みすぼらしい、卑しい、身分の低いといった意味がある。イの「いとほしき」は「いとほし」(形・シク)の連体形で、気の毒な、ふびんな、といった意味がある。ウの「普く」は「普し」(形・ク)の連用形で、すべてに行きわたるように、という意味。「触れける」は「触る」(他ラ下二)の連用形＋過去の助動詞「けり」の連体形で、広く人々に知らせたという意味である。エの「眼」は眼力と解釈する。オの「ながら」は、すべて、すっかりという意味の接続助詞である。 問二 ①「商うて」は「(餌売りの商売をして暮らしをして過ごしているので」と訳す。「ば」は、既成条件を示す接続助詞である。②「つべかりける」の「つべかり」は、強意の助動詞「つ」＋推量の助動詞「べし」の連用形で「〜しようとする」と解する。「ける」は過去の助動詞「けり」の連体形である。 ③「是」は、銀の軟挺が七つ袋に入れていたという持ち主と拾い主の軟挺は六つしかなかったと言い争うことを指す。国守のところで、この両者のどちらの言い分が正しいかを判断させよう、というのである。④「尋ね」は「尋ぬ」(他ナ下二)の連用形で、「探して」と訳す。「七つあらん」の「あらん」は、「あ(有)り」(自ラ変)の未然形に、推量の助動詞「ん(む)」の連体形が付いた形で「有るような」と訳す。問三　接続の関係(助動詞「る」と「たり」)と、係り結びについて説明する。問四　(2)　Bの「ながら」は、「けれども」の意の逆説の接続助詞。「見抜いたけれども」と訳す。Cの「たり」は断定の助動詞。「正直者と思われた」と訳す。問五　(1)「いみじき」は「いみじ」(形・シク)の連体形で、すばらしい、並々でないという意味。「成敗」は裁定のことであり、「ののしる」(自ラ四)は「声高く言い騒ぐ」である。(2)　銀の軟挺の持主が拾い主に、六つしかなかった軟挺を七つあったと言い張ったことをふまえ、国守が両者を見分けて、正直者の銀の軟挺の拾い主に報いた経緯をまとめる。問六　なお、古典Aの指導事項として、解答以外に「古典などを読んで言語文化の特質や我が国の文化と中国の文化との関係について理解すること」、「伝統的な言語文化についての課題を設定し、様々な資料を読んで探求して、我が国の伝統と文化について理解を深めること」が示されている。言語活動例にも内容を確認しておく必要がある。

【三】問一　①　いにしえより　②　のみ　③　しこうして(しかして)　④　こもごも　⑤　およそ　⑥　にくむ　⑦　けだし　⑧　ひそかに　問二　忠臣と邪臣とが並んで前に進み出て、正しい意見と私利私欲の意見とを、交互に耳に入れるから。

問三　【忠臣の言と邪臣の言の聞き分け方】

項目	話し方	聴く側への配慮	聴いたときの第一印象
忠臣の言	拙くて率直	耳ざわりな言葉で相手の意を汲まない	嫌な感じがする
邪臣の言	遠回しに順々と	相手の気に入るように迎合する	喜ばしく感じる

問四　(1)　私的な操作をしようとしても、それまで積み重ねてきた成り行きとして不可能である。
(2)　厳正な職務の遂行の中で、それぞれが自分の名前を表明して共に議論を重ね、公表された後は、世間の目が注視することになるから。　問五　私　問六　能く此の術を以て臣下の情を知れば、則ち言を聴くこと易きなり。

〈解説〉問一　①「自」は起点を表す助字。　②「已」は、それで終わりという意味。「而已」で限定の意を強め、「而已矣」でさらに強める。　③　ここでは順接の接続詞として用いられている。　④　かわるがわる、という意味である。　⑤　大体、おおむねという意味がある。　⑦　おもうにという意味で、推量の意を表す。　問二　点線部aの前に注目する。「夫忠邪並進於前」(忠臣と邪臣＝姦臣が、人生＝主君の前に進み出て)、「而公論与私言、交入於耳」(公論と私言を交互に耳に入れる)とある。　問三　bは主君に忠実な臣下か、よこしまな臣下であるを識別することをいう。その識別のために両者の言(話す言葉)の聞き分け方を文章に従って板書する作業である。「忠臣の言の「凡言拙而直」と邪臣の言の「言婉而順」を対比させ、君主への心くばりとして前者は「逆耳違意」、後者は「希旨合意」、その言葉に対する印象は、前者は「若可悪者」、後者は「若可喜者」である。　問四　(1)　Cは、「私をなさんと欲すといえども、その勢ひ不可なり」と書き下す。「私」とは私利私欲を図る操作、「勢」は自然のなりゆきを指す。　(2)　「不可」の理由は、「至於言事之官～衆目共視」の内容をまとめればよい。　問五　空欄Xには、その前の文「故凡陰有奏陳、而畏人知者」に関わる漢字が入る。この文は、「ひそかに主君に進言する者がいて、このことを人に知られるのを恐れる人間」の意である。いわゆる「欲為私者」(私的操作をしようとする者)である。　問六　「能ク以テ二此ノ術ヲ一知レバ二臣下之情ヲ一、則チ聴クコトレ言ヲ易キ也」の書き下し文。いわゆる「レバ則」が用いられていることがポイントである。活用語の活用語尾、助詞には送りがなをつけること。

二〇一八年度 実施問題

【中学校】

【一】第三学年において、「学校を更によくするために、自分たちで取り組みたいこと」という課題について話し合い、生徒会への提言としてまとめる活動を設定した。次の［　　］は、活動の大まかな流れである。後の〔問一〕～〔問四〕に答えなさい。

第一次・・・話合いの進行の仕方、相手を説得する話し方について確認する。
第二次・・・自分たちで取り組みたいこととその理由について、自分の考えをまとめる。
第三次・・・グループで考えを出し合い、企画案を各班一つ作成する。
第四次・・・全体会議でグループの企画案を検討し、提言にまとめる。
第五次・・・全体会議の様子を映像で振り返り、評価する。

〔問一〕　第二次において、自分の考えをまとめる際に生徒に留意させることを、「話すこと・聞くこと」の指導事項を踏まえて書きなさい。

〔問二〕　第三次において、あるグループでは、二つの案に意見が分かれてしまった。互いの考えを生かし合えるように話合いを進めさせたい。教師としてどのようなアドバイスをするか、書きなさい。

〔問三〕　次の［　　］は、第四次において行われた全体会議の終盤の一部である。これを読んで、後の(一)、

(二)の問いに答えなさい。

司会　：ここまでの話合いで、自分たちで取り組みたいことは、二班が提案した「委員会活動の活性化」になりました。ここからは、「活性化させるにはどうすればよいか」について発言してください。
生徒A：三年生は、委員会の仕事がいい加減です。なまけずに取り組んでほしいです。
生徒B：委員会に何となく出席している人が多いです。やる気をもって活動してほしいです。
司会　：①できていないことに対する不満だけでなく、こうしたら委員会が活性化する、という意見はありませんか？
生徒C：委員会活動の内容が毎年同じであり、マンネリ化しているように思います。それぞれの委員会の特徴を生かした新たな取組が必要だと思います。
生徒D：自分たちの課題を解決する活動をするとよいと思います。例えば、三年生は時間にルーズな面があるので、チャイム着席運動をしてみてはどうでしょうか。
司会　：②今、Dさんからチャイム着席運動という意見が出ましたが、それを行うと学校全体にどんなよい影響がありますか。ここからは、「学校を更によくする」という観点で話し合っていきましょう。
生徒E：自分たちの課題を解決するというDさんの意見に賛成です。学級委員があいさつ、生活委員がチャイム着席など、各委員会が工夫すれば、学校がよくなると思います。
生徒F：各委員会の連携が大切です。文化祭の成功のために、各委員会が企画を練るなど、自分たちの課題に加えて、学校全体の課題に各委員会が取り組めば、学校を自分たちの手でよくするという主体的な意識が高まり、素晴らしい学校になると思います。

司会　：活発な議論、ありがとうございました。では、結論をまとめます。○組の提言は「委員会活動の活性化」です。委員会の活性化を図るために意識してほしいことは、
・各委員会がそれぞれの特徴を生かした取組を企画する
・各委員会の連携を深め、学校全体に関わる取組を行う
の二点です。学校を更によくしていけるよう、生徒会に提言したいと思います。

(一)　――線①、②の司会の発言は、話合いにおいてどのような役割を果たしているか、それぞれ書きなさい。

(二)　生徒Fの発言のよさを書きなさい。

〔問四〕　第五次の活動について、次の(一)、(二)の問いに答えなさい。

(一)　映像を用いて振り返ることのよさを書きなさい。

(二)　全体会議の振り返りにおける評価をするときの観点を、「話す・聞く能力」に絞って二つ書きなさい。

(☆☆☆◎◎◎)

【二】次の文章を読んで、後の〔問一〕～〔問五〕に答えなさい。

Ｉ　わたしたちの生活が行き届いたサービス・システムの恩恵をこうむるなかで、「主」たる市民が「顧客」という受け身で無能力な存在に成り下がっている。こういう苦々しい事実には、個人と国家のあいだ、つまり

は地域社会や職業社会といった中間集団の空洞化という事態が深く関連していると、＊丸山はいうのである。たとえば、家族、地域社会、会社、労働組合。小さな個人と巨大な社会システムとのあいだで、いわばその蝶《ちょう》番《つがい》として、あるいはクッションとして、機能してきたそういう中間集団の、紐帯《ちゅうたい》が、この国でも、まるで乾いたスポンジのように空洞化してきたことは、だれもの実感としてある。個人を護る被膜が破けて、あるいは薄くなって、個人が社会のシステムにむきだしでつながるほかなくなってきた。

Ⅱ　あるいは、出産から子育て、排泄物処理、医療、介護、葬送、防災、もめ事解決といった、かつて地域社会で住民が共同でア担ってきた生活のベーシックな活動も、いまは行政やサービス企業が一手に引き受け、住民はそれぞれに税金もしくはサービス料を支払うというかたちでそれら巨大システムにぶら下がるだけになっている。①さらに労働の形態もそう。現在では勤務というかたちで仕事に就いているひとが九割近くになっている。イエンカクの場所へと通勤し、デスクに向かって仕事をする「勤務」へと、仕事のかたちが画一化してきた。

Ⅲ　個人がこのように社会システムに、中間集団をウバイカイとせずにじかにつながるようになるというのは、諸個人がおなじ一つの物差しで動くということである。ここにはルールはあっても文化はない。というか、ぎりぎりにまで刈り込まれたルールという文化しかない。かつては商いにも多様な②文化があった。損をしてでもしなければならないこと、自組織のためではなく同朋のためにどうしてもしなければならないことをわきまえていた。会社は貧弱な福祉政策を穴埋めしていた。そういう中間集団のなかでは、構成員それぞれに、いってみれば「エ務め」があって、それがある以上、ひとは「じぶんがここにあることの理由」をみずからに強迫的に問いたださなくてすんでいた。そういう緩衝地帯が貧相になって、逆にグローバル化の名とともに、あからさまな弱肉強食のゲームにひとびとはむきだしで曝されるようになっている。

Ⅳ　中間集団というのは、対立する二つの契機がきしみあう場所である。家族であれば、自然と制度が交差する場所。そう、家族(と地域社会)は、個人が避難できる親密な場所であるとともに、権力の最小単位でもあった。会社(と組合)は、熾烈な競争と手厚い福祉という二つの要求を調整する装置としてあった。そういう中間集団をやりくりして維持することのむずかしさも、もとはといえばそれが、自然と制度という、対立する二契機が交差する、《人間》という存在の両義性という事実からくるものだ。もっとも「人間的」なものであるそういう《中間》の消失が、いま、ひとびとを深く分断し、その日常生活に想像以上のダメージを与えつつある。

(「しんがりの思想―反リーダーシップ論―」鷲田清一より)

＊丸山・・・・丸山眞男　政治学者。『日本の思想』(一九六一年)を執筆。

〔問一〕　――線ア～エのカタカナは漢字で、漢字は読みをひらがなで書きなさい。

〔問二〕　次の一文は、Ⅰ～Ⅳ段落のいずれかの冒頭に入る文である。その段落番号を書きなさい。

> 子どもたちは消費者としてもはや家族という検問所(?)なしに、流通システムにじかにつながるようになっている。

〔問三〕　――線①「さらに労働の形態もそう」とあるが、なぜ、筆者はそのように考えたのか。本文中の言葉を用いて説明しなさい。

〔問四〕　――線②「文化」とあるが、ここでいう文化について、「システム」「個人」という言葉を用いて、三十字以上、四十字以内で説明しなさい。

〔問五〕　第二学年において、この文章を使い、「筆者の論証の仕方に納得するか、しないか」について自分の考えをまとめさせたところ、生徒Aは、次のような文章を書いた。生徒Aの考えのよさと、よりよい内容とするためのアドバイスを、それぞれ書きなさい。

私は、筆者の論証の仕方には納得できません。筆者は「中間の消失」の例として、家族を挙げています。しかし、私にとっての家族は、困ったときに助けてくれる安らぎの場所です。私が友達とけんかをしてしまったとき、母が相談に乗ってくれて、アドバイスをくれました。そのアドバイスどおりに行動したら、友達とすぐに仲直りすることができました。筆者の主張は、やや極端であると思います。

（☆☆☆◎◎◎）

【三】次の古文を読んで、後の〔問一〕～〔問八〕に答えなさい。

作者は、遠い任地(土佐)での役目を終え、長い船旅の末、しばらくぶりに京都にある自宅に到着する。
(土佐日記の最後の章)

夜更けて来れば、ところどころも見えず。京に入りたちてうれし。家に到りて、門に入るに、月明ければ、いとよく有様見ゆ。聞きしよりもまして、いふかひなくぞ、こぼれ破れたる。①家にあづけたりつる人の心も、荒れたるなりけり。中垣こそあれ、一つ家のやうなれば、望みてあづかれるなり。さるは、たよりごとに物も絶えず得させたり。今宵、「かかること」と、声高にものもいはせず。いとはつらく見ゆれど、志はせむとす。

さて、池めいて窪まり、水つけるところあり。ほとりに松もありき。五年六年のうちに、②千歳や過ぎに(　　)、かたへはなくなりにけり。今生ひたるぞまじれる。おほかたの、みな荒れにたれば、「あはれ」とぞ、人々いふ。

思ひ出でぬことなく、思ひ恋しきがうちに、この家にて生まれし女子の、もろともに帰らねば、いかがは悲しき。船人も、みな子たかりてののしる。かかるうちに、なほ、③悲しきに堪へずして、ひそかに心知れる人といへりける歌、

生まれしも帰らぬものをわが宿に④小松のあるを見るが悲しさ

とぞいへる。なほ、飽かずやあらむ、また、かくなむ、

⑤見し人の松の千歳に見ましかば遠く悲しき別れせましや

忘れがたく、口惜しきこと多かれど、え尽くさず。とまれかうまれ、とく破りてむ。

(『土佐日記』による)

〔問一〕『土佐日記』の作者が、撰者として名を連ねた歌集を次のア～エから一つ選び、記号で書きなさい。

ア　古今和歌集　イ　新古今和歌集　ウ　千載和歌集　エ　詞花和歌集

〔問二〕『土佐日記』の文学史的特徴を書きなさい。

〔問三〕作者が、――線①「家にあづけたりつる人」にこれまで行ってきたことと、これから行いたいことの二つの組み合わせとして正しいものを後のア～エから一つ選び、記号で書きなさい。

a　折に触れて、家の状態を確認していた。
b　折に触れて、品物を送っていた。
c　文句を言おうと思う。
d　お礼はしようと思う。

ア　aとc　イ　aとd　ウ　bとc　エ　bとd

〔問四〕——線②「千歳や過ぎに（　）」の空欄には、過去推量を表す助動詞が入る。空欄に入る助動詞を適切な形に活用して、書きなさい。

〔問五〕——線③「悲しきに堪へずして」の心情を際立たせている一文を探し、始めの三字を書きなさい。また、その一文を現代語に訳しなさい。

〔問六〕——線④「小松」と同じ意味をあらわす言葉を、本文中から抜き出しなさい。

〔問七〕——線⑤の和歌を現代語に訳しなさい。

〔問八〕第二学年を対象に、この作品を題材とした授業を行った。生徒が古典に表れたものの見方や考え方に触れるために、具体的にどのような手立てが考えられるか。学習指導要領解説国語編(平成二十年九月)を踏まえて答えなさい。

（☆☆☆◎◎◎◎）

【四】次の漢文を読んで、後の〔問一〕～〔問六〕に答えなさい。なお、設問の都合で送り仮名を省いたところがある。

貞観五年、①太宗謂《い》ヒテ二房玄齢等ニ一曰ク、自《よ》リレ古帝王、多クハ任セテレ情ニ
喜怒シ、喜ベバ則チ濫《みだり》ニ賞シレ無キヲレ功、怒レバ則チ濫ニ殺スレ無キヲレ罪。②是ヲ以テ天下ノ
喪《そう》乱《らん》、莫シレ不ルハレ由ラレ此ニ。朕今夙《しゅく》夜《や》未ダ三嘗テ不ンバアラ二以テレ此ヲ為サ一レ心ト。
③恒ニ欲ス二公等尽クシテレ情ヲ極諫センコトヲ一。公等モ亦④須レ受ク二人ノ諫語ヲ一。豈ニ得ンヤ下
以テ二人ノ言ノ不ルヲ一レ同ジカラ二己ノ意ニ一、便即チ護リテレ短ヲ不ルヲ上レ納レ。⑤若シ不ンバレ能ハレ受クルニ二
*人ノ諫ヲ一、安クンゾ能ク諫メンヤトレ人ヲ。

（『貞観政要』による）

《注》濫……やたらに
喪乱……死喪と禍乱と

夙夜…朝早くから夜おそくまで
極諫…遠慮せずに徹底的に諫める
＊人　諸本にこの字無く、南本のみに有り

〔問一〕——線①「太宗」と同じ意味を表す言葉を本文中から抜き出しなさい。
〔問二〕——線②「是以天下喪乱、莫不由此。」とあるが、太宗は、その理由が何であると述べているか、理由を表す部分の最後の二字を、本文中から書き抜きなさい。
〔問三〕——線③「恒欲公等尽情極諫。」について、次の㈠、㈡の問いに答えなさい。
㈠　書き下し文に直しなさい。
㈡　レ点と一二点のきまりについて、説明しなさい。
〔問四〕——線④「須」は、再読文字である。読み方と意味を書きなさい。
〔問五〕——線⑤「若不能受人諫、安能諫人。」を現代語に訳しなさい。
〔問六〕太宗は、臣下に対してどのような生き方が大切だと述べているか、二つ書きなさい。

（☆☆☆◎◎◎）

【高等学校】

【一】次の文章を読み、後の問いに答えなさい。（設問の都合上、文章を一部省略した箇所がある。）

選挙にしても、出版にしても、ウェブメディアにしても、より少ないコンテンツにより多くの票なり読者なりを惹きつけようとする。いわば視線の独り占めをうながすようなシステムがある。そうして視線の①寡占が進めば進むほど、Ⅰ投票する側や読む側はその対象に対してマイナーな存在へと落ちぶれていく。数の②フキンコウというとすぐれて数学的かつ論理的な関係を想起しそうになるが、実際には、投票にしても読書にしても、私たちが数のフキンコウを乗り越え対象との一対一の対面を錯覚する際に──つまり凝視の錯覚に③オチイる際に──大きな役割を果たしているのはすぐれて情緒的な要素である。私たちが凝視の錯覚に取り込まれる際には、情緒的な安定とかかわる何事かがそこで起きている。

この情緒の仕組みをさらに探っていきたい。

まずこの時点で確認しておきたいのは、次のことである。投票においても、読書においても、人がわざわざそれを行うのは、その行為に意味があると確信するからである。だが、投票と読書とには明瞭な違いがある。投票には当選／落選という結果がある。その結果に自分が影響を及ぼしていると思うから、私たちはわざわざ投票に行く。これに対し読書にはそういう形の結果はない。特定の本の発行部数を少しでも押し上げようと本を買ったり読んだりする人はまずいないだろう。選挙と違い、読書はすぐれてプライベートな行為と見える。

しかし、ほんとうにそうだろうか。

ここでちょっと事態を逆立ちさせて考えてみたい。そもそも選挙とはすぐれてパブリックな行為だ。みんなで候補を値踏みし、差異化し、最終的にはきわめて単純な数の論理でランク付けする。一人一票で、票をより多く得た者が勝つ。選挙とは④テットウテツビ集団的な行為であり、投票行動はつねに他者の振る舞いとの兼ね合いで行われるものである。

しかし、私たちが投票の際に、「なあんだ、自分はせいぜい〇・〇〇〇〇五のマイナーな存在じゃないか。これなら入れても入れなくても同じさ。あほらしいから、やめよ」と必ずしも思わないのは（もちろん思うこともあるのだが）、私たちが投票を読書のようにして行うからではないかと思える。投票というものをごく個人的なものとして、プライベートなものとして、つまり、自分が投票すべき対象と一対一で面と向かって、まるでひとりで本を読むようにして行うからこそ、自分の投票行動に意味がある、と私たちは確信できるのではないか。そこには対面と同一化の衝動がありはしないか。

言語学の有名な例文に、「僕はうなぎだ」というものがある。〃ウナギ文〃と呼ばれるものだ。「僕はうなぎだ」という文は、一見〈僕＝うなぎ〉ということを表しそうだが、食堂での注文の風景を想像すれば⑤ヨウイにわかるように実際にはそうならないのがふつうである。なぜか。その説明のひとつは、「〜は…だ」(A＝B)に動詞の機能があるとするものである。つまり、「僕はうなぎにする」というのが⑥含意となる。述部が省略されているということである。もうひとつは、「は」の主題提示の機能で説明しようとする考え方で、この場合は、「僕についてはうなぎだ」という含みを読む。いずれにしても、［　Ⅱ　］ということを示すわかりやすい例として〃ウナギ文〃は使われてきた。

しかし、「僕はうなぎだ」は、やはり〈僕＝うなぎ〉でもあるのではなかろうか。「僕はうなぎだ」がたとえ「僕はうなぎを選択する」という意味であったとしても、選択する以上は、〈僕＝うなぎ〉でもあるのだ。僕は何らかの形で「うなぎ」との同一化を体験している。コミットしている。Ⅲ選挙も同じではないだろうか。

二〇〇八年の一一月四日、アメリカ大統領選の投票日。アメリカに⑦タイザイしていた私は、たまたまその日、用事があって、マンハッタンのミッドタウンを歩いていたのだが、耳に入ってくるのは選挙の話ばかり。全米でもニューヨークはとりわけオバマ色が鮮明で、開票前からすでに町はお祭り騒ぎであった。「ねえ、誰かオバマに投票しない奴とか知ってる?」などとスターバックスで語り合うカップル。おみやげ屋で働く黒人青年は、店番を交代すると寅さん風にがに股で街を⑧闊歩しはじめ、満面の笑みをたたえながら道で出くわす知り合いに次々に声をかけては「オバマだよな?　もちろん?　へへへ」などと、挨拶替わりにオバマネタを振っていた。

日本ではもちろん外国でも、このような熱狂的選挙風景を見るのははじめてだったので、たいへん珍しく思ったものだが、考えてみるとこのような形で〈僕はうなぎだ〉ならぬ〈僕はオバマだ〉的状況が生じえたのも、もともと選挙にそうした同一化の作用があるためだろう。たとえそれが単なる選択にすぎないとしても、選択した対象と選択する「私」とは重なり合う。いや、重なる、と思うからこそ、私たちはわざわざ投票する。自分の票の価値が○・○○○○○五であることなど、私たちは知っている。にもかかわらず投票するのだとしたら、それは「僕はうなぎだ」とばかりに同一化を行使することに私たちが何らかの情緒的な満足を得ているからだ。［　Ⅳ　］よりも、今、ここで、ひとりで、まるで一冊の本と向き合うかのようにプライベートな行為として投票している自分こそが大事なのだ。そして、Ⅴいささか皮肉だが、先のオバマ的な選挙風景にも表れていたように、そういうプライバシーを集団で共有することによって満足感はいっそう高まる。

つまり、読書が選挙に似ているのではなくて、選挙が読書に似ているのである。

（阿部公彦『文学を〈凝視する〉』による）

問一　傍線部①〜⑧について、カタカナは漢字に改め、漢字は読みを平仮名で書け。

問二　傍線部Ⅰ「投票する側や読む側はその対象に対してマイナーな存在へと落ちぶれていく」とはどういうことか、説明せよ。

問三　空欄［　Ⅱ　］について、空欄に当てはまる適切な内容を考えて記せ。

問四　傍線部Ⅲ「選挙も同じではないだろうか」について、「選挙も同じ」とはどういうことか、本文中の言葉で説明せよ。
問五　空欄 Ⅳ について、空欄に当てはまる適切な内容を、本文の内容に即して記せ。
問六　傍線部Ⅴ「いささか皮肉」とあるが、なぜ皮肉なのか、本文中の言葉で説明せよ。
問七　波線部「ここでちょっと事態を逆立ちさせて考えてみたい」とあるが、「事態を逆立ち」させる前と後とでは、「投票」と「読書」はそれぞれどのような関係にあるか、分かりやすく整理した板書例を記せ。
問八　本教材を授業で扱う際には、どのような力を高めるとともに、どのような態度を育てることが、目標として考えられるか。「高等学校学習指導要領」（平成21年3月告示）「国語総合」の目標に沿って答えよ。

（☆☆☆☆◎◎◎）

【二】次の文章は、『夜の寝覚』の一部で、八月十五日の夜、中の君が夢の中で天人に琵琶を習った後の場面である。これを読み、後の問いに答えなさい。

人の聞くには掻きも鳴らさず、人知れず教へし月日を数へて待つに、またの年の八月十五夜になりぬ。その年、この君は十四になりたまふ。早朝よりa雨降り暮らせば、「月も①あるまじきなめり」と、口惜しうながめ暮らすに、夕さりつかた風うち吹きて、月、ありしよりも空澄みて、明くなりぬ。殿は、今宵内に文つくり御遊びあるに、②参りたまひぬれば、いと静かなるに、端近く御簾巻き上げて、宵には例の箏の琴を弾きたまひて、人静まり夜更けぬるにぞ、琵琶を、教へのままに、音のあるかぎり出だして弾きたまへれば、姫君、「つねに弾きたまふ箏の琴よりも、これこそすぐれて聞こゆれ。昔よりとりわき殿の教へたまへど、つねにたどたどしくて、bえ弾きとどめぬものを、あさましき君の御様かな」と、聞きおどろき、うらやみたまふ。例の御殿籠りたるに、ありし同じ人、「教へたてまつりしにも過ぎて、あはれなりつる御琴の音かな。この手どもを聞き知る人は、えしもやなからむ」とて、残りの手いま五つを教へて、「あはれ、あたら、人のいたくものを思ひ、心を乱したまふべき宿世のおはするかな」とて、帰りぬと見たまふに、この手どもを、覚めて、さらにとどこほらず弾かる。あさましう、思ひあまりて、姉君に、「夢に琵琶を教ふAる人こそあれ」とばかりきこえたまへど、なかなか語りつづけたまはず。

またかへる年の十五夜に、月ながめて、琴、琵琶弾きつつ、格子も上げながら寝入りたまへど、夢にも見えず。cうちおどろきたまへれば、月も明けがたになりにけり。あはれに口惜しうおぼえ、琵琶を引き寄せて、

Ⅰ　天の原雲のかよひ路とぢてけり月の都のひとも問ひ来ず

暁の風に合はせて弾きたまへBる音の、言ふかぎりなくおもしろきを、大臣もおどろかせたまひて、「めづらかに、dゆゆしくかなし」と聞きたまふ。

（『夜の寝覚』による）

(注)　殿…父の太政大臣。　姫君…姉の大君。　ありし同じ人…去年琵琶を教えた同じ天人。

問一　波線部a～dを、それぞれ口語に訳せ。
問二　傍線部①を品詞分解し、文法事項を説明する板書例を示せ。
問三　傍線部②について、主語と動作の対象を明確にした上で、口語に訳せ。
問四　天人は、十四歳になった中の君に対して、琵琶を教える以外に何をしたか、簡潔に説明せよ。
問五　本文中のⅠの歌は、僧正遍昭(俗名　良岑宗貞《よしみねのむねさだ》)の歌を踏まえて詠まれたものと見ることができる。『古

今和歌集』巻第十七雑歌上にある僧正遍昭の歌を示せ。また、Ⅰの歌からは中の君のどのような心情を読み取ることができるか、答えよ。

問六　二重傍線部A、B「る」について、それぞれ文法的に説明せよ。

問七　『夜の寝覚』と同様に、『源氏物語』の影響を強く受け、特に「宇治十帖」との関連性が強いと考えられている作品を次から選び、記号で答えよ。

ア『伊勢物語』　イ『栄花物語』　ウ『狭衣物語』　エ『堤中納言物語』

オ『とはずがたり』

（☆☆☆◎◎◎）

【三】次の文章を読み、後の問いに答えなさい。（設問の都合上、一部訓点を省略した箇所がある。）

上嘗《テ》(a)曰《ハク》、「君《ハ》依《リ》二於國《ニ》一、國《ハ》依《ル》二於民《ニ》一。刻《シテ》レ民《ヲ》以《テ》奉《ズルハ》レ君《ニ》、①猶割肉以充腹。腹《ハ》飽《クトモ》而身《ハ》斃《たふレン》。君《ハ》富《ムトモ》[A]國《ハ》亡《ビント》[B]。」又嘗《テ》謂《ツテ》二侍臣《ニ》一曰《ハク》、「聞《ク》西域《ノ》賈胡得《レバ》二美珠《ヲ》一、剖《さイテ》レ身《ヲ》而藏《おさムト》レ之《ヲ》。有《リヤト》レ諸《これ》。」曰《ハク》、「有《リト》レ之。」曰《ハク》、「吏《ノ》受《ケテ》レ賕《きうヲ》抵《いたルト》レ法《ニ》、與《ハ》下帝王《ノ》徇《したがヒテ》二奢欲《ニ》一而亡《ボス》レ國《ヲ》者上、②何以異二此胡之可レ笑邪《ト》。」魏徴曰《ハク》、「昔魯哀公謂《ツテ》二孔子《ニ》一曰《ハク》、『人有《リ》二好《よク》忘《ルル》者一。徙《うつシテ》レ宅《ヲ》而忘《レタリト》二其《ノ》妻《ヲ》一。』孔子曰《ハク》、『又有《リ》二甚《ダシキ》者一。③桀《けつ》・紂《ちうハ》乃《チ》忘《レタリト》二其《ノ》身《ヲ》一。』亦猶レ是也。」（略）

嘗《テ》問《フ》二侍臣《ニ》一、「創業《ト》守成《ト》b孰《レカ》難《キト》。」玄齢曰《ハク》、「草昧之初《メ》、群雄並《ならビ》起《コリ》、角《シテ》レ力《ヲ》而後臣《トス》レ之《ヲ》。創業難《シト》矣。」魏徴曰《ハク》、「c自《リ》レ古帝王、莫《シ》レ不《ルハ》下得《テ》二之《ヲ》於艱難《ニ》一、失《ハ》中之《ヲ》於安逸《ニ》上。④守成難《シト》矣。」上曰《ハク》、「玄齢《ハ》與《レ》吾共《ニ》取《リ》二天下《ヲ》一、出《デテ》二百死《ヲ》一得《タリ》二一生《ヲ》一。d故《ニ》知《レリ》二創業之難《キヲ》一。徴《ハ》與《レ》吾共《ニ》安《ンジ》二天下《ヲ》一、常《ニ》恐《ル》下驕奢《ハ》生《ジ》二於富貴《ニ》一、禍乱《ハ》生《ズルヲ》中於所《ニ》上レ忽《ゆるがせニスル》。故《ニ》知《レリ》二守成之難《キヲ》一。然《レドモ》創業之難《キハ》往《ゆキヌ》矣。守成之難《キハ》、⑤方《ニ》與《ニ》二諸公一慎《マントス》レ之《ヲ》。」

（『十八史略』による）

（注）上…天子。ここでは、唐の太宗、李世民のこと。　賈胡…「賈」は商人、「胡」は異民族を指す。
賕…賄賂のこと。　魏徴、玄齢…ともに唐の太宗に仕えた功臣。
桀・紂…夏の桀王と殷の紂王。ともに悪王の代表とされている。

問一　波線部a～dの語の読み方を、送りがなも含め、平仮名で答えよ。（現代仮名遣いでもよい。）
問二　A、Bに当てはまる置き字として最も適切なものを、本文中からそれぞれ抜き出して書け。
問三　傍線部①に訓点を施せ。
問四　傍線部②を口語に訳せ。（ただし送り仮名は省略してある。）

問五　傍線部③は具体的にどのようなことを述べているか、説明せよ。
問六　傍線部④について、魏徴がこのような意見を述べた根拠はどのようなことか、説明せよ。
問七　傍線部⑤について、全て平仮名で書き下し文に直せ。また、唐の太宗がこのように述べているのはどうしてか、本文の内容を踏まえて説明せよ。
問八　本教材を用いて、「高等学校学習指導要領」（平成21年3月告示）「古典B」の　2内容　(1)ウについて指導する際に、どのような言語活動が考えられるか。　2内容(2)　の言語活動例を踏まえて答えよ。

（☆☆☆◎◎◎）

解答・解説

【中学校】

【一】〔問一〕　自分の知識や今まで経験したことと照らし合わせて、課題に関する自分の考えをまとめること。〔問二〕　二つの考えの根拠や理由を比べて、共通点や相違点を探し、それぞれの考えのよさを生かして、案をまとめたり、折衷案を考えたりするとよい。　〔問三〕　(一)　①　建設的な意見を求め、話合いが課題解決へ向かうように展開させる役割。　等　②　出された意見を基に観点を焦点化し、話合いを深める役割。
(二)　・発言の冒頭で自分の考えを明確に述べ、その後に考えの根拠を具体的な事例を挙げて述べていること。
・各委員会の取組を工夫することでどのような効果があるのかについて、論理的に述べていること。から一つ

〔問四〕（一）話合いを映像で再現することで、その様子を客観的に見ることができ、話合いの展開や効果的な発言などに気付かせることができること。（二）・話合いの展開を踏まえ、合意形成に向けて話合いの仕方を工夫している。・相手の考えを理解し、自分の考えと比較・検討することを通して考えを深めている。

〈解説〉〔問二〕学習指導要領「第2章　第1節　第2　各学年の目標及び内容〔第3学年〕2　内容　A　話すこと・聞くこと　(1)　ア」およびその「解説」を踏まえ、自分たちで取り組みたいこととその理由について、生徒自身の日常の学校生活などにおける知識や経験を再構成して自分の考えをまとめさせるようにする。〔問三〕互いの考えにおける共通点や相違点の整理を通して、建設的に話し合うことが大切である。そうした合意形成に向けた話合いは、相手の立場を尊重して話し合う能力や課題の解決に向けて互いの考えを生かし合ったり、他者の考えを参考にして自分の考えを深めたりする態度を育成する。学習指導要領解説(各学年の「A　話すこと・聞くこと」)で確認しておくこと。〔問三〕（一）司会の役割は、小学校での指導を踏まえ、一定の合意形成に向けた討論が目的に沿って進むように、課題解決に向かうような進め方を提案するなど発言の内容を整理できることにある。（二）聞き手の反論や意見を想定し、論理的な構成や展開を考えて話すことは、自分の考えをまとめるとともに、聞き手に対する説得力を高めることにつながる。話の論理的な構成や展開などに注意して聞くなど、話すことと聞くこととの一体的な指導にも留意しておきたい。学習指導要領解説「第3章　各学年の目標と内容」の「第2節　第2学年」および「第3節　第3学年」の「『A　話すこと・聞くこと』　(2)　内容」で確認しておくこと。〔問四〕（一）話合いにおいては「話す速度や音量」、「言葉の調子や間の取り方」、「相手に分かりやすい語句の選択」および「相手や場に応じた言葉遣い」などに注意して効果的に話すことが大切である。「映像」を用いた指導では、それらの様相や相手の立場を尊重した話合いであるか否かなど、客体視して評価することができるのである。（二）〔問二〕の解説を参照のこと。

評価は学習の目的に対して行われるものである。

【二】〔問一〕　ア　にな(って)　イ　遠隔　ウ　媒介　エ　つと(め)　〔問二〕　Ⅱ　〔問三〕　現在では、勤務というかたちで仕事に就く人が増え、仕事のかたちが画一化して、個人が巨大システムにぶら下がるだけになってしまっているから。　〔問四〕　社会システムにしばられず、中間集団の中で個人のために損得抜きで動くという文化。(三十九字)　〔問五〕　よさ…文章に書かれていることを自分の知識や経験と結び付けて、自分の考えを形成している点。　アドバイス…考えの根拠が文章の内容に偏っているので、文章全体の構成や表現の特色など、論証の仕方についても触れられるとよい。

〈解説〉〔問一〕　いずれも書き取り問題の基本である。「媒介」は「両方の間に立って橋渡しをすること。また、それをするもの。」の意。「務め」は「役目。任務。義務。」の意。　〔問二〕　設題の一文には、「子どもたち」と「流通システム」とのつながり方が語られている。また、Ⅰ段落の末尾には「個人が社会のシステムにむきだしでつながるほかなくなってきた」とある。それを受け、Ⅱ段落が「あるいは、」から始まって、個人と巨大な(社会)システムとのつながり方について、地域社会での住民の活動と労働の例に言及することから、設題の一文は、「あるいは、」の前に置く例証の一つであることが分かる。　〔問三〕　傍線部①に「さらに」とあることに注目すれば、「労働の形態もそう」の「そう」は、傍線部①の直前の「住民」が「巨大システムにぶら下がるだけになっている」、つまり、「個人が社会のシステムにむきだしでつながるほかなくなってきた」ことを意味していることになる。また、そのことは、「諸個人がおなじ一つの物差しで動くということである」から、現代の「労働の形態」は「仕事のかたちが画一化してきた」と言えるのである。　〔問四〕　「文化」について、本文中では、「ルールという文化」と「多様な文化」とが対比的に語られている。答案を作成する際、後者の「文化」について説明するのだから、前者を否定し、「多様」性を具体的に説明しなければならない。前者が「諸個人がおなじ一つの物差しで動く」ことなのだから、後者はどのように動くことなのか。傍線部②の直後の例示を伴う説明(「損をしてでも～すんでいた。」)を手掛かりとすればよい。〔問五〕生徒の考えに対して、教授者は常に良い点と課題とを意識し、課題を解決できる助言を施すことが大切である。本設題の場合、「よさ」の解答例は、学習指導要領「第2章　第1節　第2　各学年の目標及び内容〔第2学年〕2　内容　C　読むこと　(1)　エ」などの内容を、「アドバイス」は、同じく「ウ」などの内容を踏まえている。生徒のできているところとできていないところの判断の拠り所は、やはり学習指導要領なのである。

【三】〔問一〕ア　〔問二〕日本最古の日記文学で、女性の目線で書かれていることにより、女性の仮名による自己表現を促すきっかけになった作品。　〔問三〕エ　〔問四〕けむ　〔問五〕始めの三字…船人も　現代語…同船した人々には、子供たちが寄り集まって騒いでいる。等　〔問六〕今生ひたる　〔問七〕死んだあの子が、千年も経るという松のように、常に身近に見ることができるならば、遠くの地で悲しい別れをすることはなかったであろうに。　〔問八〕古典の易しい現代語訳や古典について解説した文章を用いたり、関連する本や文章等を紹介したり、音声や映像メディアを活用したりする。

〈解説〉〔問一〕『土佐日記』の作者、紀貫之が記した『古今和歌集』の仮名序は初めての文学(歌)論として有名であり、歌学の嚆矢と言える。六歌仙批評を行った点も興味深い。八代集を成立順に暗記しておくことは、文学史を知る上で大切である。〔問二〕『土佐日記』には紀行文的な要素も見受けられる。また、『土佐日記』に影響を受けたとみられる『蜻蛉日記』『和泉式部日記』『紫式部日記』『更級日記』などの史的評価を把握しておくことも必要である。〔問三〕傍線部①の後から、話題が転換する「さて」の前までの文脈を的確に読み取ること。「たよりごとに物も絶えず得させたり」は「これまで行ってきたこと」である。「たり」は完了の助動詞。また、「志はせむとす」は「これから行いたいこと」である。文末の語(「たり」・「す」)から時制を読み取る。〔問四〕　過去推量を表す助動詞は「けむ」一語である。傍線部②に疑問の意の係助詞「や」があることから、結びの語は連体形となる。助動詞の活用は全て暗記しておかなければならない。〔問五〕　始めの三字…傍線部③には、土佐で急逝した愛娘への哀惜の情が表出している。そうした感情が掻き立てられた要因は、「かかるうちに、なほ、」とあることから明瞭である。「この家にて生まれし女子の、もろともに帰らねば、いかがは悲しき。」という思いを際立たせた要因である。ここでの「なほ」は「さらに。いっそう。」の意を表している。　現代語…「船人」は、「京から帰るために、作者と同船している人」のこと。「ののしる」(ラ行四段)は、「大声を立てる。大騒ぎをする。」の意で古文重要単語である。〔問六〕　歌の「生まれし」の後には「子(女子)」を補って考えることが可能で、留守の間に新しく生え育った「小松」は亡くなった作者の愛娘を連想させる。亡くなった愛娘と千年も寿命があると言われる「(小)松」の対比は、帰らぬ我が子への限りない哀惜の情を表しており、そうした感情は荒れた庭の「今生ひたるぞまじれる」といった状況を見た作者の心中に湧出したのである。〔問七〕「見し人」は、ここでは亡くなった愛娘を意味している。「ましかば～まし」は反実仮想。「もし～としたら…だろうに」の意を表す。「ましか」は推量の助動詞「まし」の未然形で、文法的意味用法は反実仮想。「まし」は同じく終止形。「せ」はサ変動詞「す」の未然形である。作者は松の寿命の長さを思っては、愛娘の短命を嘆くのである。〔問八〕　古典の指導では、生涯にわたって古典に親しむ態度の育成が重視され、新学習指導要領(平成二十九年三月公示)でも踏襲されている。指導に当たっては、小学校での学習を踏まえ、中学校の第二学年が学習の系統性の上において、どのように位置づけられているかを十分に理解しておく必要がある。特に、解答例に示したような具体的な「手立て」によって、現代のものの見方や考え方との共通点や相違点に気付くことは、古典に親しむためには重要である。

【四】〔問一〕　朕　〔問二〕　無罪　〔問三〕(一)　恒に公等の情を尽くして極諫せんことを欲す。
(二)　レ点…レ点が付いている字の一字下の字から、レ点の付いている字に返って読む。　一二点…二点の付いている漢字は読まずにとばし、二点の次の字から一点の付いている漢字まで読み、二字以上戻って二点の付いている字を読む。　〔問四〕　読み方…すべからく～べし　意味…ぜひ～する必要がある。かならず～しなければならない。　〔問五〕　もしあなた方自身が人のいさめる言葉を受け入れることが出来ないなら、どうして他人をいさめることができるだろうか。無理なことである。　〔問六〕　・いつも真心を尽くして、人をいさめること。　・他人のいさめる言葉を素直に受け入れること。

〈解説〉〔問一〕　「朕」は天子の自称。「公等」は、ここでは「房玄齢等」の臣下を指す。〔問二〕　「是以(ここヲもっテ)」は上文を受けて、「こういうわけで・だから」の意を示す。したがって、直前の「太宗」の言葉に着眼すればよい。「莫不～(～ざルハなシ)」は二重否定で、「～しないものはない」の意。「由(よル)」は「もとづく」の意を表す。　〔問三〕(一)　訓点にしたがってかな交じりの日本語に直したものを書き下し文という。ひらがなに直す文字、置き字、再読文字などに注意して、文語文法に則り、歴史的仮名遣いで書き直すこと。
(二)　訓点(送りがな・返り点・句読点)の決まりを確認しておくこと。また、訓読に慣れるためにも、白文に訓点を付ける練習が必要であろう。　〔問四〕　副詞的な語と助動詞(または動詞)の意味を併せ持つ文字を再読文字と呼ぶ。書き下し文に直すときには、まず副詞的に訓読した後、再度助動詞(または動詞)として訓読する。訓読に必要な再読文字の読み方と訳し方は、簡単な例文と一緒に全て暗記しておくこと。　〔問五〕　「若～」は、「もシ～バ」と読み、「もし～ならば」と順接の仮定条件を示す。「若」には、その他に「ごとシ」「しク」

「なんぢ」と読む場合がある。それぞれの意味・用法を暗記しておくこと。漢文の重要語の一つである。「不能(あたハず)〜」は「〜できない」と不可能の意を表す。「安(いづくンゾ)〜」は反語形である。〔問六〕「恒欲公等〜。公等亦〜。」に着目すること。特に「恒欲」や「須」には、「公等」へ向けた「太宗」の生き方に関わる切実な思いが語られている。

【高等学校】

【二】問一　①　かせん　②　不均衡　③　陥　④　徹頭徹尾　⑤　容易　⑥　がんい　⑦　滞在　⑧　かっぽ　問二　一人の対象に対して、投票する側や読む側の人数が増加していくことにより、相対的に投票する側や読む側の一人一人の重要性が低下していくということ。　問三　「は」がいつでもイコール関係を導くわけではない　問四　うなぎを選択することが「うなぎ」との同一化であるように、選挙においても、対象を選択することが対象との同一化であるということ。　問五　選挙の結果に自分が影響を及ぼしているかどうかということ　問六　投票行動における情緒的な満足は、対象と一対一で面と向かって、ひとりで投票するからこそ得られるにも関わらず、そういうプライバシーを集団で共有することによって、満足感はいっそう高まるから。

問七

【前】

投票 ⟷ 読書
(明瞭な違い)

・自分が結果に影響を及ぼす→パブリック
・投票のような結果はない→プライベート

【後】
投票
＝
読書
（似ている）・自分が対象と一対一で向き合う→プライベート

問八　国語を適切に表現し的確に理解する能力を育成し、伝え合う力を高めるとともに、思考力や想像力を伸ばし、心情を豊かにし、言語感覚を磨き、言語文化に対する関心を深め、国語を尊重してその向上を図る態度を育てる。

〈解説〉問一　文脈を正確に読みとり、文脈に即した適切な語を判断すること。①は「少数の供給者が市場を支配している状態」をいう。「寡」は「少ない。」の意。　問二　「その対象」とは「投票」や「読書」の対象を指す。「マイナーな存在」に着眼すると、傍線部Ⅰを分かりやすく説明した箇所が「なあんだ、自分はせいぜい○・○○○○五のマイナーな存在じゃないか。～あほらしいから、やめよ」（第六段落）であることが分かる。「マイナー」は「小規模であること／さま」の意を表す。　問三　直後の段落が「しかし」で始まることに着目すると、空欄Ⅱには「『僕はうなぎだ』は、やはり〈僕＝うなぎ〉でもあるのではなかろうか。」とは反対の概念が入ることが分かる。また、空欄Ⅱの直前には「いずれにしても、」とあることから、「〝ウナギ文〟」を説明する際の「動詞の機能」と「問題提示の機能」との両者に共通の概念を考えると良い。両機能の説明は、〈僕＝うなぎ〉にはならないことの説明である。　問四　「選挙」と「〝ウナギ文〟」との共通性を考える。筆者は「〝ウナギ文〟」において、うなぎを「選択する以上は、〈僕＝うなぎ〉でもある」と、「僕」と『うなぎ』との同一化」を考えている。それと同様に、「選挙」には「自分が投票すべき対象」との「対面と同一化の衝

動」があることを指摘しているのである。本文後半の〈僕はオバマだ〉の例も同様である。　問五　空欄Ⅳを含む一文は「AよりもB」の体裁を採っている。つまり、AとBとを比較した上で、筆者はBに相当するものを「プライベートな行為として投票している自分こそが大事なのだ」としている。このことから、Bと比較し、それとは対比的に説明しているAを考える。しかも、本文では「しかし、ほんとうにそうだろうか。」(第四段落)の前後で、「投票」についての筆者の考えが逆転している。　問六　傍線部Vの直後に「皮肉」な結果として、「そういうプライバシーを集団で共有することによって満足感はいっそう高まる」とある。ここで「皮肉」はアイロニー(逆説)のニュアンスを含むことから、「皮肉」な結果と対比して述べられている「そういう」の指示内容を考え、本文中の言葉でまとめる。(問七の解説も参照のこと。)　問七　本文の対比的な構造を捉えること。「情緒の仕組み」についての問題提起後、第三・五段落では「投票と読書とには明瞭な違いがある」ことが述べられている(前)。一方、「しかし」で始まる第六段落以降では、「投票」を「読書」と同様に捉え、「選択した対象」との「同一化を行使することに私たちが何らかの情緒的な満足を得ている」と説いている(後)。後は、「プライベート」をキーワードに、本文中の語を用いて図に整理する。　問八　改訂ごとに、教科の目標、各科目の目標、科目および内容構成がどのように改善されているかを学習指導要領で確認することが重要である。その上で、教科の目標と各科目の目標との関連性を理解しておかなければならない。また、育てる能力と態度との関連にも留意しておきたい。

【二】問一　a　雨が降り続けたので　b　弾き覚えることができないでいるのに　c　ふとお目覚めになったところ　d　恐ろしいほどいとおしい

問二

ラ変動詞「あり」の連体形　断定の助動詞「なり」の連体形「なる」の撥音便無表記(連体形に接続)

ある←　／　まじき　／　な←　／　めり(「あるまじきなんめり」と読む)

→打消推量の助動詞「まじ」の連体形　→推定の助動詞「めり」の終止形

(ラ変型連体形に接続)　(ラ変型連体形に接続)

問三　父の太政大臣は、宮中に参上なさっていたので　問四　ものを思い、心を乱しなさる宿縁であると予言した。　問五　歌…天つ風雲の通ひ路吹きとぢよをとめの姿しばしとどめむ　心情…天人に来て欲しいのに現れず、悲しく残念に思う心情。　問六　A　ハ行下二段動詞「教ふ」の連体形の一部　B　存続(完了)の助動詞「り」の連体形　問七　ウ

〈解説〉問一　口語訳の問題は、正確に品詞分解を行い、解答すること。　a　「暮らす」(サ行四段)は、動詞の連用形に付いて、「一日中そのことが続く。」の意を表す。「暮らす」の已然形に接続する「ば」は、原因・理由を示している。　b　「え」(副詞)は、下に打消の語を伴って不可能の意を表す。「ものを」(終助詞)は逆接的な詠嘆。　c　「おどろく」(カ行四段)は「急に目を覚ます。」の意。古文の重要単語である。「たまふ」は四段動詞の已然(命令)形に接続する完了の助動詞「り」(の已然形)が付属していることから、尊敬の意を表している。謙譲の意ではない。「ば」(接続助詞)は偶発条件で「〜と、〜ところ」の意。　d　「ゆゆし」(形容詞・シク活用)は不吉さが感じられるほど、程度が甚だしいというニュアンスを有する語。「かなし」(形容詞・シク活用)は「いとしい・かわいい」の意を表す。　問二　推定の助動詞「めり」「なり」がラ変動詞型・形容詞型・形

容動詞型の活用語に付く場合の撥音便化に注意しておくこと。べかるめり→べかんめり→べかめり、あるなり→あんなり→あなり　問三　「参る」(ラ行四段)は「行く」「来」の謙譲語。「(高貴な人の所へ)参上する。」の意。「参る」の主語は「殿」である。太政大臣が「文つくり御遊び」に参上する場所を補って訳出すること。問四　「ありし同じ人(天人)」の言動に注目する。「教へたてまつりしにも過ぎて、～えしもやなからむ」と言って「残りの手いま五つを教へ」た以外に、「あはれ、～心を乱したまふべき宿世のおはするかな」と述べて帰ったのである。　問五　歌…僧正遍昭の「天つ風」の歌は百人一首に採られている歌。有名な歌は暗記しておきたい。　心情…「君」は「またの年の八月十五夜」に現れた「ありし同じ人(天人)」を待ち望んだが、「かへる年の十五夜」には「夢にも見えず」であった。「あはれに口惜しうおぼえ」、「君」はⅠの歌を詠む。「あはれ」(形容動詞・ナリ活用)は「悲しい。」の意。「口惜し」(形容詞・シク活用)は「残念だ。」の意。「月の都のひと」は「ありし同じ人(天人)」を、「雲のかよひ路」は「天の原と地上との懸け橋となる雲」を意味している。　問六　品詞の識別問題は古典文法の幅広い知識と理解を必要とする。練習を積んでおくこと。A　活用語尾や活用形の一部を答えさせる問題はよく出題される。注意を要する。　B　全ての助動詞の接続を確実に暗記しておくこと。完了の助動詞「り」の接続は、四段動詞の命令(已然形)、またはサ変動詞の未然形である。　問七　平安時代の物語には、〈歌物語〉の系列と〈伝奇(作り)物語〉の系列とがあり、『源氏物語』はこの両系列が融合された物語文学の最高峰と考えられている。それに後続する物語を含め、物語文学の系譜を理解しておくこと。『狭衣物語』は、主人公狭衣大将の源氏の宮へのかなわぬ恋に悩む生活を描いた、『源氏物語』の影響が著しい作品である。

【三】問一 a かつて b いづ(ず)れか c より d ゆゑ(え)に 問二 A 而 B 矣 問三 猶《ホ》割《イテ》肉《ヲ》以《テ》充《ツルガ》腹《ニ》。 問四 どうしてこの異民族の笑うべき行為と異なるだろうか。どちらも愚かさは同じである。 問五 夏の桀王・殷の紂王は、自身のなすべきことをせずに、国を滅ぼしたということ。 問六 昔から、帝王は、天下を苦難の末に手に入れても、これを安逸の時に失わない者はないということ。 問七 書き下し文…まさにしよこうとこれをつつしまん。(」と。) 説明…創業の困難さは既に去ったが、守成の困難さは当面の問題であり、油断すると天下を失うことになりかねないため。 問八 後半部にある魏徴と玄齢の考え方の違いなどについて、文章中の表現を根拠にして話し合いを行う。

〈解説〉問一 いずれも読み方がよく出題されている。aは副詞で「これまで・以前」の意。「なム」と動詞で読めば、「なめる」の意となる。bは比較又は選択の意の疑問形を構成する。「どちらが〜か。」 cは動作や事物の起点を表す助字で、「〜から」の意。dは接続詞で、「だから」の意。 問二 A 「富(とムトモ)」と逆接の仮定条件を示す接続助詞「とも」があることから、ここでの「而」は逆接の働きを持つ。文脈上、「腹飽而身斃。」と対の関係にある。 B 「矣」は文末にあって断定や強調の働きをすることが多い。置き字は軽視されがちだが、漢文を読解する上では重要な働きを持つ。それぞれの働きや用法を十分に把握しておくこと。
問三 「猶(なホ〜ごとシ)」は再読文字で、「ちょうど〜のようだ。」の意を表す。「猶ほ肉を割いて以て腹に充つるがごとし。」と読む。 問四 「何以〜(なにヲもつテ〜ンヤ)」は原因・理由の意の反語形。「どうして〜か、いや〜ない。」と訳す。「胡」は「賈胡」のこと。「何を以て此の胡の笑ふべきに異ならんや。」と読む。
問五 「侍臣」に語る太宗の言葉を受けた魏徴の諫言の論理性を読み解くこと。傍線部③の直後には「亦猶是也。」とある。「亦」は「〜も同様に」の意であるから、「桀王と紂王は、異民族の商人や賄賂を受け取る役人、贅沢に溺れ国を滅ぼした帝王などと同じようだ。」ということになる。つまり、魏徴は自分の立場や義務を忘れて、奢侈や失政により国を傾けることのないようにと太宗に念を押しているのである。　問六　傍線部④は、魏徴の発言の結論部であるから、その直前の発言の内容が根拠となる。「莫不～(～ざルハなシ)」は二重否定で、「～しないものはない」の意。「安逸」は「何もしないで楽に暮らしている状態」を言う。　問七　書き下し文…「方」は「まさニ」と読み、「ちょうど、まさしく」の意。「與」は、ここでは「と」と読み、動作の共同者を意味している。「與」は多様な意味や用法を有する重要語である。それぞれの意味や用法を記憶しておくこと。「愼」は「気を付けて過ちのないようにする。」の意。　説明…太宗は「然創業之難往矣。」と述べている。つまり、「守成之難」は、今、まさに直面した問題であり、具体的には「安逸」「富貴」「忽」などを玄齢と魏徴とともに「愼」と言うのである。　問八　教科の目標の中の「思考力や想像力を伸ばし、心情を豊かに」するを受けて、古典Bの目標の中の「ものの見方、感じ方、考え方を広く」するがある。例えば、古典に表れた人間の生き方や考え方などについて、文章中の表現を根拠に話し合うことは、自己の内面を見つめるとともに、古典に語られた思想や感情を的確に捉え、ものの見方、感じ方、考え方を豊かにすることにつながる大切な言語活動と言えるのである。

二〇一七年度 実施問題

【中学校】

【一】第二学年において、文章の表現の仕方について、根拠を明確にして自分の考えをまとめる力を高めるために、石川啄木の短歌を取り上げ、短歌の内容や表現の仕方について、感想を交流する学習活動を設定した。後の〔問一〕～〔問四〕に答えなさい。

> ふるさとの訛《なまり》なつかし
> 停車場の人ごみの中に
> そを聴きにゆく
>
> 石川 啄木

〔問一〕 この短歌を意味や形式の上で大きく二つに分けた場合、後半部分はどこからか。後半の始まりの三文字を書き抜き、理由も説明しなさい。

〔問二〕 「そ」の指す言葉を短歌中から書き抜きなさい。

〔問三〕 短歌の内容や表現の仕方について、生徒同士で交流させたところ、次のような意見が出された。後の(一)、(二)の問いに答えなさい。

A：僕は、「ふるさとの訛なつかし」という表現が工夫されていると感じました。「ふるさと」と言えば、美しい風景とか家族、友達などが思い浮かぶけれど、「訛」を「なつかし」と言っているのがおもしろいと感じました。

B：「訛なつかし」と表現しているのは、作者がふるさとから遠く離れた場所にいるからだと思います。辞典で調べたところ、「停車場」とは信号所や駅のことだそうです。この停車場は、作者が今暮らしている都会の停車場のことではないでしょうか。駅の人ごみに行けば、ふるさとの人がいると考えたのだと思います。

A：「そを聴きにゆく」という表現も工夫されていると思います。「そ」「ゆく」など、優しい感じの響きがいいと思います。

B：今のA君の意見に付け足しなのですが、三行目だけでなく、一行目の言葉も優しいイメージの言葉だと思いました。ふるさとの優しい感じとかなつかしい感じが表現されていると思います。

(一)　生徒Bの意見のよさを二つ書きなさい。

(二)　生徒Bの――線アの意見を、この後どのような指導につなげていくか、書きなさい。

〔問四〕　交流の後、短歌の内容や表現の仕方の工夫について、文章にまとめさせた。次のような生徒Aの文章をどのように評価するか、理由とともに書きなさい。

僕は、「訛なつかし」という表現が工夫されていると思います。ぼくがふるさとをなつかしむとしたら、美しい風景とか家族、友達をなつかしむと思います。訛がなつかしいというところに、作者の強い思いが込められていると思いました。

また、「そを聴きにゆく」という表現は、優しい感じで気に入りました。作者はふるさとのことがすごく好きなのだと思いました。

（☆☆☆◎◎）

【二】次の文章を読んで、後の〔問一〕～〔問七〕に答えなさい。

「死ぬ」ということはひとりでは起こらず、複数の人をこの出来事のまわりに呼び寄せ、その人びとの間でわかち合われることによって起こる。だからこそ「死」は、たんなる生理学的指標にアカンゲンできる現象にとどまらず、人間的な意味をもつ出来事になるのだ。

①誕生もまたこれに似ている。「生まれる」という語は辞書ではたいてい自動詞に分類されているが、じつはこの語で示されるのは「歩く」とか「歌う」といった自分だけでする行為ではない。「生まれる」を自分の行為のように思いなすのは、人間が自分ひとりで完結した独立した存在であるとみなす近代のイサッカクである。英語でも"I was born."と言い、フランス語でも"Je suis né."と言うように、「生まれる」も万国ほぼ共通に［A］の表現なのである。少なくともそれと同型であって、そのあとに「誰それによって」と付け加えることができる。

つまり人間はひとりでは完結せず、その誕生と死において他者との関係に象られている。その他者との関係(あるいはJ＝L・ナンシーの用語を借りるなら、境界の「分有」と言ってもいい)が、一人ひとりの人間をひとりの存在として、ひとつの「生」として成り立たせているのである。そしてその分有の仕方がそのつど違うから、ひとつひとつの「生」はかけがえがない。この「生」はたぶん「いのち」と言いかえてもいいだろう。少なくともその「生」の実質は「いのち」である。だから「いのち」はつねに具体的であると同時に有限でもある。それは長さを限られているという意味においてだけでなく、始めと終りを他者との「分有」に支えられているからである。

医療の現場にはいつも大きな困難がある。とりわけいまの日本では医療体制や保険制度の危機、病院の医師不足や訴訟問題など、多くの困難を抱えて「医療の崩壊」さえ語られている。けれどもそのような社会的状況のなかでも、医師や看護師などの医療関係者はさらに本質的な問題にも直面している。というのは、この「生命」と「いのち」のギャップが医療の現場でせめぎあうからだ。現在の医学や医療技術は「生命科学」をベースにしている。生命科学はいわゆる生命現象を物理化学的に解明しうるものとして研究する。ところが医療現場が相手にしなければならないのは、つまるところ一人ひとりの「いのち」である。西洋語の世界ならその間のギャップはそれほどあらわにはならない。というのはそこには「ライフ」の一語しかなく、「いのち」は科学の対象の「生命」といわば地続きだからである。けれども日本語では「生命」とは違う感触をもつ「いのち」が生きている。その分だけ医療は剣呑な問いに直面しなければならないが、いまのところその二つをつなぐ理論も思想もない。とはいえ、それが人間にとって不幸な状況なのかどうかはわからない。むしろ②それは人間にとって真に問うに値する問いであるかもしれないからだ。

「生命科学」の進展は、主として先進諸国(つまり西洋やそれに同化した諸国)の政策的誘導によるところが大きい。その政策をウ促す主要な要因は、研究や医療そのもののためというより、むしろ将来の経済的・技術的優位を国家規模で確保しようとする知的開発におけるヘゲモニー追求である。そしてその背後には科学の「全能性」に関する思い込みや、人間の「進化」の扉を開いているといった、それ自体盲目のエ信仰にも似た思い込みもある。そんな疑念にふと立ち止まらなければならないのは、「いのち」のような言葉をもってしまったたぐいの人間の、不都合というよりはむしろ③僥倖であるかもしれないのだ。

(西谷修『理性の探求』による　一部省略)

《注》　ヘゲモニー…他を支配したりリードしたりしうる優位な立場。

〔問一〕　――線ア～エの片仮名は漢字で、漢字は読みを平仮名で書きなさい。

〔問二〕　本文の［A］に入る漢字二字の言葉を、次のア～エから一つ選び、記号で書きなさい。
　ア　受身　　イ　尊敬　　ウ　自発　　エ　可能
〔問三〕　――線①「誕生もまたこれに似ている」とあるが、このことをまとめて説明している四十字程度の一文を本文中から探し、その初めと終わりの三字を書きなさい（句読点は含まない）。
〔問四〕　――線②「それ」の指し示す語を五文字で書き抜きなさい。
〔問五〕　本文全体を大きく二つに分けた場合、後半部分はどこからか。後半の始まりの五文字を書き抜きなさい。
〔問六〕　――線③「僥倖であるかもしれない」とあるが、筆者がそのように考えるのはなぜか。「日本語」、「いのち」、「生命」の三語を必ず用いて八十字以上、百字以内で説明しなさい。
〔問七〕　この文章を用いて、第三学年「C読むこと」の指導事項エ「文章を読んで人間、社会、自然などについて考え、自分の意見をもつこと」の指導を行うことにした。生徒Bは、学習の中で、次のように自分の考えをノートにまとめた。生徒Bに対し、どのようなことを助言すればよいか書きなさい。

　私は、この文章を読んで、人間はひとりで死ぬわけではないということが分かった。それから、ひとつひとつの「生」はかけがえのないものであることが分かった。それに、日本語の「生命」と「いのち」という言葉には違いがあるということを知った。

（☆☆☆◎◎◎）

【三】　次の文章を読んで、後の〔問一〕～〔問七〕に答えなさい。

少納言統理《むねまさ》と聞こえける人、年来世《としごろ》を背かんと思ふこころざし深かりしが、月くまなかりける比《ころ》、心をすましつつ、つくづくと思ひ居たるに、山深く住まん事のなほ切《せち》に覚えければ、先づ家に「ゆするまうけせよ。物へゆかん」と云ひて、髪洗ひけづり、帽子なんどしける。けしきや知りたりけん、妻なりける人、心得てさめざめとなむ泣きける。されども、①かたみにとかく云ふ事もなくて、明《あく》る日、うるはしきよそほひにて、其の時の関白の御もとに詣でけり。此の事案内聞こえむとすれど、申し入る人もなし。やや久しうありて、からうじて、山里に罷《まか》り籠るべき暇《いとま》申せし間に、「しばし」とて対面し給ひて、御念珠給はせて、「③後の世にはたのむぞ」と②のたまひければ、涙をおさへつつ、数珠をばをさめて、拝したてまつりて出でAにけり。

僧賀聖《そうかひじり》の室に至りて、本意の如くかしらおろしてげれど、④つくづくと詠《なが》めがちにて、勤め行ふ事もなし。物思へる様にて、常は涙ぐみつつ居たりければ、聖のあやしみて、故を問ひけり。云ひやる方なくて、余りのままに、「子生み侍るべき月に当りたる女の侍るが、思ひ捨て侍れど、さすがに心にかかりて」と云ふ。聖これを聞きて、やがて都に入りて、其の家におはして尋ね給ふに、今、子を生みやらで悩み煩ふ折りなりけり。聖祈りて生せなんどして、人に尋ねつつうぶやしなひてなむ、ともしからぬ程にとぶらひ給ひける。

（『発心集』による）

《注》ゆするまうけ…洗髪してくしけずるための用意。
うぶやしなひ…貴族の子の誕生に際し、初夜及び産後第三・五・七・九日目に、親族・関係者が祝宴を開くことの動詞形。

〔問一〕――線A「に」は完了の助動詞であるが、この助動詞の終止形と本文中の活用形を書きなさい。

〔問二〕――線①「かたみにとかく云ふ事もなくて」を現代語訳しなさい。

〔問三〕――線②「のたまひ」とあるが、誰が誰に言ったのか。文中から探して書きなさい。

〔問四〕――線③「後の世にはたのむぞ」とは、どのようなことを言っているのか。次のア～エから適当なものを一つ選び、記号で書きなさい。

ア　出家した後、家族の世話をしてほしい。

イ　出家した後、この念珠を後々まで大切に保管してほしい。

ウ　私が死んだ後、極楽浄土へ導いてほしい。

エ　私が死んだ後、念願だった出家を果たしてほしい。

〔問五〕――線④「つくづくと詠めがちにて、勤め行ふ事もなし」とあるが、誰の、どのような状態を表しているか。そのような状態になった理由も含め、四十字以上五十字以内で説明しなさい。

〔問六〕この文章の作者の作品を次のア～エから選び、記号で書きなさい。

ア　方丈記　　イ　徒然草　　ウ　十訓抄　　エ　沙石集

〔問七〕第二学年において、本文に描かれた人物像について感想を書き、交流する学習活動を設定した。本文がこの活動に適している理由を書きなさい。

（☆☆☆◎◎◎）

【四】次の漢文を読んで、後の〔問一〕～〔問五〕に答えなさい。

晏子使ス㆑楚ニ。以テ㆓晏子ノ短ナルヲ㆒、楚人為リテ㆓小門ヲ于大門之側ニ㆒而

延《ひ》晏子。晏子不入曰、「使狗國《こく》者、從《よ》狗門入。今臣Ａ使楚。不當從此門入。」儐者更道、從大門入、見Ｂ楚王。王曰、「齊①無人耶。」晏子對Ｃ曰、「臨《りん》淄《し》三百閭《りょ》、張袂成陰、揮汗成雨。比肩繼踵而在。何為無人。」王曰、「然則子何為使乎。」晏子對曰、「齊命使、各有所主。其賢者使使賢王、不②肖者使使不肖王。嬰最不肖、故直使楚③矣。」

（『晏子春秋』による）

《注》延…ひきいれる、さしまねく、案内する。
儐者…賓客を接待する役。
臨淄…斉国の都
三百閭…非常に人口が多い例え。

張袂成陰、揮汗成雨…臨淄の人口が極めて多い例え。
比肩繼踵…人口密度の高い例え。

〔問一〕――線Aは、晏子が自分を指して言った言葉である。この他にも晏子が自分を指して言った言葉が一字ある。書き抜きなさい。
〔問二〕――線B・Cの読みを平仮名で書きなさい。
〔問三〕――線①「齊無人耶」を現代語訳しなさい。
〔問四〕――線②「不肖者使使不肖王」を書き下し文に直しなさい。
〔問五〕――線③「直使楚矣」という晏子の言葉は、楚王をどのように評価したことになるか。理由も含め、五十字以内で説明しなさい。

（☆☆☆◎◎◎）

【高等学校】

【一】次の文章を読み、後の問いに答えなさい。

私が心理学を学んでいた一九七〇年代後半～八〇年代前半の頃には、フロイトが取り上げていたようなヒステリーの人はもういないとされていました。そんなものは、昔の①ミブンカなパーソナリティーの人が示す症状だと考えられていたのです。ところが不思議なことに、一九九〇年代に、いわゆる多重人格や解離性障害と呼ばれる人が非常に増えてきました。北米でも日本でもそうです。

突然大人の人が子どもになってしまったり、女性が男性になったり、全然ちがう人格になってしまい、そのことを覚えていないなどという症状が出てきました。驚きましたけどね。

これをⅠ現代の心理学はどう理解するかというと、自分の中に異なる人格があると理解し、だからこそ解離性人格障害と名づけます。これがクローズドシステムの理解です。けれども、クローズドシステムとしてのこころではなく、Ⅱ前近代の世界観ではどうだったかと言いますと、そういうことが生じてくると、例えばキツネや木の精霊が憑いたとか、京都での流行りのもので言うと、菅原道真の祟りであるというように考えていくわけです。

これは先ほどの近代心理学の考えとどうちがうかと言いますと、前近代のモデルの考え方は、個人の中で閉じられた人格、こころに基づいていません。つまり、外からの精霊や悪霊が人のこころに入ってくると見なしており、オープンシステムとしてのこころになっているのです。つまり現在の心理学の②ゼンテイとなっているクローズドシステムとは異なり、個人のこころが外に開かれているオープンシステムなのです。

例えば、中世の高山寺の明恵上人に次のような③イツワがあります。インドに渡って仏教を究めたいと明恵が思っていたときに、湯浅宗光という明恵の伯父の妻が、「新しい筵《むしろ》を乞い受けてそれを④鴨居にかけ、たちまちにその上に登り、自分は春日大明神である、明恵のインド行きを止めるために降りてきたのである、と言ってその場を去った」（河合隼雄『明恵　夢を生きる』）。

さらに、「二九日に再び降託があった。このときの宗光の妻の様子は普通でなかった。顔は⑤奇異で世に類がなく、色白く水晶のように透明になり、声も哀雅で聞くものはすべて涙にむせぶばかりであった」とされています。

もしも現代にこのようなことがあったなら、人格の解離や、それどころか統合失調症の発症と考えられ、この女性は精神科に連れてこられることになったでしょう。

これにたいして、当時はこころについての考え方がまったくちがっていました。「オープンシステムとしてのこころ」からすると、それは女性の人格が個人の内部で解離したのではなく、実際に外から春日大明神が憑いたことになるのです。しかもここが日本人のこころのあり方への突っ込みどころだと思いますが、仏教徒なのに、なぜ春日大明神が出てくるのか（笑）というのもおもしろいところです。オープンシステムは、一つの宗教に限られていないという意味でもオープンなのです。ともかくここで大切なのは、春日大明神というものの意味を当時の共同体が共有していたことで、だからこそそれが女性に憑いても、Ⅲ意味のあることとして受け入れられたのです。

さらにこの頃、明恵が宿泊した宿の主人が見た夢にやはりインドのことが出てきて、明恵はインドに行くことを⑥ジョジョに断念していきます。これも、クローズドシステムの見方からすると、なぜ他人が見た夢を自分のことに関係づけるのかと問いたくなります。つまり他人が見た夢は、その人のこころにだけ関係しているはずだからです。

例えば中世の『宇治拾遺物語』を読んでみると、河合隼雄が『日本人の心を解く』でも取り上げているように、本当に現実と夢、自己と他者が相互浸透しています。他人が見た夢で自分が観音になっていて、多くの人に⑦オガまれたために出家した武士の話など、色々な形で個人のこころの境界を越えるような話が『宇治拾遺物語』には入っています。このように、もともとのこころの理解は、個人を超えて広がっていたと考えられます。こころは共同体から自然にまで広がっていた。さらには春日大明神や『宇治拾遺物語』における死者があの世から戻ってくる話が示しているように、超越的なものや異界などにまで広がっていたと考えられます。

Ⅳユングという人はちょっと変わった人で、子どもの頃にある石を大事にしていました。その石を屋根裏部屋に隠したり、⑧ギシキのようなものをおこなったりしていたのです（『ユング自伝』）。のちにユングは人類学を学んでオーストラリアのアボリジニがチュリンガという石を持っていて、それが祖先の身体、魂などであるとしていることがわかり、自分の体験と似ているのに気づきます。つまり魂が石にある、自分の外にあるという感覚を、幼い頃のユングも持っていたのでしょう。

日本人の感覚としてこれに似たものは、例えば「私のお箸」、「私のお茶碗」を持っているという習慣に認められると思います。はっきりと言語化はしないけれども、それらは私の魂であるという感覚があるのではないでしょうか。だから、お葬式のときにお茶碗を割る、あるいは、割り箸で食べたときに割り箸を折るという習慣があります。割り箸に関しては、使っている間にそれに移っていった魂を他の人に悪用されないように折ってしまうという意味があるのです（高取正男『民俗のこころ』）。そういった形で、オープンシステムとしてのこころは、まだまだわれわれの習慣の中に、暗黙のうちに残っているのだと思います。

このようにこころが［　X　］と考えられていた前近代の世界では、こころがものに現れ、さらにはこころと体の病はあまり区別されていませんでした。それにしたがって病は、魂を外に⑨ソウシツすることか、逆に何か異物が外から侵入することとして考えられていました。

魂がどこかへ行ってしまった場合には、それを呼び戻さないといけません。典型的なのはイザナミを黄泉の国に呼びに行ったイザナギの神話や、ギリシャ神話では妻のエウリュディケを連れもどすために冥界に行ったオルペウスの話がそうです。これとは逆に、余計なものが⑩憑依してくることによって病や精神の異常が起こります。例えば菅原道真が憑依してくるとか、春日大明神が憑依してくるとか、そういうことが病の原因として考えられます。ですから治療は、変なものを自分から取り去る、あるいは逆にどこかに行ってしまっている魂を取り戻すということでなされていたわけです（エレンベルガー『無意識の発見』）。

（『〈こころ〉はどこから来て、どこへ行くのか』河合俊雄の文章による。）

問一　傍線部①～⑩について、カタカナは漢字に改め、漢字は読みを平仮名で書け。
問二　波線部『宇治拾遺物語』と同じジャンルで、同じく中世に書かれた作品を次のア～クから二つ選び、記号で答えよ。
ア『笈の小文』　イ『十訓抄』　ウ『とはずがたり』　エ『日本永代蔵』
オ『発心集』　カ『水鏡』　キ『無名草子』　ク『夜の寝覚』
問三　傍線部Ⅰ「現代の心理学」と傍線部Ⅱ「前近代の世界観」について、こころに対する理解の仕方の違いを具体的に説明する板書例を、図や言葉を用いて、わかりやすく示せ。
問四　傍線部Ⅲ「意味のあることとして受け入れられたのです」とあるが、女性の行動が意味のあることとして受け入れられたのはどのような条件を満たしていたからか、本文に即して説明せよ。
問五　傍線部Ⅳ「ユングという人」とあるが、ユングのエピソードはどのようなことを示すために挿入されていると考えられるか、説明せよ。
問六　空欄［X］にあてはまる表現を、「個人」という語を用いて答えよ。
問七　本文の内容を生徒により深く考えさせるための工夫として、どのような方法が考えられるか。「高等学校学習指導要領」(平成21年3月告示)に示された「現代文B」における指導事項や言語活動の例を踏まえて答えよ。

(☆☆☆◎◎◎)

【二】次の文章は、作者のもとに夫が訪れた夜の、翌日の場面から始まる。これを読み、後の問いに答えなさい。

ア つとめては、（夫が）「①ものすべきことのあればなむ。いま明日明後日のほどにも」などあるに、まことは思はねど、思ひなほる a にやあらむと思ふべし、もしはた、このたびばかりにやあらむとこころみるに、やうやうまた日数過ぎゆく。

つくづくと思ひつづくることは、なほいかで心として イ 死にもしにしがなと思ふよりほかのこともなきを、②されば、よと思ふに、ありしよりもけにものぞ悲しき。

ただこのひとりある人を思ふにぞ、いと悲しき。人となして、ウ うしろやすからむ妻などにあづけてこそ、死にも心やすからむとは思ひしか、いかなるここちしてさすらへむずらむ、と思ふに、なほいと死にがたし。「いかがはせむ。かたちを変へて、世を思ひ離るやとこころみむ」と語らへば、まだ深くもあらぬなれど、いみじうさくりもよよと泣きて、「③さなりたまはば、まろも法師になりてこそあらめ。なにせむにかは、世にもまじらはむ」とて、いみじくよよと泣けば、われも エ えせきあへねど、いみじさに、たはぶれに言ひなさむとて、「さて鷹飼はではいかがしたまはむずる」と言ひたれば、オ やをら立ち走りて、④し据ゑたる鷹を握り放ちつ。見る人も涙せきあへず、まして、日暮らしがたし。ここちにおぼゆるやう、

Ⅰ　あらそへば思ひにわぶるあまぐもにまづそる鷹ぞ悲しかりける

とぞ。日暮るるほどに、文見えたり。天下の カ そらごとならむと思へば、「ただいまここち悪しくて」とて、やりつ。

（『蜻蛉日記』による。）

（注）ひとりある人…作者の一人息子　　深くもあらぬなれど…深い事情はわからないが
鷹…息子が大切にしている鷹　　文…夫からの手紙

問一　波線部ア〜カの、文中における意味を答えよ。
問二　二重傍線部 a について、文法的に説明するための板書例を記せ。
問三　傍線部①について、後に続く言葉を文脈に即して補い、口語訳せよ。
問四　傍線部②、③について、それぞれ「さ」の示す内容を明らかにしつつ、口語訳せよ。
問五　傍線部④について、だれの、どのような思いを表す行動か、説明せよ。
問六　Ｉの和歌には掛詞が使われている。
(1)　掛詞とはどのような技法か、例を示し、説明せよ。なお、例は文中以外のものとする。
(2)　Ｉの和歌の掛詞を一つ選び、その意味について説明せよ。

（☆☆☆◎◎◎◎）

【三】次の文章を読み、後の問いに答えなさい。（設問の都合上、一部訓点を省略した所がある。）

①凡説之難、②非下吾知之有二以説レ之之難上也、又非下吾 a 弁之能明二吾意一之難上也、又非二吾③敢横佚而能尽一之難一也。

凡説之難、在下知二所レ説之心一、可中以二吾説一当上レ之。所レ説出二於為《ニスル》二名高《ノ》一者《ナルニ》也、而《モ》説《クニ》レ之《ニ》以《テセバ》二厚利《ヲ》一、④則《チ》見《テ》三下節《ニシテ》而遇《スト》二卑賤《ニ》一、必《ズ》棄遠《セン》矣。所レ説《ク》出《ヅル》三於為《ニスル》二厚利《ヲ》一者《ナルニ》也、而《モ》説《クニ》レ之《ニ》以《テセバ》二名高《ヲ》一、則《チ》見《テ》三ｂ無心《ニシテ》而遠《シト》二事情《ニ》一、必《ズ》不《ラン》レ収《メ》矣。所レ説《ク》陰《ニ》為《ニシ》二厚利《ヲ》一、⑤而《シテ》顕《ニ》為《ニスル》二名高《ノ》一者《ナランカ》也、而《ルニ》説《クニ》レ之《ニ》以《テセバ》二名高《ヲ》一、則《チ》陽《ニ》収《メ》二其身《ヲ》一、而《シテ》実《ハ》疏《ソゼン》レ之《ヲ》。説《クニ》レ之《ニ》以《テセバ》二厚利《ヲ》一、則《チ》陰《ニ》［Ｘ］、顕《ニ》［Ｙ］。此《レ》ｃ不レ可レ不レ察也。

（『韓非子』による。）

（注）説…自分の意見を人に述べ、受け入れてもらおうと努力すること　横佚…思う存分に
名高…高徳の名誉を得ること　厚利…利益を多く得ること

問一　傍線部①から⑤の語の読みを、送り仮名を含め、平仮名で答えよ。（現代仮名遣いで書くこと。）
問二　点線部ａを口語に訳せ。
問三　点線部ｂは、どのようなことを意味しているか、またそのように見なされる理由は何か、説明せよ。
問四　空欄［Ｘ］、［Ｙ］に当てはまる内容を考え、それぞれ口語で答えよ。

問五　点線部ｃに送り仮名を補い、すべて平仮名の書き下し文にせよ。
問六　右の文章で主張されていることは何か。五十五字以上六十五字以内で記せ。
問七　古典の学習においては、どのような事項について指導すべきか。「高等学校学習指導要領」(平成21年3月告示)に示された「古典A」の内容にある指導事項を踏まえて、二つ答えよ。

(☆☆☆◎◎◎◎)

解答・解説

【中学校】

【一】〔問一〕　始まりの三文字　停車場　理由　・「なつかし」までは、語り手(作者)の「心情」、「停車場」からは、語り手の「行動」であるから。　・「なつかし」は終止形であり意味や形式上の切れ目である。また、後の二行は意味の上でつながりがあるから。から一つ　〔問二〕　ふるさとの訛　〔問三〕　(一)　・短歌中の表現を根拠に、短歌の情景を想像している点。　・短歌中の言葉を辞典で調べ、考えの根拠に取り入れている点。　(二)「作者がふるさとから離れた場所にいる」という意見を基に、「この停車場があるのはふるさとか、都会か」を検討させる。停車場が都会にあると解釈すれば、「風景や人」でなく「訛」を「なつかし」とした作者の意図がわかる。表現一つ一つに込められた作者の意図やその効果を考えさせる指導。等
〔問四〕　評価　・表現の仕方の工夫について明確な根拠を挙げていない。　理由　・自分の意見を支える根

拠が自分の感覚の域を出ておらず、妥当性や説得力に乏しいため。　・話し合いで出された他の人の意見を取り入れておらず、考えが深まっていないため。から一つ

〈解説〉〔問一〕　前半の心情、後半の行動という内容面での違いに着目する。あるいは文法的な形式面での違いに着目してもよい。〔問二〕　「そ」は「聴く」ものである。指示語より以前で、聴覚で捉えられるものを探す。〔問三〕（一）　本問の学習活動は「文章の仕方について、根拠を明確にして自分の考えをまとめる力を高めるために」行うものである。生徒Bは短歌本文や、辞書を根拠に挙げていることを指摘する。（二）（一）と同じく活動の目的から考える。生徒Bの意見から、文章の表現の仕方について、議論を深めることが可能である。〔問四〕　この活動の目的の上では、自分の考えを述べる際には「根拠」が重要である。生徒Aの「ぼくがふるさとをなつかしむとしたら」、「優しい感じで気に入りました」などが不十分である。

【三】〔問一〕　ア　還元　　イ　錯覚　　ウ　うなが　　エ　しんこう　　〔問二〕　ア　　〔問三〕　つまり～ている　　〔問四〕　剣呑な問い　　〔問五〕　医療の現場　　〔問六〕　日本語において「生命」と「いのち」とが地続きでない状況で、科学の対象としての「生命」と具体的で有限な「いのち」とをどうつなぐかという問いは、人間にとって真に問うに値する問いであるかもしれないから。（九十八字）　〔問七〕　・『生命』と『いのち』という言葉は違う」というような、文章の部分的な表現のみにこだわるのではなく、文章全体を通した筆者の主張について、自分の意見をもつようにすること。

〈解説〉〔問一〕　文脈から意味を捉えた上で、漢字・読みを考える。〔問二〕　空欄Aの直前で「れる」に傍点が付されていることと、直後に「そのあとに「誰それによって」と付け加えることができる」とあることの二点から考える。〔問三〕　傍線部①の指示語「これ」は、前段落の最初の一文「「死ぬ」という～よって起こる」

を指す。このことを「誕生」に当てはめ、述べている箇所を探す。傍線部①の次の段落の冒頭の「つまり」以降で述べられている。〔問四〕傍線部②の一文の内容から、「それ」とは問いであることが分かる。指示対象は、基本的に指示語以前から探し、見つけた指示対象は指示語に代入して、文意が通るか確認する。〔問五〕第三形式段落までには生死という抽象的な事柄が述べられ、第四形式段落以降には医療という具体的な事柄が述べられている。〔問六〕述べねばならないポイントは三点ある。一つ目は「生命」と「いのち」が異なるものとして存在する日本語の背景である。二つ目は傍線部③の「僥倖」とは「そんな疑念にふと立ち止まること」であり、前段落の「真に問うに値する問い」にあたることである。三点目はその「真に問うに値する問い」とは「生命」と「いのち」をどうつなぐかという問いであることである。前段落の記述を中心に、この三点を押さえて解答をまとめる。〔問七〕問題文にある通り、「自分の意見をもつこと」の指導を目的としている。生徒Bは本文の内容を羅列しているだけであり、自分の意見を述べていない点が指導の対象となる。

【三】〔問一〕終止形　ぬ　活用形　連用形　〔問二〕お互いあれこれと言うこともなくて
〔問三〕関白(が)少納言統理(に)　〔問四〕ウ　〔問五〕少納言統理の、今月に我が子を生むはずの女のことが気になって仏道修行に身が入らないでいる状態。(四十六字)　〔問六〕ア　〔問七〕本文には、身重の妻をおいて出家したものの、妻のことが気になって修行に集中できない統理や統理の妻のお産の面倒を見、産後の手助けまで行った聖など、自分自身と重ね合わせて、人物の思いや行動に共感や疑問・批判など様々な感想を抱くことのできる人物が登場する。このような人物に対する感想を交流させることで、登場人物の心情をより深く捉えさせ、書き手の思いや価値観に対する理解を深めることができるから。
〈解説〉〔問一〕後ろに助動詞「けり」が続いている。「けり」に接続するのは連用形である。〔問二〕「かたみに」とは、「互いに」の意で、ここでは統理と妻の二人を指す。〔問三〕統理と関白がいる場面である。「のたまふ」は尊敬語である。より身分が高い関白が動作主となる。〔問四〕「後の世」は「死後の世」を意味するのでア、イは不適。「たのむ」は「あてにする、信用する」という意味なのでエは不適。
〔問五〕傍線部④は、直前に「本意の如くかしらおろして」とあることから、統理の状態であることが分かる。「ながむ」は「物思いにふける」の意。「勤む」は、「仏道の修行をする」の意。また、理由については聖が「故を問ひけり」とある。その直後の統理の発言「子生み侍る～心にかかりて」をまとめる。〔問六〕本問の『発心集』及び『方丈記』は鴨長明の著作である。〔問七〕本文中には様々な立場の人物が存在する。そのため生徒それぞれが、登場人物について多種多様な感想を持つことが考えられる。多種多様な感想を交流させることで、新たな気付きや理解の深まり等が誘発されると思われる。

【四】〔問一〕嬰　〔問二〕B　まみ(ゆ)　C　こた(へて)　〔問三〕斉の国には人がいないのか。等
〔問四〕不肖の者は不肖王に使せしむ　〔問五〕斉は相手に合わせて使者を送るため、斉で最も愚かな自分が遣わされた楚王は愚かな王という評価になる。(四十八字)
〈解説〉〔問一〕晏子の発話内容から探す。〔問二〕文脈から漢字の意味を考えて読みを答える。B「見ユ」は「まみゆ」と読む。「お目にかかる」の意で、謙譲の意を表す。C「對」は「対」「応」と同義である。
〔問三〕「耶」は文末に置かれ疑問・反語を表す。〔問四〕「使」は使役の意を表す。「しむ」を「使む」としないように注意する。〔問五〕晏子の発話内容「齊命使～嬰最不肖」をまとめる。斉が使者を選ぶ方法において、晏子が「最不肖(最も愚かである)」であることがもつ意味を、晏子の発言内容全体から説明する。

【高等学校】

【二】問一 ① 未分化 ② 前提 ③ 逸話 ④ かもい ⑤ きい ⑥ 徐々 ⑦ 拝
⑧ 儀式 ⑨ 喪失 ⑩ ひょうい 問二 イ、オ
問三
（例） 現代の心理学
〈クローズドシステム〉 … 人格の解離 統合失調症 → 精神科へ
［例］ 明恵上人の伯父の妻の行動
【こころ】
前近代の世界観
〈オープンシステム〉 … 外から精霊などが人のこころに入ってくる → 意味あるもの

問四 こころは超越的なものや異界などにもつながっているという理解や、春日大明神というものの意味が共同体の中で共有されるという背景が、条件として満たされていたということ。 問五 魂が自分の外にあり、こころがものに現れるという感覚を持つことは、日本以外でも見られるものであったり、現代にも通じるものであったりするということを示すため。 問六 個人の中で閉じていない 問七 この文章に登場する『宇治拾遺物語』の例以外に、オープンシステムとしてのこころという考え方が反映されているものがあるかどうか様々な資料を調べ、その成果をまとめて発表したり報告書や論文集などに編集したりする。

〈解説〉問一 文脈から語の意味を捉え、漢字・読みを考える。 問二 『宇治拾遺物語』のジャンルは説話集にあたる。 問三 「クローズドシステム」と「オープンシステム」の二項対立的構図を強調する必要がある。

問四 まず、傍線部Ⅲの直前の「春日大明神というものの意味を当時の共同体が共有していたこと」を押さえ

る。また傍線部Ⅲの段落冒頭に「当時はこころについての考え方(＝オープンシステム)がまったくちがっていました」とあるので、「当時のこころについての考え方」を説明する。最もその内容がまとまっている箇所が、二段落先にある「(こころは)超越的なものや異界などにまで広がっていた」である。　問五　傍線部Ⅳの前段落では、中世の日本における「オープンシステム」の在り方について例示している。これに対して、ユングは外国の、かつ現代の例であることを押さえる。また、「オープンシステム」の内容を傍線部Ⅳの段落にある「魂が石にある、自分の外にあるという感覚」を用いて補足しつつ答える。　問六　空欄Xの文に指示語「このように」があることから、前段落に続き「オープンシステム」について述べられている箇所であることが分かる。本文の第四形式段落では、「オープンシステム」を「個人のこころが外に開かれている」と説明している。　問七　解答例は学習指導要領の言語活動例のエに基づいたものである。ほかの言語活動例を踏まえた解答も許容されるが、実際の教材や授業を想定した具体的な内容を考えることが重要である。

【二】問一　ア　翌朝(早朝)　イ　死んでしまいたいものだ　ウ　将来の心配のない(ような)妻　エ　涙をこらえきれないけれど　オ　おもむろに　カ　作り話

問二

に　→　断定の助動詞「なり」連用形
や　→　疑問の係助詞「や」
あら　→　ラ変補助動詞「あり」未然形
む　→　推量の助動詞「む」連体形
（や・む）係り結び

問三　用事があるので、今日は訪れることができない。　問四　②　やはり今回が最後の訪れであったのだよ。　③　もし(母上様が)出家なさるなら　問五　作者の息子の、鷹を放ってでも、母親とともに出家したいのだという思いを表す行動。　問六　(1)　掛詞とは、発音が同じであることを利用して、一つの語に二重の意味を持たせる技法。例として、「飛鳥川流れて早き月日なりけり」を挙げる。「あすか」という語に、川の名前の「飛鳥」に加え、「明日(あす)」という意味を持たせている。　(2)「あま」という語に、鷹の飛び去っていった空に浮かぶ「天雲」に加えて、作者の出家したいという心情を表す「尼(あま)」という意味を持たせている。

〈解説〉問一　イの「にしがな」は願望を表す。エの「え」は下に打消の表現(ここでは打消の助動詞「ず」の已然形「ね」)を伴って不可能の意を表す。　問二　品詞分解を図示した上で、それぞれの単語について文法的解説を行う。特に「む」が連体形であることを示すために、係り結びへの言及を忘れてはならない。　問三　傍線部①の直後の「いま明日明後日のほどにも」という発言と、この発言のあと、夫がやってこなかったことから考える。　問四　②「さ」は文の前半にある「このたびばかり(にやあらむ)」を指す。「(訪れるのは)今回が最後(だろうか)」の意である。前文にも「まこととは思はねど」とあるように、作者は夫がやってこないと思っていた。　③「さ」は傍線部③の前の会話文にある「世を思ひ離る」を指す。「世を離る」で「出家する」の意である。　問五　傍線部④の直前で、作者は「(共に出家するならば)鷹の世話は、ではどうなさるつもりなのか」と述べている。傍線部④はその問いに対する作者の息子の反応である。　問六　(1)　和歌の重要な表現技法は、厳密な定義を確認しておく必要がある。定義の理解は、例の提示と共に、生徒の理解を促す上で重要なことである。　(2)　散文中の和歌は前後の文脈を捉えた上で解釈する。ここでは出家について話していた流れを汲むので、和歌でも出家に関する言葉がキーワードになる。解答例は「あま」についての説明であるが、この和歌では「そる」という語も掛詞になっている。鷹が飛び去る意味の「逸る」と、(出家のために)剃髪する意味の「剃る」という二つの意味を持たせている。

【三】問一　①　およそ　②　かたきは　③　あえて　④　すなわち　⑤　しこうして(しかして)

問二　私の弁舌の力が、私の意見をはっきりと伝えることができる　問三　意味　気の利かない、世間知らずな者であるということ。　理由　相手が利益を多く得るために行動する人であるのに、名誉を得るための話をするから。　問四　X　その意見を採用し　Y　その人自身を遠ざける　問五　さつせざるべからざるなり。　問六　自分の意見を受け入れてもらうため、相手の心を知り、その心に応じて自分の意見を伝えていくことこそが、難しいのである。(五十七字)　問七　・古典などに表れた思想や感情を読み取り、人間、社会、自然などについて考察すること。　・古典特有の表現を味わったり、古典の言葉と現代の言葉とのつながりについて理解したりすること。

〈解説〉問一　「現代仮名遣いで」と指示があることに注意する。　問二　「弁」は、ここでは「説く」、「語る」の意味である。「能」は可能の意を表す。　問三　点線部bの直前「所説出～以名高」の内容をまとめる。また「者(ナルニ)」の逆接を明確に訳出することに注意する。なお、前文と対句構造をなしているので、前文の内容も手掛かりになる。　問四　前文の「説之以名高」の場合とは、正反対の扱いをされるのである。「名高」を求める者に「厚利」を得るための話をした場合について考える。　問五　二重否定の形に注意しながら、返り点に即して書き下す。　問六　本文末尾で本文の内容が要約されている。点線部cの内容を詳しく述べればよい。つまり何を何のために「察」するのかということである。　問七　解答例は「古典A」の内容(一)ア及びイによる。学習指導要領は文言を正しく理解するとともに、実際の学習活動とどのように結びつけられるかを意識することが重要である。

二〇一六年度　実施問題

【中学校】

【一】第一学年において、話題や方向をとらえて的確に話したり、相手の発言を注意して聞いたりする力を高めたい。そこで、クラスの友達に中学校生活の中で印象に残っていることについてインタビューを行い、小学校六年生に「充実した中学校生活」の様子を伝える学習活動を設定した。

次の〔問一〕～〔問五〕に答えなさい。

〔問一〕本単元の学習活動として、インタビューを取り上げた意図を、インタビューという活動の特徴に触れながら書きなさい。

〔問二〕単元の導入で、インタビューの際の質問例として次の二つを提示した。それぞれの質問の問い方の違いとよさを書きなさい。

① あなたは、スポーツが好きですか。

② あなたの好きなスポーツは何ですか。

〔問三〕生徒Aは、部活動のことについて次のような質問を考えたが、充実した中学校生活の様子をより伝えられるよう質問を追加させたい。追加する質問を考えさせるための手立てを書きなさい。

【生徒Aの考えた質問】

・どの部活動か。

・楽しいことは何か。

・つらいことは何か。

〔問四〕生徒Aは、次のようなインタビューを生徒Bに行った。この後、生徒Aが別の生徒に部活動について行うインタビューで、よりよい質問をさせるための具体的なアドバイスを、理由を添えて書きなさい。

A：よろしくお願いします。さっそくですが、Bさんは、剣道部に入っていますが、剣道部に入るきっかけは何だったのですか。
B：一年生の四月にあった体験入部で実際に体験して、やってみたいと思ったことがきっかけです。
A：そうですか。体験入部がきっかけだったのですね。他の部活動への入部は考えなかったのですか。
B：いろいろ悩みました。でもやはり、体験入部での経験が決め手だったと思います。
A：体験入部では、どんなことをしたのですか。
B：部長さんの話を聞いたり、竹刀を持って素振りをしたり、実際に先輩の面を打ったりしました。
A：実際に入部して、剣道はどうですか。楽しいですか。
B：楽しいです。
A：つらいことはどんなことですか。
B：夏場は、熱が防具の中にこもってしまい、着けているのがけっこうつらいですね。汗もたくさんかきます。
A：ありがとうございました。部活動をこれからもがんばってください。

〔問五〕インタビューを実際に行う場面について、次の(一)、(二)の問いに答えなさい。

(一)　よりよい質問の仕方や内容について、生徒相互で客観的に評価させたい。機器を利用する以外に、生徒同士で客観的に評価させるための手立てを、具体的に書きなさい。

(二) 実際にインタビューを行った後、(一)で行った評価を基に、よりよい質問の仕方や内容について、改めて考えさせたい。インタビューをする側とされる側、それぞれの立場から考えさせるための観点を二つずつ書きなさい。

(☆☆☆◎◎◎)

【二】次の文章を読んで、後の〔問一〕～〔問七〕に答えなさい。

単語にこめられているニュアンスが、何となく変わっていく。どうやら、歴史の変革期には、このような現象が生まれるらしい。古くは平安時代後期がそんな時代だった。古代社会が崩れ、中世社会がつくられていく過程で、日本語の単語の意味もずいぶん変わった。

明治時代も同じような一面をもっている。そして二十一世紀に入った今日、私は、同じようなことを感じている。かつて人間の自由な活動をアシバルものとしてとらえられていた「自然」は、人間にとっての大事なパートナーという意味へと変わった。「経済発展」という言葉にも、私たちは以前のように明るい未来を感じなくなった。価値観の変化が、単語のもつニュアンスを変えはじめたのである。

ある地域を表現する「ローカル」という言葉も、そのひとつではないかと思う。ローカルな地域とは、中央から離れた地域を示し、ときに狭い地域を意味していた。それは、戦後の日本では、否定的なニュアンスをこめて使われてきた言葉である。実際、ローカルな発想とは、その地域でしか通用しないような ※ な発想を意味していたし、ローカルな人間からグローバルな人間へと脱していくのが進歩だと、私たちは教えられてきた世代でもある。

もっとも私自身は、つねに大きな世界よりも小さな世界の方が好きだった。子供の頃には草原全体を見渡しているよりも、そこで咲いている一本の野の花をみている方が面白かった。ハチが飛んできて蜜を吸っていく。チョウが様子をみにくる。根元をアリが歩いていく。そのアリが茎にのぼってアリマキを運ぶ。今度はそのアリマキをテントウムシが狙っている。そんな様子をみていると、この小さな世界に、自然界のすべてのことがイ凝縮されているように感じた。

　後に群馬県の上野村に行くようになったときも、私はこの村のなかに、世界の真理のすべてがつまっているような気がした。自然とは何か。人間とは何か。社会とは何か……。私にとってローカルな世界は、偏狭な世界ではなく、深い世界であった。

　といっても、ローカルという言葉を肯定的に用いることは、簡単ではなかった。私たちの周囲にはグローバル化することを進歩とみなすウフウチョウがあったし、さらに次のような問題もあった。

　ローカルな世界は、その地域が生みだした伝統的なものをもっている。伝統的なものの考え方、伝統的な自然とのつき合い方、伝統的な技術、伝統的な習慣……。ローカルな世界を肯定的にとらえようとすれば、そのローカルな世界をつくっている、伝統的なものをも評価せざるをえなくなる。ところが戦後の雰囲気のなかでは、伝統的という言葉は、封建的とか、国家主義的といったニュアンスと結びつけて、用いられることが多かった。だから伝統的なものを評価しようとすると、保守的、反動的という批判をエ覚悟しなければならなかった。

　私たちは、ローカルな世界を支えている伝統的な自然と人間の関係や、人間と人間の関係と、保守的、国家主義的なものとは根本的に違うのだということを説明しなければならなかったのである。①ローカルな世界にこだわることと、グローバルな世界に生きることとは矛盾しないのだと語らなければならなかった。

　しかし、いまではそんな必要性も、ほとんどなくなってきている。この面では、私たちの社会は大きく変化した。いわば、ローカルなものの価値がみえる時代が、つくられはじめたのである。有機農業をすすめようとすれば、その地域のローカルな農業技術から学ばなければならない。しかもそのことは、地球環境を守ることとも矛盾しない。

小さな世界が守られてこそ、大きな世界も維持できることを私たちは学んだ。そのとき、私たちは、ローカルという単語を、②戦後的な知性の惰性で切り捨てようとはしなくなった。

（内山　節『「里」という思想』による）

《注》アリマキ…アブラムシのこと。

〔問一〕――線ア～エのカタカナは漢字（送り仮名も含む）で、漢字は読みを平仮名で書きなさい。

〔問二〕本文の ※ に入る最も適切な言葉を、本文中から漢字二字で抜き出して書きなさい。

〔問三〕══線「それ」が指し示している語句を、本文中から抜き出して書きなさい。

〔問四〕〰〰線①「ローカルな世界にこだわることと、グローバルな世界に生きることとは矛盾しない」とあるが、このことについて具体的に説明している部分を、本文中から抜き出して書きなさい。

〔問五〕本文の内容をまとめた語句として最もふさわしいものを次から選び、記号で書きなさい。

ア　自然　　イ　人間　　ウ　社会　　エ　言葉

〔問六〕〰〰線②「戦後的な知性の惰性」とは何のことか。本文の内容を踏まえ、本文中の言葉を使って六十字以内で説明しなさい。

〔問七〕第二学年において、この文章を用いて、文章の構成や展開、表現の仕方について、自分の考えをまとめる力を高めるため、自分の考えをまとめ交流する学習活動を設定した。自分の考えをまとめる段階で、生徒Ｃは、次のような考えをノートにまとめた。生徒Ｃに対してどのような指導を行うとよいか、書きなさい。

私はこの文章の中で、具体的な例を挙げながら、小さな世界の中に自然界のすべてのことが凝縮されていることを筆者が表現している部分がよいと思った。具体的な例が挙げられることで、読み手は書かれた内容をイメージしやすくなったり、理解しやすくなったりするからだ。

（☆☆☆◎◎◎）

【三】次の文章を読んで、後の〔問一〕～〔問七〕に答えなさい。

蝶を愛するような姫君たちの住む住居の一角に、按察使大納言の娘が住んでいた。この姫君は蝶や花などの可憐なものには興味を示さず、たくさんの恐ろしそうな虫を採集し、虫籠に入れて飼っていた。中でも毛虫が好きで手の平にのせて日々を過ごしていた。

若き人々はおぢ惑ひければ、男の①童の、ものおぢせず、いふかひなきを召し寄せて、ア箱の虫どもを取らせ、名を問ひ聞き、いま新しきには名をつけて、興じたまふ。

「人はすべて、つくろふところあるはわろし」とて、眉さらに抜きたまはず。歯黒め、「さらにうるさし、きたなし」とて、つけたまはず、②いと白らかに笑みつつ、この虫どもを、朝夕べに愛したまふ。人々おぢわびて逃ぐれば、その御方は、いとあやしくなむののしりける。かくおづる人をば、「けしからず、ばうぞくなり」とて、③いと眉黒にてなむ睨《にら》みたまひけるに、いとど心地なむ惑ひける。

親たちは、「いとあやしく、さまことに④おはするこそ」と思しけれど、「思し取りたることぞあらむや。あやしきことぞ。思ひて聞こゆることは、深く、さ、いらへたまへば、いとぞかしこきや」と、これをも、いと恥づかしと思したり。

「さはありとも、音聞きあやしや。⑤人は、みめをかしきことをこそ好むなれ。『むくつけげなる烏毛虫《かはむし》を興ずなる』と、イ世の人の聞かむもいとあやし」と聞こえたまへば、「苦しからず。ウよろづのことどもをたづねて、末を見ればこそ、事はゆゑあれ。いとをさなきことなり。烏毛虫の、蝶とはなるなり」そのさまのなり出づるを、取り出でて見せたまへり。

「きぬとて、人々の着るも、エ蚕のまだ羽つかぬにし出だし、蝶になりぬれば、いともそでにて、あだになりぬるをや」とのたまふに、言ひ返すべうもあらず、あさまし。

（『堤中納言物語』による）

《注》ばうぞくなり…無遠慮で、はしたない。
　　烏毛虫…毛虫。

〔問一〕——線①「童の」の「の」と同じ働きをする「の」を含む文節を、本文中の‖線ア〜エの中から一つ選び、記号で書きなさい。

〔問二〕——線②「いと白らかに笑み」・③「いと眉黒にて」とあるが、このような状態になっている理由について具体的に述べている部分を本文中からそれぞれ抜き出して書きなさい。

〔問三〕——線④「おはするこそ」の下には、気持ちを表す言葉が省略されていると考えられるが、どのような言葉が適切か。現代語で書きなさい。

〔問四〕——線⑤「人は、みめをかしきことをこそ好むなれ。」を現代語訳しなさい。

〔問五〕主人公の姫君の人物像を本文の内容から考えて書きなさい。また、そう考えた理由を本文の表現を引用しながら書きなさい。

〔問六〕この文章の出典である「堤中納言物語」は十編の独立した内容の短編から成っているが同じ形式の物語作品を、次のア～エの中から一つ選び、記号で書きなさい。

ア　竹取物語　　イ　雨月物語　　ウ　落窪物語　　エ　源氏物語

〔問七〕第三学年において、この文章を用いて登場人物の設定に着目しながら読む授業を構想して、導入で当時の時代背景や生活習慣等について触れる場面を位置付けた。この学習の意図を書きなさい。

（☆☆☆◎◎◎）

【四】次の漢文を読んで、後の〔問一〕～〔問六〕に答えなさい。

孔子の一行は国境近くで包囲され困窮していたが、弟子の子貢が囲みを抜け出してわずかな米を買い入れることができた。弟子の顔回がその米を炊いていたところ、すすぼこりがご飯の中に落ちてきた。

顔回取《リテ》而食《ラフ》レ之《ヲ》。子貢自《リ》レ井望‐見《シテ》二之《ヲ》一、不レ悦《バ》。以《テ》為《ス》レ窃《ムト》レ食《ヲ》也。入《リテ》問《ヒテ》二孔子《ニ》一曰《ク》、仁人・廉士《モ》窮《スレバ》改《ムル》レ節《ヲ》乎《かト》。孔子曰《ク》、①改《ムレバ》レ節《ヲ》即《チ》何《ゾ》称《セン》二於仁廉《ト》一哉《やト》。子貢曰《ク》、若《キハ》レ回《ノ》也、其《レ》不レ改《メ》レ節《ヲ》乎《かト》。子曰《ク》、然《リト》。子貢以《テ》レ所《ヲ》レ飯《くラフ》告《グ》二孔子《ニ》一。

子曰、吾信回之為仁久矣。②雖汝有云、弗以疑也。其或者《あるいは》必有故《A》乎《か》。汝止。吾将問之。召顔回曰、疇昔《ちうせき》、予夢見先人。豈或啓祐我哉。子炊而進飯。吾将祭焉。対曰、向有埃墨墮飯中。欲置之則不潔。欲棄之則可惜《B》。回即食之。③不可祭也。孔子曰、然乎《か》。吾亦食之。

（『孔子家語』による）

《注》 顔回…孔子の弟子
食…御飯
望見…遠くから眺める
仁人…仁徳をそなえて情け深い人
廉士…欲がなく心が清らかな人
疇昔…昨夜
先人…先祖
啓祐…助ける

埃墨…すす煙に含まれる黒いほこり

〔問一〕〰〰線A「故」・B「可惜」の意味を簡潔に書きなさい。

〔問二〕――線①「改節即何称於仁廉哉」を書き下し文に直しなさい。

〔問三〕――線②「雖汝有云」を「汝云ふこと有りと雖も」と読むように訓点を書きなさい。

〔問四〕――線③「不可祭也」は「お供えすることはできない」の意であるが、なぜ「できない」のか。その理由を簡潔に書きなさい。

〔問五〕原文では、孔子が顔回に対して述べた次のような言葉が、この文章に続いて書かれているが、孔子がこのように述べた理由を考えて、簡潔に書きなさい。

吾之信ズル㆑回ヲ也、非ザル㆓特《ただ》ニ今日ノミニ㆒也ト。

〔問六〕第二学年において、文章に表れている登場人物のものの見方や考え方を捉え、自分のものの見方や考え方を広くする力を高めたい。そこで、自分で選んだ漢文のよさについて紹介する学習活動で紹介カードを作ることにした。カードのイメージをもたせるために、この漢文を用いて、モデルを示すことにした。カードの太枠にある「漢文の内容」の部分を簡潔にまとめて書きなさい。

【紹介カード例】

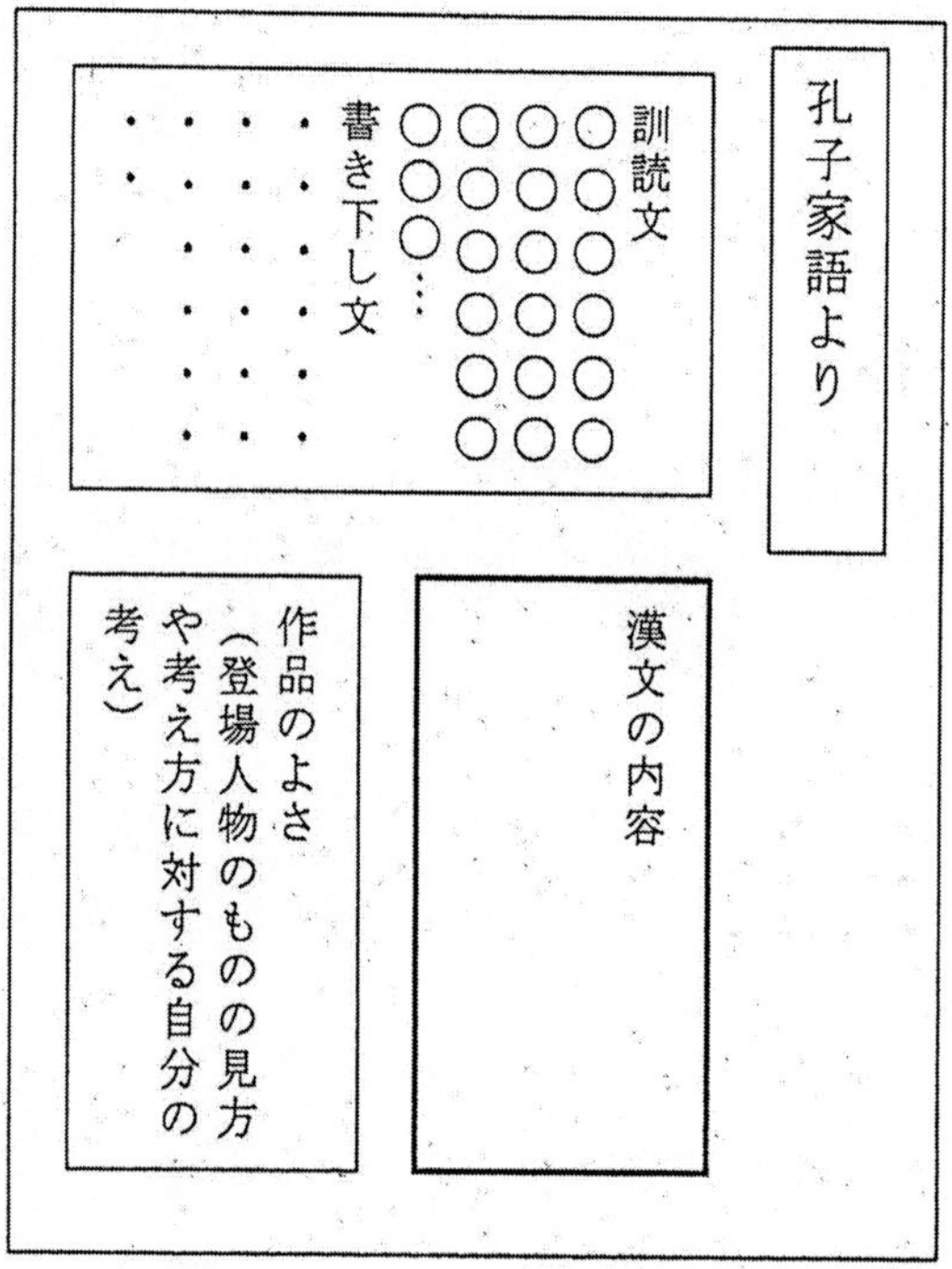
孔子家語より
訓読文
○○○○○○
○○○○○○
○○○○○
○○○…
書き下し文
漢文の内容
作品のよさ
（登場人物のものの見方や考え方に対する自分の考え）

（☆☆☆◎◎◎）

【高等学校】

【一】次の文章を読み、後の問いに答えなさい。(設問の都合上、文章等を一部省略した箇所がある。)

贅沢はしばしば非難される。人が「贅沢な暮らし」と言うとき、ほとんどの場合、そこには、過度の支出を非難する意味が込められている。必要の限界を超えた支出が無駄だと言われているのである。

だが、よく考えてみよう。たしかに贅沢は不必要と関わっており、だからこそそれは非難されることもある。ならば、人は必要なものを必要な分だけもって生きていけばよいのだろうか？　必要の限界を超えることは非難されるべきことなのだろうか？

Ⅰおそらくそうではないだろう。

必要なものが十分にあれば、人はたしかに生きてはいける。しかし、必要なものが十分あるとは、必要なものが必要な分しかないということでもある。十分とは十二分ではないからだ。

必要なものが必要な分しかない状態は、リスクが極めて大きい状態である。何かのアクシデントで必要な物が①ソンカイしてしまえば、すぐに必要のラインを下回ってしまう。だから必要なものが必要な分しかない状態では、あらゆるアクシデントを②ハイして、必死で現状を③イジしなければならない。

これは豊かさからはほど遠い状態である。つまり、必要なものが必要な分しかない状態では、人は豊かさを感じることができない。必要を超えた支出があってはじめて人は豊かさを感じられるのだ。

したがってこうなる。必要の限界を超えて支出が行われるときに、人は贅沢を感じる。ならば、Ⅱ人が豊かに生きるためには、贅沢がなければならない。

とはいえ、これだけでは何かしっくりこないと思う。

お金を使いまくったり、ものを捨てまくったりするのはとてもいいことだとは思えない。必要を超えた余分が生活に必要ということは分かるし、それが豊かさの条件だということも分かる。だが、だからといって贅沢を肯定するのはどうなのか？

このような疑問は当然だ。

この疑問に答えるために、ボードリヤールという社会学者・哲学者が述べている、浪費と消費の区別に注目したいと思う。贅沢が非難されるときには、どうもこの二つがきちんと区別されていないのだ。

浪費とは何か？　浪費とは、必要を超えて物を受け取ること、吸収することである。必要のないもの、使い切れないものが浪費の④ゼンテイである。

浪費は必要を超えた支出であるから、贅沢の条件である。そして贅沢は豊かな生活に欠かせない。

浪費は満足をもたらす。理由は簡単だ。物を受け取ること、吸収することには限界があるからである。身体的な限界を超えて食物を食べることはできないし、一度にたくさんの服を着ることもできない。つまり、浪費はどこかで限界に達する。そしてストップする。

人類はこれまで絶えず浪費してきた。どんな社会も豊かさをもとめたし、贅沢が許されたときにはそれを⑤享受した。あらゆる時代において、人は買い、所有し、楽しみ、使った。「未開人」の祭り、封建領主の浪費、一九世紀ブルジョワの贅沢……他にもさまざまな例があげられるだろう。

しかし、人類はつい最近になって、まったく新しいことを始めた。

それが消費である。

浪費はどこかでストップするのだった。物の受け取りには限界があるから。しかし消費はそうではない。消費は止まらない。消費には限界がない。消費はけっして満足をもたらさない。

なぜか？

消費の対象が物ではないからである。

人は消費するとき、物を受け取ったり、物を吸収したりするのではない。人は物に⑥フヨされた観念や意味を消費するのである。ボードリヤールは、消費とは「観念論的な行為」であると言っている。消費されるためには、物は記号にならなければならない。記号にならなければ、物は消費されることができない。

記号や観念の受け取りには限界がない。だから、記号や観念を対象とした消費という行動は、けっして終わらない。

たとえばどんなにおいしい食事でも食べられる量は限られている。腹八分目という昔からの⑦戒めを破って食べまくったとしても、食事はどこかで終わる。いつもいつも腹八分目で質素な食事というのはさびしい。やはりたまには⑧ゴウセイな食事を腹一杯、十二分に食べたいものだ。これが浪費である。浪費は生活に豊かさをもたらす。そして、浪費はどこかでストップする。

それに対し消費はストップしない。たとえばグルメブームなるものがあった。雑誌やテレビで、この店がおいしい、有名人が利用しているなどと宣伝される。人々はその店に殺到する。なぜ殺到するのかというと、だれかに「あの店に行ったよ」と言うためである。

当然、宣伝はそれでは終わらない。次はまた別の店が紹介される。またその店にも行かなければならない。「あの店に行ったよ」と口にしてしまった者は、「えぇぇ？　この店行ったことないの？　知らないの？」と言われるのを嫌がるだろう。だから、紹介される店を延々と追い続けなければならない。

これが消費である。消費者が受け取っているのは、食事という物ではない。その店にフヨされた観念や意味である。この消費行動において、店は完全に記号になっている。だから消費は終わらない。

浪費と消費の違いは明確である。消費するとき、人は実際に目の前に出てきた物を受け取っているのではない。なぜモデルチェンジすれば物が売れて、モデルチェンジしないと物が売れないのかと言えば、人が［　X　］。

ボードリヤール自身は消費される観念の例として、「個性」に注目している。今日、広告は消費者の「個性」を煽《あお》り、消費者が消費によって「個性的」になることをもとめる。消費者は「個性的」でなければならないという強迫観念を抱く(いまの言葉ではむしろ「オンリーワン」といったところか)。

問題はそこで追求される「個性」がいったい何なのかがだれにも分からないということである。したがって、「個性」はけっして完成しない。つまり、消費によって「個性」を追いもとめるとき、人が満足に到達することがない。その意味で消費は常に「失敗」するように仕向けられている。失敗するというより、成功しない。あるいは、到達点がないにもかかわらず、どこかに到達することがもとめられる。こうしてⅢ選択の自由が消費者に強制される。

(國分功一郎『暇と退屈の倫理学』による)

問一　傍線部①～⑧について、カタカナは漢字に改め、漢字は読みを平仮名で書け。

問二　傍線部Ⅰ「おそらくそうではないだろう」について、筆者がこのように「そうではない」と述べる理由を、文章の内容を踏まえて説明せよ。

問三　傍線部Ⅱ「人が豊かに生きるためには、贅沢がなければならない」について、筆者はなぜこのように述べるのか、文章の内容を踏まえ、その理由を説明するための板書例を、なぜ、「人が豊かに生きるためには贅沢がなければならない」のか？　に続けて示せ。

問四　空欄［　X　］にあてはまる文を、文章の内容を踏まえ、考えて記せ。

問五　傍線部Ⅲ「選択の自由が消費者に強制される」とはどのような状態か、文章の内容を踏まえて説明せよ。
問六　波線部「このような疑問」に対する筆者自身の答えを、文章の内容を踏まえ、根拠とともに記せ。
問七　「高等学校学習指導要領」（平成21年3月告示）では、「国語総合」の内容のうち、「A　話すこと・聞くこと」に関し、どのような事項について指導することとしているか、二つ答えよ。

（☆☆☆◎◎◎）

【二】次の文章を読み、後の問いに答えなさい。

また、この男、もののたよりに、いとさだかにはあらず、なまほきたるものから、さすがに文は取り伝へつべき人をたよりにて、上達部めきたる人のむすめよばひけるを、もしいかならむと思ひつつ見けるを、男、うれしと思ひて、いひかはしけること二度三度ばかりして、のちのちはせざりければ、

Ⅰ　身を燃やすことぞ a わりなき梳《す》く藻火《もび》の煙も雲となるを頼みて

とあれど、b さらに返しなし。されば、かの男、文伝へける人にあひて、「いかなることを聞しめしたるにかあらむ」などいひければ、「なでふことにもあらじ。まもりかしづきたてまつりたまへば」といひければ、①さもこそはあらめと思ひて、「さらば、よきをりをりに奉らせたまへ」。

さて、文に思ひけることどものかぎり多う書きて、とらせたりければ、「させむ」とて持て行きけれど、また、その返りこともせざりければ、男、また、いひやる。

Ⅱ　はき捨つる庭の屑《くづ》とやつもるらむ見る人もなきわが言の葉は

といひやれど、返りこともせざりければ、また、

Ⅲ　秋風のうち吹き返す葛《くず》の葉のうらみてもなほうらめしきかな

②かくのみいへど、返りことさらにせず。あやしさに、いかなるぞ、cさだかなるたよりのなきかとて、もとめける。この、文伝ふる人は、もとよりすこしほきたるやうにおぼえければ、とかうもいはで、ねむごろに心に入れて、尋ねければ、「いとものはかなきたよりにつけてありしこと③ななり。その人はさだかにも知らじ。おのらも見しかば、はじめわたりの返りことはすめりし。その人の、ものへいましぬめりしかば、心には思ひながら、えせぬぞ。みづからは手もいとあし、歌はた知らず。あたら、ことどもを」とぞいひける。いやしからぬ人もさるものにこそはありけれ。さて、dいふかひなく聞きなしてやみにける。のちに聞きければ、いたつきもなく、人の家刀自《いへとうじ》になりにける。

(『平中物語』による)

問一　波線部a～dを、それぞれ口語に訳せ。

問二　女の身分が暗示されている表現をⅠの歌の中から抜き出し、どのような身分であることが分かるか、そのように考えられる根拠を含めて説明せよ。

問三　傍線部①「さもこそはあらめと思ひて」について、男は、女から返歌が来ない理由を、誰にどのように説明されて納得したのか、説明せよ。

問四　Ⅲ「秋風のうち吹き返す葛の葉のうらみてもなほうらめしきかな」の歌に用いられている表現技法を二つ取り上げ、それぞれ説明せよ。

問五　傍線部②「かくのみいへど、返りことさらにせず」について、女が返歌をしなかった理由を説明せよ。

問六　傍線部③「ななり」を品詞分解し、文法事項を説明するための板書例を示せ。

問七　Ⅱ「はき捨つる庭の屑とやつもるらむ見る人もなきわが言の葉は」の歌について指導する際、どのようなことに注意をして音読するよう生徒に指示を出すか。歌から読み取れる状況や心情、表現技法等に着目し、根拠を示した上で説明せよ。

（☆☆☆◎◎◎）

【三】次の文章を読み、後の問いに答えなさい。（設問の都合上、一部訓点を省略した所がある。）

河東ノ薛存義将ニレ行カント。柳子載セ二肉ヲ于俎ニ一、崇ミテ二酒ヲ于觴《しやう》ニ一、追ヒテ而送リ二江之滸《ほとり》ニ一、飲二食セシメ之ヲ一、且ツ告ゲテ曰ハク、ａ凡ソ吏タル二于土ニ一者、ｂ若知ル二其ノ職ヲ一乎。①蓋シ民之役ニシテ、非ザル二以テ役スルレ民ヲ而已一ニ也。

凡ソ民之食《は》ム二於土ニ一者ハ、出シテ二其ノ十一ヲ一傭《やと》ヒテ二乎吏ヲ一、②使ムレ司ラ二平ヲ於我ニ一也。今受ケテ二其ノ直《あたひ》ヲ一怠ル二其ノ事ヲ一者、天下皆然リ。③豈惟怠ルレ之ヲ。又従ツテ而盗ムレ之ヲ。向《さき》ニ使メンニレ傭ハ二一夫ヲ於家ニ一、受ケテ二若ノ直ヲ一怠リ二若ノ事ヲ一、又盗マバ二若ノ貨器ヲ一、則チ必ズ甚ダ怒ツテ而黜二罰《ちゆつばつ》セン之ヲ一矣。以テスルモ二今ノ天下ヲ一多ク類スルヲレ此ニ、而モ民莫キハ四敢ヘテ肆《ほしいまま》ニスルコト三其ノ怒リト与ヲ二黜罰一何ゾ哉。勢不レバレ同ジカラ也。④勢ハ不レドモレ同ジカラ、而モ理ハ同ジ。［　Ａ　］。有ルレ達スル二于理ニ一者ハ、得ンレ不ルヲ二恐レテ而畏レ一乎。

存義仮ニ令タルコト二零陵ニ一二年ナリ矣。蚤《つと》ニ作《お》キテ而夜《よは》ニ思ヒ、勤メテレ力ヲ而労スレ心ヲ。訟フル者ハ平《たひら》カニシ、賦スル者ハ均シウス。老弱ニモ無シ二懐キテレ詐《いつはり》ヲ暴憎スルコト一。其ノ為スレ不ト二虚シク取ラ一レ直ヲ也的《あきらカナリ》矣。其ノ知ル二恐レテ而畏ルルコトヲ一也審カナリ矣。吾賤シク且ツ辱シメラレ、不レ得レ与ルコトヲ二考績幽明之説ニ一。⑤於イテ二其ノ往クニ一也、故《ことさらニ》賞スルニ以テシテ二酒肉ヲ一、重ヌルニレ之ニ以テスレ辞ヲ。

(『古文真宝(後集)』による)

(注)薛存義…柳宗元と同郷の河東の人。　柳子…柳宗元の自称。　俎…肉をのせる台。　崇…満たす。　觴…さかずき。　吏于土者…その土地の官吏となっている者。　食於土者…土地を耕して生活する者。　出其十一…収穫の十分の一を税として出す。　黜罰…免職にして罰する。　辱…左遷の恥辱を受けている。　考績幽明之説…役人の勤務成績を調べ、昇進、降格を決める朝廷の会議。

問一　波線部a～dの語の読み方を、送りがなも含め、平仮名で答えよ。(現代仮名遣いでよい。)
問二　傍線部①を口語に訳せ。
問三　傍線部②、③をそれぞれ書き下し文にせよ。(送り仮名は一部省略してある。)
問四　傍線部④、⑤はそれぞれどのようなことを言っているのか、必要な語句を補い説明せよ。
問五　空欄Aには、「何」・「吾」・「如」・「民」の四字を用いた漢文が入る。「自分の治める人民をどうしたらよいであろうか。」という意味になるよう適切に並び替えた上で、訓点を施せ。
問六　柳宗元は、薛存義の役人としての勤務の様子を具体的にどのように評価しているか、説明せよ。
問七　「高等学校学習指導要領」(平成21年3月告示)では、「古典B」の目標として、どのような能力を養い、どのような態度を育てることが示されているか、答えよ。

（☆☆☆◎◎◎）

解答・解説

【中学校】

【二】〔問一〕話し手の話す内容を確認しながら、質問を重ねていくことで双方向の関わりをもつというインタビューの特徴を生かすことで、本単元で身に付けさせたい力を必然的に付けさせるため。

〔問二〕違い…①は限定的な答えを導く問い方で、②は具体的で多様な答えが想定される問い方　①のよさ…相手の思いや考えを確認することができる。　②のよさ…話の内容を広げることができる。

〔問三〕部活動においてどのような場面で充実感や満足感を感じたのかを想起させ、同じような場面での様子について質問を考えさせる。　〔問四〕小学生に部活動のよさや充実した取組の様子を具体的に伝えられるようにするために、部活動の楽しさについて、質問を重ねて内容を深めていくとよい。　〔問五〕（一）インタビューの様子を観察する役割の生徒を複数つくり、評価の観点を分担して評価させる。

（二）する側…・相手の答えからうまく次の質問をすることができたのは、どんなときか。　・思うように話が展開しなかったのは、どんなときか。　される側…・どの質問が答えやすかったか。　・質問の順番はよかったか。

〈解説〉〔問一〕 教育活動におけるインタビューは「A 話すこと・聞くこと」の「日常生活の中から話題を決め、話したり話し合ったりするための材料を人との交流を通して集め整理すること」等に関連する。誰と何について話し合うのか、何のために話し合うのかを理解し、今何について話し合っているのかをとらえ、それに応じて話す、という学習には、インタビューが最適と考えられる。双方向の話し合いは「伝え合う力」の育成にも関わる。 〔問二〕 ①の「が」は格助詞で、好悪の対象「スポーツ」について主語文節を作り、相手にスポーツに対する好悪の答えを限定的に導いている。②の「は」は他と区別して取り立てていうのに用いる副助詞で、好きなスポーツについての問いである。①も②も理由を含めた確認のための質問であるが、②は多様な答えを想定した問いの特徴がある。 〔問三〕 部活動の教育的価値は、共通の活動目標、異年齢集団の中で共通の興味や関心をもち、自発的・自治的に協力し合う活動ができることである。生徒一人一人の個性や豊かな人間性を培う上で、部活動は重要な教育活動である。このことをふまえて「自分自身の成長」や「人間関係」についての経験なども質問に加えてみよう。 〔問四〕 部活動の教育的価値を高めることも念頭に置き、問三の解説をふまえ、仲間との楽しい練習やスポーツ大会での勝利の喜びを仲間と分かち合った経験、指導する先生との人間関係なども質問の内容にしてもよいだろう。 〔問五〕 (一) インタビューについて、生徒相互で客観的に評価させるために、グループあるいはペアによるインタビューを行う学習方法を考えるとよい。そのために、例えばインタビューの質問内容を事前に検討する、インタビューをする順番を決めるといったことがある。本問では、インタビューをした生徒のインタビューを受ける者へ質問するときのマナーや相手の答えに対しての再質問の仕方など、多面的に評価させる手立てを考えてみよう。 (二) インタビューをする側からのよりよい質問の仕方は、「伝え合う力」の育成にも関わる。相手の立場や考えを正しく理解し、こちらの質問が正しく相手に伝わるようにインタビューしなければならない。このことをふまえて、インタビューする側とされる側について考えてみよう。インタビューに答えやすい内容の有無、インタビューの内容の適不適の問題、相手からの逆の質問に正しく答えられる準備はしていたか否かなどを踏まえ、よりよい質問の仕方や内容を再工夫するようにしたい。

【二】〔問一〕ア　縛る　イ　ぎょうしゅく　ウ　風潮　エ　かくご　〔問二〕偏狭　〔問三〕ローカル　〔問四〕有機農業をすすめようとすれば、その地域のローカルな農業技術から学ばなければならない。しかもそのことは、地球環境を守ることとも矛盾しない。　〔問五〕エ　〔問六〕戦後ずっと改められることのないまま、伝統的なものが、保守的、国家主義的なものと結びつけられて評価されたこと。(五十四字)　〔問七〕自分のよいと思った表現の仕方について、具体的な叙述を根拠として挙げること。

〈解説〉〔問二〕※には「ローカル」という言葉が持つ否定的ニュアンスをもつことと関連した言葉が入る。前の「狭い地域」「その地域でしか通用しない」を手がかりに探すとよい。　〔問三〕指示語「それ」の代わりに「ローカル」を代入して、整合性を考えてみるとよい。　〔問四〕波線部分の具体例なので、後文にある有機農業の例を示せばよい。少々長文なので、誤字・脱字に気をつけて抜き書きしよう。　〔問五〕本文では冒頭の「単語にこめられているニュアンス」の変化を歴史の変革期の関係を、「ローカル」という言葉について筆者が例証している。筆者自身が自然が好きであること、有機農業の例に引っ張られないようにしたい。〔問六〕「戦後的な知性」とはどのようなものか、「戦後」をキーワードにして本文から探すとよい。第六段落の内容を踏まえながら、文章をまとめること。　〔問七〕問題文にある「文章の構成や展開、表現の仕方」は「C　読むこと」のウで示されている。ウではさらに「根拠を明確にして自分の考えをまとめること」とある。生徒Cのノートには、「具体例」を挙げることについては触れているが、その根拠となる具体例が示されていない。「根拠を明確すること」は、文章の構成や展開、表現の仕方について自分の考えを書いたり発表したりする際に、自分の考えを構成する段落や部分を挙げるように指導することが大切である。

【三】〔問一〕エ　〔問二〕②　歯黒め、「さらにうるさし、きたなし」とて、つけたまはず　③　眉さらに抜きたまはず　〔問三〕困ったことだ、心配だ　〔問四〕世の人は見た目の美しいものを好むものである。〔問五〕人物像…考え方が理論的で慣習にとらわれない人。型破りで自分なりの考えをしっかりもっている人　理由…親に諭されても「よろづのことどもをたづねて、末を見ればこそ、事はゆゑあれ」と言い返すなど、自分の考えを変えようとしないから。　〔問六〕イ　〔問七〕当時の文化を理解することを通して、姫君の考え方や行動が当時の他の人と違っていることをより深く理解させるため。

〈解説〉〔問一〕①の「の」は、同格を表す格助詞である。ア～ウは、下の語を修飾する体修語(格助詞)である。〔問二〕当時の女性は眉毛を抜き、お歯黒をつけていたが、この姫君は「つくろふところあるはわろし」から眉を抜かず、「さらにうるさし、きたなし」という理由からお歯黒をつけていなかった。〔問三〕④の「おはする」は「あり」の尊敬語で、「いとあやしく、さまことにおはするこそ」は、まことに風変わりで、世の姫君とは違っていらっしゃる、という意味である。「こそ」は、強意の係助詞であるから、結びは困ったことだ、不都合だといった意味を持つ「はしたなし」の已然形「はしたなけれ」等が適切であろう(係結び)。〔問四〕⑤の「みめ」は「眉目・見目」で見た目・容貌のこと。「をかしきこと」の「をかしき」は、「をかし」(形・シク)の連体形で、美しい、という意味。「こそ好むなれ」の「こそ…なれ」は係結びで、「なれ」は断定の助動詞「なり」の已然形であり、「…を好むものだ」と訳す。　〔問五〕この姫君は蝶よりも人々の嫌う毛虫をかわいがり、両親の困惑をよそに「苦しからず。よろづのことどもをたづねて、末を見ればこそ、事はゆゑあれ」(人のうわさなどかまわない。万事の現象を推究し、その流転の成行きを確認するからこそ、すべての事象は意味をもってくる)という冷静かつ論理的に物事を考える人物である。〔問六〕「堤中納言物語」と同じ九編の短編を五巻に収めた作品は、「雨月物語」であり、作者は上田秋成である。〔問七〕古典の学習について、学習指導要領には「歴史的背景などに注意して古典を読み、その世界に親しむこと」が示されている。また、中学第三学年の「C 読むこと」の言語活動例には、「物語や小説などを読んで批評すること」が示されている。物語や小説を読み、作品の内容や登場人物の生き方、表現の仕方などについて批評する活動である。古典社会での人の生き方、考え方、生活習慣など今日の社会での人の生き方を対比させながら、作中人物(姫君)の生き方、考え方、性格等について生徒一人一人に考えさせるとともに作品についての批評をさせてみよう。

【四】〔問一〕A 理由　B もったいない　〔問二〕節を改むれば即ち何ぞ仁廉と称せんやと

〔問三〕雖モ二 汝 有リト一レ 云フコト

〔問四〕(顔回が)口を付けてしまったから。〔問五〕御飯を食べた理由があることを知り、孔子が顔回を一層信用するようになったから。〔問六〕御飯を食べた顔回を見ていた子貢が、そのことを孔子に伝えると、孔子は、信用している顔回が節操を変え、そのようなことをするはずはなく、何か事情があってのことだろうと、尋ねてみることにした。顔回は、御飯にすすが落ち配膳することも、捨てることもできないので、食べてしまったと言った。すると孔子も、そういう場合なら、私も食べただろうと言った。

〈解説〉〔問二〕レ点や一・二点および送りがなに注意して書き下す。反語形に注意すること。〔問三〕返読文字「雖」「有」および送りがなに注意しよう。〔問四〕顔回の理由は「向有埃墨堕飯中。欲置之則不潔。

欲棄之則可惜。回即食之」である。つまり、飯中に入った埃墨のために、不潔になった御飯を配膳することでもできず、また、捨ててはもったいないので自分(顔回)が食べた。そのため、先祖への御飯も、お供えできない、ということである。〔問五〕問題にある「吾之信回也、非特今日也」(吾の回を信ずるや、ただに今日のみに非ざるなり)は、顔回が埃墨の入った不潔な御飯を食べた行為により一層、孔子は顔回の人となりを信頼するようになったことを示している。〔問六〕御飯を盗み食いしたと誤解した子貢に対して孔子の態度や言葉、顔回の御飯を食べた理由、孔子の顔回への一層の信頼などをまとめて書くこと。

【高等学校】

【一】問一 ①損壊 ②排 ③維持 ④前提 ⑤きょうじゅ ⑥付与(附与) ⑦いまし ⑧豪勢 問二 必要を超えた支出は無駄だと言われているが、その支出があってはじめて人は豊かさを感じられるから。

問三

なぜ、「人が豊かに生きるためには、贅沢がなければならない」のか？

(例)

・必要を超えた支出があってはじめて人は豊かさを感じられる。

→(人が豊かさを感じるためには、必要を超えた支出がなければならない。)

・必要の限界を超えて支出が行われるときに、人は贅沢を感じる。

⇦

人が豊かさを感じるためには、必要を超えた支出がなければならないのであり、そのような支出が行われるときに、人は贅沢を感じるから。

問四　実際に目の前にある商品そのものを求めているのではなく、「モデルチェンジした」という観念だけを消費しているからである。　問五　無数に用意された「個性」を前に、けして到達することのない「個性」の完成をもとめて、消費者が、次々に「個性」を選択し、消費し続けなければならない状態。　問六　浪費は、必要を超えたどこかで限界に達してストップする。しかし、観念を対象とする消費には限界がない。このように、浪費を消費と区別して考えることにより、限界に達して満足をもたらす浪費としての贅沢を、肯定することができるのである。　問七　・話題について様々な角度から検討して自分の考えをもち、根拠を明確にするなど論理の構成や展開を工夫して意見を述べること。　・目的や場に応じて、効果的に話したり的確に聞き取ったりすること。

〈解説〉問一　Ⅰの前後の文をまとめればよい。　問三　贅沢は人に心理的な豊かさを与える。逆接的に言えば、人が豊かさを感じるためには、必要の限界を超えた過度の支出を必要とする。この筆者の「必要を超えた支出」と「贅沢」の考えを示すこと。　問四　空欄Xに入る文は、「消費」についての筆者の考え「人は消費するとき、物に付与された観念や意味を消費する」を踏まえて示された文である。モデルチェンジすれば物が売れるのは、つまり、浪費のように目の前の物を受け取るのではなく、「モデルチェンジした」という観念だけを消費しているからである。この消費が一方で浪費の対象となる。　問五　浪費が物を対象にするのに対し、消費は記号や観念を対象とする。個性的なものの追求が、観念的に行われ、それが物として浪費の対象となるとき、例えば、モデルチェンジなどは、到達点のない無限性をもつ。こうして終点のない目新しくモデルチェンジした「個性」を求めて、消費者たちが次々に選択しなければならない状態を述べている。　問六　波線部は、「贅沢(必要を超えた支出)を肯定すること」への疑問を指す。筆者はこの疑問に対して、社会学者ボードリヤールの「浪費と消費」の区別について紹介している。そして浪費・贅沢(必要を超えた支出)には限界があり、消費には限界がないとする。消費の対象とするのは記号や観念などの「観念論的な行為」であり、例えば「店」を記号化し、商品の個性化を生み出す。しかも「個性」の創造は無限であり、消費者は個性的商品(物)の受け取りや吸収の選択に熱中する。しかし、その熱中(浪費)もどこかでストップする。この抑止力があることで、浪費に歯止めがかかる。そのためある程度の贅沢は肯定してよいのではないか、これが筆者の考えと思われる。問七 「国語総合」は教科の目標を全面的に受け、総合的な言語能力を育成することをねらいとした共通必履修科目である。「A 話すこと・聞くこと」では、ア「話題について自分の考えをもつこと。論理の構成や展開を工夫すること」、イ「効果的に話すこと、的確に聞くこと」、ウ「工夫して話し合うこと」、エ「表現について考察したり交流したりして、考えを深めること」に関する指導事項が示されている。

【二】問一 a ほんとうにつらいことだ b まったく返事がない c しっかりした取次ぎ d 恋文をやってもしようがないことだと思い 問二 表現…雲 説明…「梳く藻火」で身を焦がす自身を喩え、その煙が上って「雲」になるということから、女の身分が高いことが分かる。 問三 文を伝えてくれた人に、「大切にお守りし、お世話申しあげていらっしゃる人だから(なかなか返事も出せないのだ)」と説明されて納得した。 問四 「秋風のうち吹き返す葛の葉の」が「うら」を導く序詞で、「うらみ」は「裏見」と「恨み」の掛詞である。 問五 男との歌のやりとりが始まった頃に代筆してくれていた人がよそに行ってしまった上、本人は字がとても下手で、歌も詠めないから。

問六
（例）
な←「断定」の助動詞「なり」の連体形「なる」の撥音便無表記（体言に接続）
／
なり→「伝聞」の助動詞「なり」の終止形（ラ変型連体形に接続）
（「なんなり」と読む。）

問七　Ⅱの和歌には、歌を読みかけても返歌が来ない男の思いが、倒置や現在推量「らむ」を用いながら効果的に表現されている。よって音読する際には、切なさや虚しさ、女に対する恨みがましさを感じながらも、それでも返歌をしてほしい男の思いを踏まえて、音読するよう指導する。

〈解説〉問一　aは「わりなし」(形・ク)の連体形で、たえがたい、つらいという意味である。bの「返し」は返事のことで、「まったく返事がない」と訳す。cの「さだかなる」は、「さだかなり」(形動・ナリ)の連体形で、しっかりした、という意味。「たより」は、先方の邸の女房などで、確かに姫君に文を手渡せそうなたよりになる人物をいう。d「いふかひなく聞きなして」の「いふかひなく」は「いふかひなし」の連用形で、言ってもしかたがない、という意味。「聞きなし」は、「聞きなす」(他サ四)の連用形で、聞いて、それと思うといった意味であり、「恋文をやってもしようがないことだと思って」と訳す。　問二　Ⅰの歌意は「恋い焦れて、身を燃やすということは、ほんとうにつらいことです。藻屑を焼く煙もやがて空にのぼって雲になるのだと、貴いお身の上のあなたにも、いつかは私の思いが届くのを頼みにして」である。女の身分が暗示されているのは「雲」。「梳く藻火」は自分を卑下した例えである。　問三　①の「さもこそ」の「さも」は、そのようにという意味の副詞。「上達部めきたる人のむすめ(姫君)」だから、そのように大切にされているので返事が出せないことを述べている。「あらめ」は「…であろう」の意で、「こそ……め(推定の助動詞「む」の已然形)は、強意の係結び、「思ひて」は納得してという意味である。　問四　歌意は「恨んでも恨んでも、やっぱりあなたのお仕打ちが恨めしい」である。　問五　返事がいっこうに来ないのは、男が「さだかなるたより」(姫君側近で、事情にもくわしい取次ぎ(女房))から「みづからは手もいとあし、歌はた知らず、あたら、ことどもを」と聞いたからである。「手」は文字、「あし」は下手なこと、「歌はた知らず」は歌が詠めないこと、「あたら」は感動詞で、惜しむ気持をあらわす。「ことども」は、手・歌などをさす。　問六　③は、断定の助動詞「なり」に伝聞推定の助動詞「なり」がついた「なるなり」の音便形「なんなり」の「ん」の無表記である。この撥音便の経緯を板書する。「…であるようだ、…であるらしい」と訳す。　問七　「音読」については、小学校国語の「C 読むこと」で系統的に学習し、中学国語では第一学年の「C 読むこと」の言語活動のアに明示されている。高等学校では、この音読を基礎にした学習を行うこと。音読の基礎となるのが「語のまとまりや言葉の響きなどに気をつけて」音読することである。明瞭な発音で文章を読むこと・ひとまとまりの語や文として読むこと、言葉の響きやリズムなどに注意して読むことである。和歌は韻文であり五七五七七の三十一音の定型の中に作者の心の炎(感動)が凝縮している。表現の奥にあるその心をリズミカルに音読するように指導することが大切である。この歌は、恋文である。歌に用いられている「はき捨つ」と「庭の屑」は縁語。「見る人もなき」と「わが言の葉は」とは倒置法である。男の女への切ない想いや女からの返歌をひたすら待ちのぞむ気持を踏まえて音読するよう指示する。

【三】 問一　a　およそ　b　なんぢ(じ)　c　つまびらかなり　d　あづ(ず)かることを　問二　思うに、役人は、人民のために働くのであって、人民を使役するだけではないのである。　問三　②　平を我に司らしむるなり。　③　豈に惟だ(に)之を怠るのみならんや。　問四　④　官と民の力関係は同じではないが、ということ。　⑤　薛存義が新しい任地に出発するに当たって、ということ。

問五　如二吾《ガ》民《ヲ》一何《セン(ヤ)》。

問六　朝早く起きて夜遅くまで政務に思いを致し、心身ともに力を尽くして仕事をした。裁判は公正であり、課税は平等であった。俸給をただ取りもしていないし、恐れ慎むことを知っている役人であることは明らかである。　問七　能力…古典としての古文と漢文を読む能力

態度…人生を豊かにする態度

〈解説〉問一　aは「おおむね、大体」という意味、bは仮定形をつくる副詞、cは「明らか」という意味。dは「関係する」という意味である。　問二　①「役」は仕事の意味であり、「役する」は、使う、また使われる、仕えるといった意味で、「民の役」は、(役人は)人民のために働くものといった意味になる。

問三　②は、一・二点および送りがなに従って訓読しながら書き下す。使役形であることに注意する。③は「豈…(哉・乎)」の反語形である。　問四　④「勢不同」は、「勢は同じからざれども」と訓読する。「勢」とは権力、地位による力のこと。一般人の個人的権力と官吏たちの政府の役人としての権力の違いをのべている。⑤「於其往也」(其の往くに於てや)は、そこで彼(薛存義)が転任して行くに当って、といった意味になる。

問五「…をどうしたらよいか」という対処の方法には、「如何」(いかん)の疑問詞が用いられる。「如何」が目的語をとると、それぞれの二字の間に「如…何」の形ではさんで書かれる。「如二吾《ガ》一民《ヲ》何《マン(ヤ)》」となる。

問六　薛存義の役人として勤務する姿は、「蚤作而夜思～其知恐而畏也審矣」で述べている。「蚤作而夜思」(つとにおきてよはに思ひ)とは、朝早く起きて夜遅くまで政治のことを考え、「力を勤めて心を労す」とは、力をつくして進んでは事をし、「訟者平、賦者均」(訴ふる者は平らかにし、賦する者は均しうす)は、民の訴えは公平に治め、税の負担はひとしくした、「老弱無懐詐暴憎」(老弱にも、いつはりをいだきて暴憎することなし)とは、(彼の政教により)老人や幼児などの弱い者に対しても、人々はいつわりを心にいだき、そこない憎むようなことはなかった、「其為不虚取直也的矣」(其のむなしくあたひを取らずと為すやあきらかなり)は、

彼が人民から俸禄をただ取りしていない者であることははっきりしている、「其知恐而畏也審矣」(其の恐れて畏るることを知るやつまびらかなり)は、彼が禄のただ取りや税を盗むことが、道理の上からは人民の怒りを受けることであるから、恐れてつつしみはばかるべきことを知っていることは、疑いもなくわかっている、といった意味である。以上、賢明にしてかつ清廉潔白な人物であることが推測される。　問七「古典B」は、古典としての古文と漢文を読む能力を育成するとともに、ものの見方、感じ方、考え方を広くし、古典についての理解や関心を深めることをねらいとした選択科目である。

二〇一五年度　実施問題

【中学校】

【一】第二学年において、事実や事柄、心情が相手に伝わるように文章を書く力を高めるために、職場体験で訪問した会社に、体験のお礼の手紙を書く学習活動を設定した。次の〔問一〕～〔問五〕に答えなさい。

〔問一〕　単元の導入場面に関する次の(一)、(二)の問いに答えなさい。

(一)「書くこと」の学習として手紙を書かせる上で留意させることを書きなさい。

(二)　生徒に手紙のモデルを提示したい。手紙の本文に当たる部分を、次の条件に合わせて書きなさい。

【条件】

・伝えたいことの中心を書くこと。

・職場体験、教育実習、ボランティア活動など、自分の体験を基に書くこと。

・三段落構成で書くこと。

〔問二〕　手紙の後付けで、次のア～オはそれぞれどの位置に入るか。［ ① ］～［ ⑤ ］に当てはまるものを、ア～オの記号で書きなさい。

ア　自分の名前　　イ　相手の名前　　ウ　学校名　　エ　日付　　オ　事業所名

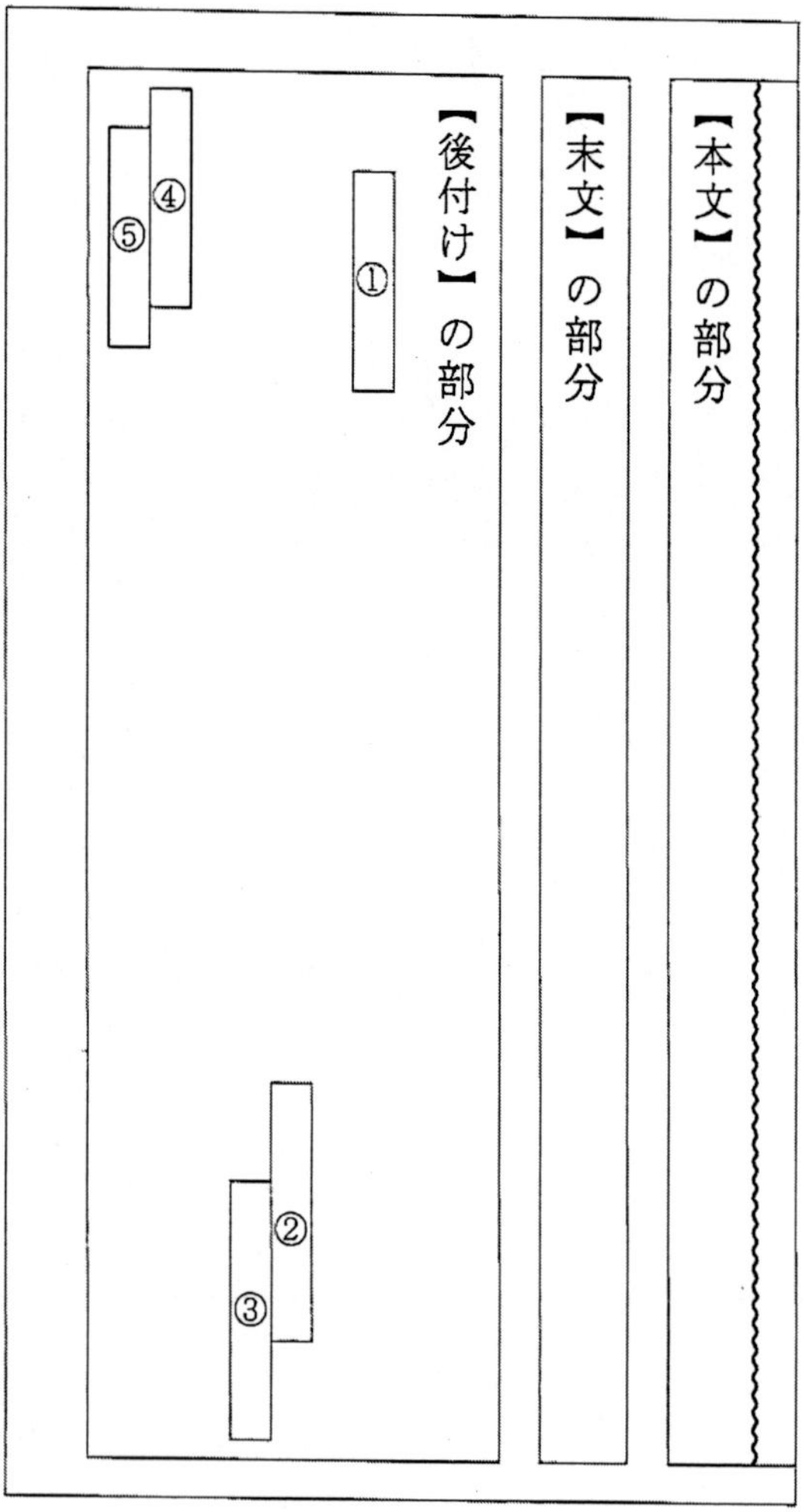

〔問三〕 後付けの位置取りの意味について、生徒に考えさせるための手立てを書きなさい。

〔問四〕 手紙の本文に書く内容が見つからない生徒に対して、書く内容を明確にする手立てを書きなさい。

〔問五〕 書写の指導と関連させ、相手が見やすく読みやすい文字で清書させたい。どのような点に留意させるか、簡潔に書きなさい。

(☆☆☆◎◎◎)

【二】次の文章を読んで、後の〔問一〕～〔問六〕に答えなさい。

日本は、ダイアモンド*1の横への広がりという考え方に従えば、ユーラシア大陸の東端に存在し、そこまで広がってきた近代科学を積極的に取り入れられる位置にあります。しかしその風土には、独特のものがあります。山、海、川など、驚くほど多様な自然と関わりながら生きていく文化は、いかに近代科学を取り入れようとも、変わりません。超高層ビルの並ぶ都会を見ていると、この国は大きく変わったように見えますが、深いところにある日本人の心は変わっていません。それは、東日本大震災が改めて気づかせてくれたことでした。①こうした日本人の、日常における自然の見方を、哲学者・伊藤益さんの考え方を紹介しながら、少し分析してみたいと思います。

伊藤は、アキキ歌謡や万葉集にある「――見ゆ」で文を結ぶ形式に注目しています(因みにこの形式は時代のくだる古今集では姿を消すとのことです)。【　A　】、万葉集の

朝霧に a しののに濡れて呼子鳥三船の山ゆ鳴き渡る見ゆ　(巻一〇、一八三一)

という歌では、「鳴き渡り行く」では示し得ないなにかが作者(ひいては古代日本人一般)の意識の底にあるというのが伊藤の指摘です。

ただ鳥という客体が渡っていくというのではなく、「それを見ている私」がいることが重要だというのです。「何かが在るということは、……それが見る主体たる「我」の眼前にいま「我」の意識と密接に関わりつつ立ち現われて在るという事態を前提として、はじめてイハアク可能となる」と説明されています。あわせて、その底には呪術的な発想が存在しているとも伊藤は指摘しています。

ここでの「見る」は、単に眼で見るというところに止まらず、対象の内実、別の言葉を用いるなら本質を捉えていくことだというのです。しかもここで伊藤は、その捉え方は、空間的・時間的広がりのもとでその対象

を自分の中に取り入れていく感じがあると語っています。つまりそれが「わかる」ことにつながるわけです。

実は、「生命誌」[*2]を始めたのは、時間・空間の広がりの中にある生きものの本質を捉えていく知を求めてのことです。これまでの科学の特徴である客体、とくに自然を完全に自立・自律のものとして捉えるというところを抜け出して、そこから自然を見る知として生命誌を組み立てたいと願っています。その私が伊藤の論を解釈しているので、正確さを欠くかもしれませんが、このように考えられる内容があることは確かです。

その分析によれば、この歌では、主客は完全に一体化した未分化のままであるのではありません。主体と客体として一度は分離しながら、客体を主体とまったく独立の存在とするのではなく、主体がある意味そこに入りこむ、「　B　」、客体を自身と同じ感情を持つものとして見ているというのです。つまり、自然は人間と密接な関係にある存在なのです。

伊藤はまた、私と他の人との関係についてもウ言及しています。つまり、私が主体的に自分の中に取り入れている、あるいは入りこんでいる自然は、同時に他の人も同じようにしている自然である。その結果、自然を媒介として人間どうしがつながっていく、つまり自然が人と人をつなげる役割をしているというのです。たとえば同じ自然の中で暮らしてきた仲間には、自然を通してのつながりが存在すると言えます。これはまさしく和辻の言う風土[*3]に通じるのではないでしょうか。

この自然を通してつながる感覚は、同時代の人どうしのものとは限りません。私たちが今万葉集を読むと、具体的な生活様式は大きく違っていたでしょうに、そこに歌われている生活や感情を通して、万葉人とのつながりを感じます。その感覚は、科学技術に支えられた都市に暮らす若い人たちも同じなのではないでしょうか。そう感じるのは、そこで歌われている自然への共感から来るのだと思います。

私たちの暮らす日本は、いわゆる先進国として世界にエ互していきながら、なお万葉の時代の感覚を残していることを大切にしなければならないと改めて思います。こうした自然への向き合い方は一つの文化です。それを正確に捉える努力をし、さらには外に向かって発信していくことが重要だと思います。

（中村桂子『科学者が人間であること』による　一部省略）

＊1ダイアモンド……ジャレド・ダイアモンド。分子生物学とニューギニアの島の生態学研究を基にした人類史の研究者。ヨーロッパに科学を基盤とする文明圏ができたのは、ユーラシア大陸が東西に広がり自然の状況が似ているので、新しい文化の伝播が容易で早かったからだ、というダイアモンドの考えを、筆者は前章で説明している。

＊2生命誌……………バイオヒストリー。筆者が提唱し専門とする科学分野。生命のつながりという観点から生きものそのものを見ることにより、従来の生命科学を捉え直そうとしている。

＊3和辻の言う風土…和辻は風土性を「人間存在の構造契機」として捉えているとし、筆者は、「自然環境がいかに人間生活を規定するかということが問題なのではない。……風土的形象が絶えず問題とせられているとしても、それは主体的な人間存在の表現としてであって、いわゆる自然環境としてではない」と、前章で『風土』から引用している。

〔問一〕 ――線ア～エのカタカナは漢字で、漢字は読みを平仮名で書きなさい。

〔問二〕 ――線①「こうした日本人」とあるが、どんな日本人だと筆者は考えているのか、文章中の言葉を使って書きなさい。

〔問三〕 ――線aの意味を簡潔に書きなさい。

〔問四〕 文章中の【 A 】及び【 B 】に当てはまる言葉を次のア～カからそれぞれ一つずつ選び、記号で書きなさい。

ア あるいは　イ そして　ウ だが　エ ところで　オ たとえば　カ つまり

〔問五〕 本文の要旨を百六十字以内で書きなさい。

〔問六〕 この文章を用いて、第三学年「C読むこと」の指導事項エ「文章を読んで人間、社会、自然などについて考え、自分の意見をもつこと」の指導を行うことにした。自然と人間の関係について、自分の考えをもてない生徒に対する手立てを書きなさい。

(☆☆☆◎◎◎)

【三】 次の古文を読んで、後の〔問一〕～〔問八〕に答えなさい。

①野分のまたの日こそ、いみじうあはれに、をかしけれ。立蔀《たてじとみ》・透垣《すいがい》などの乱れたるに、前栽どもいと心苦しげなり。大きなる木どもも倒れ、枝など吹き折られたるが、萩・女郎花《をみなえし》などの上に、横ろばひ伏せる、いと思はずなり。格子の壺などに、木の葉をことさらにしたらむやうに、こまごまと吹き入れたるこそ、荒かりつる風のしわざとはおぼえ（ ② ）。

いと濃き衣のうはぐもりたるに、黄朽葉《きくちば》の織物・羅《うすもの》などの小袿《こうちぎ》着て、まことしう清げなる人の、夜は風の騒ぎに寝られざりければ、久しう寝起きたるままに、母屋よりすこしゐざり出でたる、髪は風に吹きまよはされて、すこしうちふくだみたるが、肩にかかれるほど、③まことにめでたし。ものあはれなる気色に見出だして、

「④むべ山風を」

などいひたるも、「⑤心あらむ」と見ゆるに、十七、八ばかりにやあらむ、小さうはあらねど、わざとおとなとは見えぬが、生絹《すずし》のア単衣の、いみじう綻び絶え、花もかへりふりなどしたる、淡色のイ宿直物を着て、髪、色に、こまごまとうるはしう、末も尾花のやうにて、丈ばかりなりければ、衣の裾にかくれて、袴の稜々《そばそば》より見ゆるに、童女・若き人々の、根ごめに吹き折られたる、ここかしこに取り集め、起こし立てなどするを、羨ましげに押し張りて、簾《す》に添ひたるうしろでも、をかし。

（『枕草子』による）

立部…衡立　黄朽葉…経《たて》紅・緯《よこ》黄の織色　羅・生絹…織物の名前
小袿…女房装束の一番上に着るもの　稜々…衣の端

〔問一〕――線ア「単衣」イ「宿直」の読み方を歴史的仮名遣いで書きなさい。

〔問二〕――線①「野分」とは、何のことを表しているか書きなさい。

〔問三〕（　②　）には「ない」という意味の助動詞が入る。適切な形で書きなさい。

〔問四〕――線③「まことにめでたし」を現代語訳しなさい。

〔問五〕――線④は、次の『古今集』にある文屋康秀の歌の一部分である。この歌の（　　）に入る言葉を歴史的仮名遣いを用いて書きなさい。

吹くからに秋の草木のしをるればむべ山風を（　　　）

〔問六〕 ――線⑤「心あらむ」の「心」とは、ここではどのような意味か、書きなさい。

〔問七〕 この文章に表れた作者の自然や人の美しさに対する見方を簡潔にまとめて書きなさい。

〔問八〕 伝統的な言語文化に関する事項は、三領域と関連付けて指導することになっているが、それだけを取り上げて指導することもできる。取り上げて指導することのよさを書きなさい。

（☆☆◎◎◎）

【四】 次の漢文を読んで、後の〔問一〕～〔問七〕に答えなさい。

荊宣王問群臣曰、吾聞北方之畏昭《せう》奚《けい》恤《じゆつ》也。果
誠①何如。群臣莫対。江《かう》乙《いつ》対曰、虎求百獣而食之。
得狐。狐曰、子無敢食我也。②天帝使我長百獣。
今子食我、是逆天帝命也。子以我為不信、吾為
子先行。子随我後、観百獣之見我、而敢不走乎。
③虎以為然。故遂与《とも》之行。獣見之皆走。虎不知獣
畏己而走也。以為《おもへらく》畏狐也。今王之地方五千里、

帯甲百万《アツテ》、而専《ラ》属《ス》之《ヲ》昭奚恤《ニ》。故《ニ》北方之畏《ルルハ》奚恤《ヲ》也、
其《ノ》実畏《ルル》王之甲兵《ヲ》也《ルコト》、④猶《ホ》百獣之畏《ルルガ》虎《ヲ》也《ト》。

（『戦国策』による）

荊…国名　宣王…荊国の君主　昭奚恤・江乙…いずれも宣王の家臣
帯甲・甲兵…武装した兵士　属…ゆだねる、任せる

〔問一〕——線①「何如」の読み方を現代仮名遣いで書き、意味を答えなさい。
〔問二〕——線②「天帝使我長百獣」を「天帝我をして百獣に長たらしむ」と読むように、訓点を書きなさい。
〔問三〕——線③「虎以為然」について「以」の後に省略されているものを補って、現代語訳しなさい。
〔問四〕——線④「猶百獣之畏虎也」を書き下し文に直しなさい。
〔問五〕「百獣」、「虎」、「狐」は、それぞれ何のたとえとなっているか、書きなさい。
〔問六〕この話から生まれた故事成語を漢字を用いて書きなさい。また、その意味を二十字以内で書きなさい。
〔問七〕中学校における古典の指導において、原文に加えて現代語訳や古典の世界について解説した文章などを教材として使用する意図を書きなさい。

（☆☆◎◎◎）

【高等学校】

【一】次の文章を読み、後の問いに答えなさい。(設問の都合上、文章を一部省略した箇所がある。)

今日一日を振り返るとき、われわれは「朝は七時に目覚ましのベルとともに起床し、歯を磨いて顔を洗い、トーストと卵焼きの朝食をとって、食後のコーヒーを飲んでから玄関を出た」というふうに、非連続的な出来事の連鎖という形で一日を想起する。それゆえ、ものの三〇秒もあれば丸一日を想起できるのである。むろん、出来事の単位はいくらでも細分化可能であるが、それは点の位置移動によって表象される「流れ」となることはできない。もし一日が連続的な「流れ」であれば、その流れを遡って想起するのに日がな一日を費やすことであろう。想起とは知覚された出来事を思い出すことではあるが、それは知覚された出来事と同じ持続時間を必要とはしない。たとえば、昨晩のコンサートを二時間かけて想起する人はいないであろう。Ⅰ想起は連続的なビデオ画像ではなく、非連続的な出来事のスナップショットなのである。

ただし、この非連続性は連続性と背馳するわけではない。以前の出来事は以後の出来事の前提となっているのであり、後者は前者の上に「積み重なって」いるからである。当然ながら、起床せずに歯を磨くことはできないし、玄関を出てからコーヒーを飲むこともできない。それどころか、トーストや卵は昨日スーパーで購入したものであるし、玄関を出たのは一週間前に約束した会議に出席するためである。こうして現在の出来事は過去の出来事の上に積み重ねられているのであり、過去という足場を失った現在は無に等しいであろう。その意味で、現在の出来事には膨大な過去が前提されており、無数の因果的あるいは志向的な関係が①フカされている。あるいは、過去の出来事は知覚的現在の下層に活性化可能な形で「沈殿」しているのだと言ってもよい。しかし、その連続性は「流れ」の連続性ではなく、「積み重なり」の連続性なのであり、むしろ「非連続の連続」と言うべきものである。

Ⅱ同様のことは、もはや想起の届かない歴史的過去についても言うことができる。いや、歴史的過去こそは非連続の連続という特徴をもった「出来事の連鎖」そのものなのである。歴史記述の基礎単位が「蒙古襲来」や「フランス革命」といった時間的持続をもつ出来事であることは言うまでもない。むろん、それは政治的・社会的出来事のみならず「磐梯山の噴火」や「マドリードの地震」といった自然的出来事をも含むであろう。さらにそれは「恐竜の②ゼツメツ」といった人類出現以前の出来事にまで及ぶことができる。いずれにせよ、出来事から切り離された人や物だけから成る歴史を考えることはできない。その人がいかなる行為をなし、その物がいかなる作用を及ぼしたかという出来事の構造と連関こそが歴史家の関心事なのである。

一枚の日本史年表を広げてみよう。そこには一次元の時間軸が横に延び広がり、各点には古代から現代にいたる年代が③ハイされ、その下には「大化の改新」や「鎌倉幕府成立」といった諸々の出来事が記されている。しかし、これらの出来事は「点的過去」において生じたわけではない。出来事の生起には「始め」と「終わり」をもった一定の時間幅が要求される。明治維新がいつ始まりいつ終わったかについて、いまだに歴史学者の間に論争があるゆえんである。それゆえ、個々の出来事は始めと終わりによって画された非連続的な個体性をもっている。だが他方で、個々の出来事は決してそれだけで完結してはいない。大化の改新がその後の律令制国家の④キバンとなり、鎌倉幕府成立がその後の武家政権の⑤トビラを開いたように、より以前の出来事はより以後の出来事が生起する「地平」を形作っているのである。あるいは、より以前の出来事が「地」となり、より以後の出来事はその「地」の上に「図」として立ち現れると言ってもよい。個々の出来事は成立と同時に時間軸上を流れ去っているわけではなく、複合的な層をなして積み重なっているのである。

Ⅲこうした歴史的時間を表象するためには、日本史年表上の各点にそれぞれの出来事を表示するガラス板を縦にはめ込み、古代の方を下にして床の上に置いてみればよい。一番上に来るのは「現在」を表示する空白のガラス板であり、そこには進行中の出来事が未完成の図柄として描かれつつある。それを上から覗き込めば、中高年者なら昭和時代あたりまでの図柄を見通すことができるであろう。これが想起可能な体験的過去に相当する。それより先の層の図柄は、ガラス板の厚みに⑥サエギられて見ることができない。これは想起不可能な歴史的過去に属する出来事である。歴史的過去は「知覚」によっても「想起」によっても捉えることはできない。そこで歴史学者や考古学者が採るのはさまざまな証拠に基づいた「合理的再構成」という方法である。

たしかに体験したことのない歴史的過去を想起することはできないが、われわれは古文書、古地図、遺跡、化石、絵画、写真といった言語的・非言語的な史料の中に過去の出来事の痕跡を知覚することができる。むろん、そこで過去そのものが知覚されているわけではない。化石を発掘したところで、二億年前の恐竜のうなり声が聞こえてくるわけではないからである。歴史的過去を記述するためには、まずもって史料の⑦真偽が確かめられねばならず、さらに遺物の年代測定が行われねばならない。その上で、歴史学者は現在知覚可能なさまざまな証拠や痕跡と⑧ムジュンせず(通時的整合性)、またすでに知られている過去の同時代の出来事とも齟齬をきたさない(共時的整合性)ことを基準にして合理的に理解可能な歴史的過去を「構成」するのである。

この構成された歴史的過去は、知覚されたものでも想起されたものでもない以上「考えられた」ものであるほかはない。われわれはそれら以外に対象を「知る」手段をもちあわせていないからである(「想像する」ことは対象を「知る」ことではない)。むろん、歴史的過去はフィクションではなく、われわれはそれについて有意味に真偽を問うことができる。考えられたものについて真偽を問いうることは数学の定理を持ち出すまでもなく自明であろう。また、考えられたものであることは、その実在性を否定することでもない。電子や陽子は知覚不可能な理論的構成体であるが、その実在性は物理学理論と実験的証拠によって保証されている。同様に歴史的過去も、通時的整合性と共時的整合性をもつ限り、その実在性は歴史学理論と史料によって支えられているのである。

Ⅳこうした歴史的過去の「構成」を可能にしているものこそ積み重なった歴史的時間にほかならない。

（野家啓一『物語の哲学』による）

問一　傍線部①～⑧について、カタカナは漢字に改め、漢字は読みを平仮名で書け。

問二　傍線部Ⅰについて、「想起は連続的なビデオ画像ではなく、非連続的な出来事のスナップショットなのである」とは、どのようなことか、説明せよ。

問三　傍線部Ⅱ「同様のこと」とあるが、何と何がどのように同様であるというのか、説明せよ。

問四　傍線部Ⅲ「こうした歴史的時間を表象する」について、

(1)　歴史的時間を表象するためには、どのような方法があると筆者は述べているか。筆者が述べている方法を説明するための板書例を、図を用いるなどして、分かりやすく示せ。

(2)　筆者の述べている方法は、どのような点が優れていると考えられるか、説明せよ。

問五　傍線部Ⅳについて、歴史的時間が、歴史的過去の「構成」を可能にするのはどうしてか、本文の内容を踏まえて説明せよ。

問六　本文で述べられている筆者の考えをより深く考察させるための言語活動として、どのようなことが考えられるか。「高等学校学習指導要領」（平成21年3月告示）に示された「現代文A」における言語活動の例を参考にして答えよ。

（☆☆☆◎◎◎）

【二】次の文章は、「和泉式部日記」の一節であり、女のもとに別の男が通っていると誤解して、しばらく訪ねて来なかった宮が、女の誘いに応じて訪ねて来る場面である。これを読み、後の問いに答えなさい。

かくて、のちもなほ間遠なり。月の明かき夜、うち臥して、「うらやましくも」などながめらるれば、宮に聞こゆ。

月を見て荒れたる宿にながむとは見に来ぬまでもたれに告げよと

樋洗童して、「右近の尉にさし取らせて来」とてやる。御前に人々して、御物語しておはしますほどなりけり。a人まかでなどして、右近の尉さし出でたれば、「例の車に装束せさせよ」とて、おはします。

女は、まだ端に月ながめてゐたるほどに、人の入り来れば、簾うちおろしてゐたれば、例のたびごとに目馴れてもあらぬ御姿にて、御ア直衣などのbいたうなえたるしも、をかしう見ゆ。ものものたまはで、ただ御扇に文を置きて、「御使の取らで参りにければ」とて、さし出でさせたまへり。女、もの聞こえむにもほど遠くてびんなければ、扇をさし出でて取りつ。宮も上りなむとおぼしたり。イ前栽のをかしき中に歩かせたまひて、「①人は草葉の露なれや」などのたまふ。cいとなまめかし。近う寄らせたまひて、「今宵はまかりなむよ。たれに忍びつるぞと、見あらはさむとてなむ。明日は物忌と言ひつれば、なからむもあやしと思ひてなむ」とて②帰らせたまへば、

Ⅰ　こころみに雨も降らなむ宿すぎて空行く月の影やとまると

人の言ふほどよりもこめきて、あはれにおぼさる。「あが君や」とて、③しばし上らせたまひて、出でさせたまふとて、

Ⅱ　あぢきなく雲居の月にさそはれて影こそ出づれ心やは行く

とて、帰らせたまひぬるのち、ありつる御文見れば、

Ⅲ　われゆゑに月をながむと告げつればまことかと見に出でて来にけり

とぞある。「なほいとをかしうもおはしけるかな。いかで、いとあやしきものに聞こしめしたるを、④聞こしめしなほされにしがな」と思ふ。

宮も、言ふかひなからず、つれづれの慰めにとはおぼすに、ある人々聞こゆるやう、「このごろは、源少将なむいますなる。昼もいますなり」と言へば、また「治部卿もおはすなるは」など、口々聞こゆれば、dいとあはあはしうおぼされて、久しう御文もなし。

（『和泉式部日記』による）

問一　傍線部ア、イの語の読み方を、すべて平仮名で答えよ。（現代仮名遣いでよい。）

問二　傍線部a～dを、それぞれ口語に訳せ。

問三　傍線部①は、「わが思ふ人は草葉の露なれやかくれば袖のまづしをるらむ」の歌を踏まえた表現である。この歌に用いられている「らむ」の意味・用法について授業で取り上げるとしたら、どのように説明するか、答えよ。

問四　傍線部②ではお帰りになろうとしていながら、傍線部③で女の部屋にお入りになった宮の心情について、Ⅰ「こころみに雨も降らなむ宿すぎて空行く月の影やとまると」の歌の意味を踏まえて説明せよ。

問五　Ⅱ「あぢきなく雲居の月にさそはれて影こそ出づれ心やは行く」の歌に込められた宮の心情について、授業で取り上げるとしたら、文中の表現を根拠としてどのように説明するか、答えよ。

問六　傍線部④「聞こしめしなほされにしがな」に込められた女の思いを、Ⅲ「われゆゑに月をながむと告げ

つればまことかと見に出でて来にけり」の歌の意味を踏まえて説明せよ。

（☆☆☆◎◎◎）

【三】次の文章を読み、後の問いに答えなさい。（設問の都合上、訓点を一部省略した所がある。）

公疾《やまひ》病《へいナリ》。求《ム》㆓医《ヲ》于秦《ニ》㆒。秦伯①使医《い》緩《くわん》為之。未《ダ》㆑至《ラ》。公夢《ム》、疾為《リテ》㆓二豎子《ト》㆒曰《ハク》、「彼《ハ》良医也。懼《ラクハ》②傷㆑我。③焉逃之。」其《ノ》一曰《ハク》、「居《ラバ》㆓肓《くわう》之上、膏《かう》之下《ニ》㆒、④若我何。」医至《ル》。曰《ハク》、「疾《ハ》不《ル》㆑可《カラ》㆑為《をさム》也。在《リ》㆓肓之上、膏之下《ニ》㆒。攻《ムルモ》㆑之《ヲ》不㆑可《ナラ》。達《セントスルモ》㆑之《ニ》不㆑及《バ》。⑤薬不至焉。不《ル》㆑可《カラ》㆑為《ム》也。」公曰《ハク》、「⑥良医也。」

（『春秋左氏伝』による）

（注）公……晋の景公。医緩…医者。豎子…子ども。肓…横隔膜の上の部分。膏…心臓の下の部分。

問一　傍線部①「使医緩為之」を書き下し文にせよ。
問二　傍線部②「傷我」とはどのようなことを意味しているか、分かりやすく説明せよ。
問三　傍線部③「焉逃之」、⑤「薬不至焉」のそれぞれに用いられている「焉」の違いについて、授業で取り上げるとしたら、どのように説明するか、答えよ。
問四　傍線部④「若我何」をすべて平仮名で書き下し文にした上で、口語に訳せ。
問五　傍線部⑥「良医也」と景公が述べたのはなぜか、説明せよ。
問六　次の(1)～(3)の問いに答えよ。
(1)　この故事から生まれた「病膏肓に入る」という成語の意味として、適切なものを次のア～オから選べ。
ア　人生の吉凶、禍福は予測できないこと。
イ　天は決して悪事を見逃すことはないということ。
ウ　悪癖や病害などが手のつけられないほどになること。
エ　どんな苦難も、その境遇を超越すれば苦難と感じなくなること。
オ　功名をたて、手腕を発揮する機会がなく、むだな時を過ごすこと。
(2)　このような故事成語について学習することは、どのようなことを理解することにつながるか、「高等学校学習指導要領」(平成21年3月告示)に示された「古典A」の指導事項に即して答えよ。
(3)　「高等学校学習指導要領」(平成21年3月告示)では、「古典A」の目標として、どのような態度を育てることが示されているか、答えよ。

(☆☆◎◎◎)

解答・解説

【中学校】

【二】問一 (一) ・単元の学習目標、相手意識や目的意識を明確にすること。 ・訪問させてもらったという自分の立場を明確に意識すること。 (二) 伝えたいこと…温かく丁寧に指導してくださった先生方への感謝 文例…さて、教育実習では、先生方からの温かく、丁寧なご指導により無事に実習を終えることができ、感謝しております。

授業中、生徒を指名すると、期待するような発言がなかなか出ないことがありました。そんなときに、指導担当の○○先生から、すぐに答えさせずにノートに考えを書かせてから発言させることで、よい発言が引き出せるとアドバイスをいただきました。その他にも、生徒への接し方や何度も繰り返し生徒と向き合うことの大切さなど、多くのことを学ばせていただきました。

教師になるという気持ちを今まで以上に強くもつことができた実習でした。実習を通して学んだことを、今後も生かしていきたいと考えております。 問二 ① エ ② ウ ③ ア ④ オ ⑤ イ

問三 ・位置がそろって書かれている手紙と位置がずれて書かれている手紙を比較させる。 ・後付けに入れるものをカードに書き、様々な位置に配置して比較させる。 問四 ・書きたい内容を付箋等に書き出させ、書き出させたものを順位付けさせる。 ・体験したことを書き出させて、体験を通して学んだことや考えたことを教師が質問しながら出させる。 問五 ・文字の大きさや書く位置を調和的に割り当てること。

・字間、行の中心の取り方、行間に注意すること。

〈解説〉第二学年の「書くこと」の言語活動例では、「社会生活に必要な手紙を書くこと」が示されている。この

ことについて、学習指導要領解説では「手紙を書く際には、伝える相手の立場や気持ちに配慮するとともに、伝えたい内容の中心を明確にし、言葉を選び、気持ちを込めて書くことが大切」とある。手紙には一定の形式があり、その内容は一般常識としておさえておきたい箇所でもある。なお、問一（二）の解答作成のポイントとして、示された条件は必ず満たすこと。「伝えたいこと」では、体験のお礼の手紙という設定された学習活動からずれないようにすること。「自分の体験を基に」とあるので、必ず体験を入れること。三段落構成で書くという指示があるので、一段落目は導入、二段落目で感謝の根拠となる具体的体験を述べ、三段落目でまとめること。また、手紙の基本として、前文の挨拶から本文を切り出すために唐突にならないように、「さて」「ところで」などの起こしの言葉が用いられること等があげられる。

【二】問一　ア　記紀　イ　把握　ウ　げんきゅう　エ　ご　問二　どんなに近代科学を取り入れても変わらずに、独自の風土や多様な自然と関わって生きる文化をもつ日本人。　問三　しっとりと、びっしょりと　問四　A　オ　B　ア　問五　哲学者の伊藤は、万葉集について空間的・時間的広がりのもとで自然の対象を自分の中に取り入れていると語ったが、同じ視点で筆者も自然を見る知として、「生命誌」を研究してきた。この万葉集の自然観は、現代の科学技術に支えられた都市の若者にも通じる日本の大切な文化であり、正確に捉えて発信していくことが重要である。　問六　・同じテーマの文章を読み、筆者の考えを比較して納得できる考えを選ばせ、選んだ理由を問う。　・筆者の立場に対して賛成か反対かを問い、その理由を考えるように指導する。

〈解説〉問一　ア　「記紀」とは、古事記と日本書紀のことである。　問二　傍線部①は前の段落を受けたものである。5行目に「日本人の心は変わっていません」とあるので、どのように変わらないのか内容をまとめていけばよい。　問三「しののに」は、しっとりと、びっしょりと、という意味の副詞である。「濡れて」という語にかかっていることから、意味はある程度推測できるだろう。　問四　A　空欄Aの後に万葉集の歌の一例を示しているので、「たとえば」が入る。　B「主体がある意味そこに入りこむ」と「客体を自身と同じ感情を持つものとして見ている」という並列の関係にある事柄を列挙する接続詞を入れる。　問五　筆者は「日本人の、日常における自然の見方」を伊藤氏の考えと合わせて分析して述べている。したがって、日本人の自然の見方について、伊藤氏の考えと共通する筆者の考えをまとめていけばよい。最終段落は分析をもとにした作者の提言であるので、そこも要旨としてまとめる必要がある。

【三】問一　ア　ひとへ(ひとへぎぬ)　イ　とのゐ　問二　秋に吹く激しい風、台風　問三　ね
問四　本当にすばらしい、本当に魅力的だ　問五　嵐といふらむ　問六　風流心、情趣、教養
問七　人も自然も完璧さより少し欠けていたり、整っていなかったりするところに美しさを見いだしている。
問八　古典に関する基礎的・基本的な内容について、知識をまとめて指導したり、繰り返して指導したりすることができる。

〈解説〉問一　歴史的仮名遣いであることに注意すること。　問三　打消の助動詞は「ず」であり、上に「こそ」があるので、係り結びの法則により「ず」を已然形に活用させる。「ず」の已然形には「ざれ」もあるが、補助活用「ざれ」は漢文訓読文や下に助動詞を続ける場合に多く用いられる。　問四「めでたし」は、すばらしい、立派だ、見事だ、美しいという意味である。　問五　百人一首にも選ばれているので、よく知られた歌である。意味は「吹くやいなや秋の草木がしおれるので、なるほど山から吹き下ろす風を荒し、すなわち嵐というのだろう」である。　問六「心あり」は「趣がある、趣を理解する」という意味である。　問七　作者

(清少納言)は嵐が去った朝の庭の様子を見て、嵐がもたらした非日常の思いがけない配置のおもしろさ、整っていない美しさに感嘆する。そして、作者の目の前に日常とは異なる美しさを見せる女性が現れる。嵐のために朝寝坊した女性、色あせた着物、風で乱れた髪など、これもまた完璧ではない様子に美を見いだしているのである。

【四】問一　読み…いかん　意味…どうか

問二　天帝使《ム》㆔我《ヲシテ》長《タラ》㆓百獣《ニ》㆒

問三　虎は狐の言うことを聞いてなるほどと思った。　問四　猶ほ百獣の虎を畏るるがごときなりと。

問五　百獣…北方　虎…宣王　狐…昭奚恤　問六　故事成語…虎の威を借る(狐)　意味…弱い者が背後にいる強い者の力で威張ること。　問七　・生徒に教材文の内容の全体像をとらえさせるため。　・生徒の興味や関心を高めるため。　・現代語との違いを明確にするため。

〈解説〉問一　「何如」は状態・程度を問う疑問形で「いかん」と読み、「どうか、どのようであるか」と訳す。

問二　「使」は使役形で「しむ」と読む。「…をして…(せ)しむ」の形で「…に…させる」と訳す。

問三　「為然」は「もっともだと認めた、なるほどと思った」という意味である。何をもっともだと認めたのかを考えて補って訳せばよい。　問四　「猶」は再読文字で「猶ほ…(の・が)ごとし」と二度読む。意味は「ちょうど…のようだ」となる。また、「之」「也」は日本語の助詞・助動詞に当たるのでひらがなにする。

問六　宣王に「北方が昭奚恤を恐れているのはどういうわけだ」と聞かれた江乙のたとえ話を丁寧に読み取る。江乙は「百獣は狐の後ろにいる虎を恐れて逃げた。北方も昭奚恤の後ろにいる王を恐れているのだ」と述べているので、百獣は北方、狐は昭奚恤、虎は宣王となる。

【高等学校】

【二】問一 ①負荷(付加、附加) ②絶滅 ③配 ④基盤 ⑤扉 ⑥遮 ⑦しんぎ ⑧矛盾 問二 (例) 想起とは、過去を、出来事の連続的な流れとして思い出すことではなく、非連続的な個々の出来事として思い出すことである、ということ。 問三 (例) 想起可能な体験的過去と想起の届かない歴史的過去が、いずれも非連続的な出来事の連関によって構成されているという点で同様である。

問四 (1) (例)

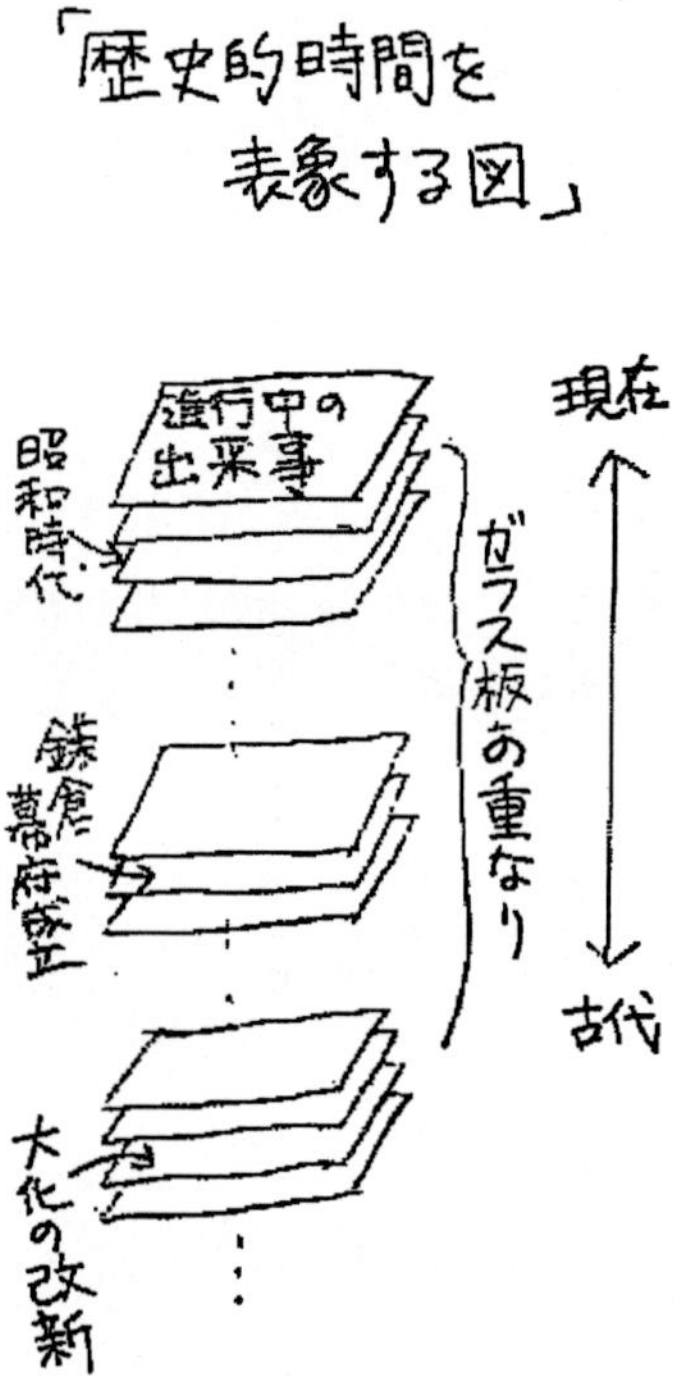

(2) (例) 歴史上のそれぞれの出来事をガラス板の重なりによって表示することで、それぞれの出来事の構造と連関を示すことができる点。 問五 (例) 歴史的時間は、「始め」から「終わり」までの一定の時間幅を持った出来事が積み重なることで構成されており、それぞれの出来事は、より以前の出来事を前提としてその上に積み重なっている。このことにより、想起不可能な歴史的過去についても、現在、知覚可能なさまざま

な証拠や痕跡との整合性と、すでに知られている過去の同時代の出来事との整合性という、二つの基準をもとにすることで、再構成が合理的に行えるから。　問六　（例）図書館を利用して、この文章と同様に過去や時間のとらえ方について書かれた文章を読み、それぞれを比べながら、話し合ったり批評したりする。

〈解説〉問二　傍線部Ⅰは第一段落の内容をまとめたものである。「連続的なビデオ画像」「非連続的な出来事のスナップショット」が何を例えたものなのかを、それぞれ一段落の中から確実におさえていけばよい。問三「同様のこと」は前の段落を受けたものである。「同様のことは、もはや想起の届かない歴史的過去についても言うことができる」とあるので、「想起の届かない歴史的過去」と前段落に書かれたものが同様だということになる。前段落に書かれているのは「起床する」「歯を磨く」といったような出来事についてである。それらの出来事は「想起可能な体験的過去」という言葉でまとめられている。では「想起可能な体験的過去」と「想起不可能な歴史的過去」がどのように「同様」であると言っているのか。傍線部Ⅱの前後のどちらにも「非連続の連続」という言葉が用いられているので、それを中心にまとめていくとよい。　問四　(1)　歴史的時間を表象する図の説明は傍線部Ⅲの直後に書かれているのでそれをもとに図に表す。板書例なので、生徒に分かりやすいように、例えば「歴史的時間を表象する図」といったタイトルをつけることも大切であろう。問五　歴史的過去の出来事も「複合的な層をなして積み重なっている」からこそ、「歴史学者は現在知覚可能なさまざまな証拠や痕跡と矛盾せず(通時的整合性)、またすでに知られている過去の同時代の出来事とも齟齬をきたさない(共時的整合性)ことを基準にして合理的に理解可能な歴史的過去を構成する」ことができるのである。　問六　内容の(2)に言語活動の例が示されているので、参考にするとよいだろう。

【二】問一　ア　のうし　イ　せんざい　問二　a　人も退出して　b　たいそう着慣れて柔らかくなっているのも　c　たいそう優雅で美しい　d　たいそう軽薄に思われて　問三　(例)　直前の「しをる」が終止形であることから、「らむ」は助動詞であると判断できる。また、袖が濡れていることについて、その理由を推し量る意味で用いられていると考えられる。　問四　(例)　帰ろうとする宮を引き留めるために、雨が降ってくれたら宮もとどまるかもしれないと言う、女の子どもっぽい様子をいじらしく思っている。
問五　(例)　一度は女の部屋にあがり、「心はあなたのもとに残っています」と言ってはみるものの、一度は帰ろうとしていたように、女のことをそれほどには思い慕ってはいないと考えられる。　問六　宮のことを思って物思いに沈んでいると聞いて来てくれたというのだから、自分のことをつまらぬ女と思わず、考え直してはくれないだろうかという思い。

〈解説〉問二　a　「まかづ」は「退出申し上げる」という意味である。　b　「いたう」は「いたく」のウ音便で「ひどく、並々でなく」という意味である。「なゆ」は「(衣服などが)着慣れて柔らかくなる」という意味である。　c　「なまめかし」は「優雅である」と訳す。　d　「あはあはし」は「軽々しい、軽薄だ」という意味。「おぼす」は「思ふ」の尊敬語で「お思いになる」と訳す。　問三　終止形接続の「らむ」は推量の助動詞であり、已然形接続の「らむ」は完了の助動詞「り」の未然形に推量の助動詞「む」がついた形である。ここでは「しをる」という終止形に接続しているので、推量の助動詞「らむ」となる。「らむ」には目の前にはない現在の事実について推量する現在推量と、現在の事実について、その原因・理由を推量する現在の原因推量とがある。ここでは「私が愛している人は草葉の露なのだろうか。露がかかれば袖がまず濡れてしまう、それと同じでどうしてあなたに思いをかけると私の袖はまず濡れるのだろう。」といった意味で、袖が濡れている原因を推量している。　問四　Ⅰの歌中の「降らなむ」の「なむ」は未然形接続であるので、願望の終助詞で「…てほしい」と訳す。我が家を素通りして空行く月とは、自分の家に泊まってくれない宮のことを指している。つまり女は宮が泊まってくれるかどうかためしに雨でも降ってほしいと言っている。それを聞いた宮は女を「こめきて(子どもっぽく見えて)」「あはれに(いとしく)」思うのである。 問五 Ⅱの歌は「つまらないことに空ゆく月にさそわれて私の影は出ていくが私の心はどこにも行きません」という意味である。
問六 「聞こしめす」は「聞く」の尊敬語で「お聞きになる」、「なほされ」の「れ」は受身の助動詞、「にしがな」は終助詞で自己の希望を表し「…たいなあ、…たいものだ」と訳す。つまり「お聞き直していただきたいものだ」という訳になる。つまり、「いとあやしきものに聞こしめしたるを(たいそうけしからぬ女とお聞きになっているのを)」聞き直してほしいのである。浮気な女だと思って来てくれなかった宮に、Ⅲの歌にあるように、宮のことを思って物思いに沈んでいるのを確かめたのなら、思い直してほしいと思っているのである。

【三】 問一 医緩をして之を為めしむ。 問二 病気を治療すること。 問三 (例) ③では文頭にこの文字が置かれており、この発言に対する答えが次に述べられていることから、疑問を表していることが分かる。また、答えの内容が隠れる場所であることから、場所を問う疑問詞として「いづくにか」と訓読すると考えられる。⑤では文末に置かれ、読まれていないことから、断定を意味する助字と分かる。 問四 書き下し文…われをいかんせん」(と。) 口語訳…私たちをどうしようというのか。いや、どうすることもできないだろう。 問五 (例) 景公の夢の中で二人の童子となった病気の精が、膏肓に入ってしまえば名医といえども治療はできないと語っていたことを、医者はすぐに言い当ててみせたので、その力量を確かなものと判断したから。 問六 (1) ウ (2) 古典の言葉と現代の言葉とのつながり (3) 生涯にわたって古典に親しむ態度

〈解説〉問一 「使」は使役形で「…ヲシテ…(せ)しム」と読み、「…に…させる」と訳す。「為」は多くの意味を持つ語であるが、ここでは「治療する」という意味で用いられているので「おさム」と読む。 問二 「疾二豎子と為りて曰はく」とあるように、この言葉を言っているのは、二人の子どもとなった病気の精である。その病気の精が「彼は良医」だから「我を傷つけん」と言っているので、答えは「病気を治療すること」となる。問三 「焉」は「いずクンゾ(どうして)」「いずクニカ(どこに)」「これ・ここ(これ・ここ)」さらに、文末に置かれて断定・完了などの語気を表す置き字など、さまざまな意味を持っている。 問四 「如何(奈何・若何)」は「いかん(セン)」と読んで処置・方法を問い、「どうしようか」と訳す。目的語をとるときは、間に目的語を挟む。よって「我を若何せん(われをいかんせん)」と読む。ここでは膏肓という治療できないところに入ればどうにもできないのだ、という意で用いられているので、反語として訳す。なお、「何如(何若)」も「いかん」と読むが、状態・程度を問うもので「どのようであるか、どうか」と訳すので注意すること。
問六 (2) 「古典A」の内容 (1)イに「古典特有の表現を味わったり、古典の言葉と現代の言葉とのつながりについて理解したりすること」とある。 (3) 目標は学習指導要領の中でも最頻出事項であるので、全文暗記が望ましい。(2)のように問題文と学習指導要領の内容を関連づけて問われる場合もあるので、学習指導要領解説も含めて十分な理解が必要である。

二〇一四年度　実施問題

【中学校】

【一】第一学年において、作者のものの見方や考え方をとらえ、自分のものの見方や考え方を広げる力を高めるために、自分の好きな詩を朗読する言語活動を設定した。次の〔問一〕～〔問四〕に答えなさい。

〔問一〕単元の導入場面において、詩の学習に興味をもたせるための手立てを書きなさい。

〔問二〕自分の好きな詩について学習する前に、共通教材として次の詩を提示することとした。後の(1)、(2)の問いに答えなさい。

竹

萩原朔太郎

光る地面に竹が生え、
青竹が生え、
地下には竹の根が生え、
根がしだいにほそらみ、
根の先より繊毛が生え、
かすかにけぶる繊毛が生え、

かすかにふるえ。

①かたき地面に竹が生え、
地上にするどく竹が生え、
まっしぐらに竹が生え、
凍れる節節りんりんと、
青空のもとに竹が生え、
竹、竹、竹が生え。

（『月に吠える』より）

（1）自分の好きな詩について学習する前に共通教材を用いて指導する意義について書きなさい。
（2）詩の――線①の部分を朗読する場合、示範としてどのように朗読することが適切か。朗読の仕方とその理由を書きなさい。
〔問三〕本単元の「読む能力」に関する評価をする際に、留意すべきことを書きなさい。
〔問四〕生徒が選んだ詩をもとに、ものの見方や考え方を広げさせるための手立てとして、どんな活動が考えられるか、書きなさい。

（☆☆☆◎◎◎）

【二】次の文章を読んで、後の〔問一〕～〔問七〕に答えなさい。

人の一生は言葉でつづられている。

もし言葉がなかったら、人間は過去を振り返ることも、未来を思いめぐらすこともしないであろう。いや、現在、こうして生きているという実感も持ち得ないはずである。なぜなら、「きのう」も「きょう」も「あす」も、そうした言葉がなければ、考えることも、感じ取ることさえできないからだ。人生はまさしく言葉とともにある。

じっさい、私たちは毎日、どれほど多くの言葉を目にし、耳にし、口にしていることか。朝起きる。テレビのスイッチを入れ、新聞を開き、それらを見たり読んだりしながら朝食をすます。近ごろでは、まず、携帯電話を取りだし、あるいはパソコンの前にすわってメールをチェックする人も多かろう。家族との会話、職場での同僚との雑談、夜には雑誌や本のページをア繰ることもある。こうして私たちは言葉に取り巻かれて一日を終える。これが人生なのである。

とうぜん、それら言葉の軽重はさまざまだ。日常の何ということもない会話、われわれのまわりに氾濫しているじつに多くのメッセージ。時にはイカンタンをもって受けとったり、つぶやいたりする言葉もあろうが、メディア社会といわれる昨今、ほとんどの言葉はaたんなる情報として私たちをとらえているにすぎない。言葉がこうもあふれた時代は、かつてなかった。

電車に乗ってbおどろくのは、多くの人が車中で携帯電話を操作していることだ。知人、友人からの通信を受け、また自分のほうから発信しているのだろう。これほど絶え間なく言葉の流通する社会は、まさに〝①エレクトロニクスの黄金時代〟といえる。

cだが、私たちは、ここで改めて考える必要があろう。

いまから半世紀以上も前にスイスの思想家ピカートは、言葉が大量に流されて「沈黙」という背景を失い、たんなる「騒音語」にウ堕してしまったとエケイコクした。近年ではアメリカの批評家バーカーツが、エレクトロニック・コミュニケーションによって、これまで書物文化が支えてきた複雑な表現は、単純な「プレハブ言語」になりつつある、と指摘している。とうぜん、言葉は奥深さを失い、ニュアンスを欠き、軽く、薄っぺらなものになっていくだろう、というのである。

それは言葉が象徴の機能を捨てて、たんなる情報の記号へと変質することを意味している。そのあげく、言葉はただコミュニケーションの道具としてしか使われなくなり、聞き流されるだけになってしまう。dいや、すでに現代人は、すべてを〝話半分《クム・グラノサリス》に聞く〟習慣にすっかりなじんでいるのではなかろうか。一語一語を慎重に聞く、などという余裕はないのである。

ここで私は幼いころ読んだ島崎藤村の「書籍《ほん》」という童話を思い出す。

――名もない草が路ばたの石のわきに咲いていました……。

そこへ一人の学校の生徒が通りかかる。すると、その草が呼びとめた。

「生徒さん、何をそんなに急いでいるのですか」

生徒はびっくりして、こう答える。

「私はいろいろな本を読んで、いろいろの人の生涯を旅したいと思っているのです。それでこうして急いでいるのです」。「それなら」と、野の花は語る。

「この石に腰かけてみて下さい。読もうと思えば、本はこの石の上にもありますよ。私は名もない草ですが、あなたのような人に読んでもらいたいと思って、こうしてe小さな本をひろげているのです」

たったこれだけの話なのだが、そこに添えられた武井武雄《たけいたけお》の絵――石にすわり、じっと足もとを見つめている角帽をかぶった「生徒さん」の姿が印象深かったせいか、私はいまだに、その絵とともに、この童話をはっきりと記憶に刻んでいる。そして、それを思い返すたびに、つぎの二句を思い浮かべるのである。

よく見れば薺《なづな》花さく垣根かな　芭蕉
よく聞《きけ》ば桶《をけ》に音《ね》を鳴《なく》田にし哉　蕪村

f
そう。よく見、よく聞けば、どんなささやかなものからも「深い言葉」を汲みだすことができるのだ。

情報の世紀とともに、私たちは無数の言葉にとり囲まれるようになった。その「騒音語」「プレハブ言語」のなかで、どんな「②野の花」を見つけ、どんなかすかな「③鳴く音」を聞き取るか――それには何より、よく見、よく聞く、労を惜しんではならない。人生の知恵、生きていることの意味を深く秘めた「言葉」が、必ずそこに見出されるにちがいないからである。

（森本　哲郎『人生と言葉』による）

〔問一〕――線ア～エの片仮名は漢字で、漢字は読みを平仮名で書きなさい。

〔問二〕――線ａ「たんなる」と同じ品詞の単語を――線ｂ～ｆから一つ選び記号で書きなさい。また、その品詞名を書きなさい。

〔問三〕――線①に「〝エレクトロニクスの黄金時代〟」とあるが、筆者はどのような意味で用いているか。三十字以内で書きなさい。

〔問四〕——線②の「野の花」や——線③「鳴く音」は、何をたとえたものか。文章中の言葉を使って書きなさい。

〔問五〕文章中に出てくる「島崎藤村」の作品でないものを次のア～オから一つ選び、記号で書きなさい。また、その作品の作者を書きなさい。

ア　夜明け前　イ　阿部一族　ウ　破戒　エ　初恋　オ　春

〔問六〕本文の要旨を百二十字以内で書きなさい。

〔問七〕この文章を用いて、第三学年「C読むこと」の指導事項ウ「構成や展開、表現の仕方について評価すること」の指導を行うこととする。生徒に気付かせたい筆者の論の展開の工夫について書きなさい。

(☆☆☆◎◎◎)

【三】次の古文を読んで、後の〔問一〕～〔問八〕に答えなさい。

日既《すでに》①午にちかし。船をかりて松嶋にわたる。其《その》間二里余、雄嶋の礒につく。

抑《そもそも》ことふりにたれど、松嶋は扶桑《ふさう》第一の好風にして、凡《およそ》、②洞庭《とうてい》・西湖《せいこ》を恥《はぢ》ず。東南より海を入て、江の中《うち》三里、浙江《せつかう》の潮をたゝふ。嶋〳〵の数を尽して、③欹《そばだつ》ものは天を指《ゆびさし》、ふすものは波に匍匐《はらばふ》。あるは二重にかさなり、三重に畳みて、左にわかれ右につらなる。負《おへ》るあり抱《いだけ》るあり、児孫愛すがごとし。松の緑こまやかに、枝葉汐風に吹たはめて、屈曲をのづからためたるがごとし。其気色、窅然《えうぜん》として美人の顔《かんばせ》を粧《よそほ》ふ。ちはや振神のむかし、大山ずみのなせるわざにや。造化の天工、④いづれの人か筆をふるひ、詞《ことば》を尽さむ。

雄島が礒は地つゞきて海に出たる島也。雲居禅師の別室の跡、坐禅石など有。将《はた》、松の木陰に世をいとふ人も稀《まれ》〳〵見え侍りて、落穂・松笠など打けぶりたる草の菴《いほり》、閑に住なし、いかなる人とはしられずながら、先《まづ》なつかしく立寄ほどに、月海にうつりて、昼のながめ又あらたむ。江上に帰りて宿を求れば、窓をひらき二階を作て、風雲の中に旅寝する（　⑤　）、あやしきまで、妙《たへ》なる心地はせらるれ。

松島や鶴に身をかれほとゝぎす　　曾良

予は口をとぢて眠らんとしていねられず。旧庵をわかる、時、素堂松島の詩あり、原安適松がうらしまの和歌を贈らる。袋を解て、こよひの友とす。且、杉風・濁子が発句あり。

（『おくのほそ道』による）

扶桑＝日本。　素堂＝江戸における芭蕉の雅友。　原安適＝江戸の歌人。

〔問一〕――線①「午」とはいつのことか、現代の時刻で書きなさい。

〔問二〕――線②「洞庭・西湖を恥ず」を現代語訳しなさい。

〔問三〕――線③の部分に連続して使われている表現技法名を書きなさい。

〔問四〕――線④「いづれの人か筆をふるひ、詞を尽さむ」を現代仮名遣いですべて平仮名で書きなさい。

〔問五〕（　⑤　）に入る適切な係助詞を書きなさい。

〔問六〕文中の俳句の季語と季節を書きなさい。

〔問七〕作者は松島を訪れることを切望していたが、この地では俳句を詠んでいない。その理由を、本文の内容をもとに簡潔に書きなさい。

〔問八〕中学生に『おくのほそ道』の内容を理解しやすくさせるための手立てを書きなさい。

（☆☆☆◎◎◎）

【四】次の漢文を読んで、後の〔問一〕〜〔問五〕に答えなさい。

雑説四

世ニ有ツテ二伯楽一、然ル後ニ有リ二千里ノ馬一。千里ノ馬ハ常ニ有レドモ、而モ伯楽ハ不ズ二常ニハ有ラ一。故ニ雖モレ有リト二名馬一、祇《ただ》辱メラレ二於奴隷人之手一、騈《へん》-死シテ二於槽櫪《さうれき》之間一、①不以千里称也。馬之千里ナル者ハ、一食ニ或ハ尽クス二粟《ぞく》一石《いっせき》ヲ一。食《やしな》フ馬ヲ者ハ、不ル下知リテ二其ノ能ク千里ナルヲ一而食《やしなハ》上也。是ノ馬也、雖モレ有リト二千里之能一、食《しょく》不レバレ飽カ、a力不レ足ラ。才ノ美不二外ニ見《あらハレ》一。②且ツ欲スルモ下与ト二常馬一等シカラント上、不レ可カラレ得。③安クンゾ求メン二其ノ能ク千里ナルヲ一也。策《むちうツニ》ツニレ之ヲ不レ以テセ二其ノ道ヲ一、食《やしな》フニレ之ヲ不レ能ハレ尽メ二其ノ材ヲ一。鳴ケドモレ之ヲ不レ能ハレ通ズル二其ノ意ニ一。執ツテレ策ヲ而臨ンデレ之ニ曰ク、天下ニ無シトレ馬。嗚呼其レ真ニ無キレ馬邪か。其レ真ニ不ルレ知ラレ馬ヲ也か。

（『唐宋八大家文読本』による）

奴隷人＝使役の人。使用人。駢ー死＝並んで死ぬ。
槽櫪＝かいば桶と踏み板のこと。　粟＝穀物の総称。

〔問一〕——線①「不以千里称也」を「千里を以て称せられざるなり」と読むように訓点を書きなさい。

〔問二〕——線②「且欲与常馬等、不可得」を書き下し文に直しなさい。

〔問三〕——線③「安求其能千里也」を現代語訳しなさい。

〔問四〕「伯楽」「千里馬」がそれぞれ何のたとえとして用いられているかを踏まえながら、筆者がこの文で何を訴えようとしているか書きなさい。

〔問五〕第一学年において、漢文の訓読の仕方を指導するために、〜〜線a「力不足」の部分を取り上げたい。どのように指導したらよいか、書きなさい。

（☆☆☆◎◎◎）

【高等学校】

【一】次の文章を読み、後の問いに答えなさい。

仏教の経典が仏菩薩の形像を丹念に描写していることは、人の知る通りである。何人も阿弥陀経を指して教義の書とは呼び得ないであろう。これはまず第一に浄土における諸仏の幻像の描写である。また何人も法華経を指してそれが幻像の書でないとは言い得まい。それはまず第一に仏を主人公とする大きい①ギキョク的な詩である。観無量寿経のごときは、特に②ショウサイにこれらの幻像を描いている。仏徒はそれに基づいてみずからの眼をもってそれらの幻像を見るべく努力した。観仏はかれらの内生の重大な要素であった。「仏像」がいかに刺戟の多い、生きた役目をつとめたかは、そこから容易に理解せられるであろう。Ⅰそういう心的背景のなかからわれわれの観音は生まれ出たのである。何人が作者であるかはわからないが、しかし何人にもあれ、とにかく彼は、明らかな幻像をみずからの眼によって見た人であろう。

観世音菩薩《かんぜおんぼさつ》は衆生をその困難から救う絶大の力と慈悲とを持っている。彼に救われるためには、ただ彼を念ずればいい。彼は境に応じて、時には仏身を現じ、時には梵天の身を現ずる。また時には人身をも現じ、時には獣身をさえも現ずる。そうして衆生を度脱《どだつ》し、衆生に無畏《むい》を③施す。――かくのごとき菩薩はいかなる形貌を供えていなくてはならないか。まず第一にそれは人間離れのした、超人的な威厳を持っていなくてはならぬ。と同時に、最も人間らしい優しさや美しさを持っていなくてはならぬ。それは根本においては人でない。しかし人体をかりて現われることによって、人体を神的な清浄と美とに高めるのである。儀規《ぎき》は左手に澡瓶《そうへい》を把《と》ることや頭上の諸面が菩薩面・瞋面《しんめん》・大笑面《たいしょうめん》等であることなどを定めているが、しかしそれは幻像の重大な部分ではない。頭上の面はただ宝冠のごとく見えさえすればいい。左手の瓶もただ姿勢の変化のために役立てば結構である。重大なのはやはり超人らしさと人間らしさとの結合であって、Ⅱそこに作者の幻想の飛翔《ひしょう》し得る余地があるのである。

かくてわが十一面観音は、幾多の経典や幾多の仏像によって④培われて来た、永い、深い、そうしてまた自由な、構想力の活動の結晶なのである。そこにはインドの限りなくほしいままな神話の痕跡も認められる。半裸の人体に清浄や美を看取することは、もと極東の民族の気質にはなかったであろう。またそこには抽象的な空想のなかへ写実の美を注ぎ込んだガンダーラ人の心も認められる。あのような肉づけの微妙さと確かさ、あのような衣のひだの真に迫った美しさ、それは極東の美術の伝統にはなかった。また沙海のほとりに住んで雪山の彼方《かなた》に地上の楽園を望んだ中央アジアの民の、烈しい憧憬の心も認められる。写実であって、しかも人間以上のものを現わす強い理想芸術の香気は、怪物のごとき沙漠の脅迫と離して考えることができぬ。さらにまた、極東における文化の絶頂、諸文化融合の鎔炉、あらゆるものを豊満のうちに生かし切ろうとした大唐の気分は、全身を濃い雰囲気のごとくに包んでいる。それは異国情調を単に異国情調に終わらしめない。憧憬を単に憧憬に終わらしめない。人の心を奥底から掘り返し、人の体を中核にまで突き入り、そこにつかまれた人間の存在の神秘を、一挙にして一つの形像に結晶せしめようとしたのである。

このような偉大な芸術の作家が日本人であったかどうかは記録されてはいない。しかし唐の融合文化のうちに生まれた人も、養われた人も、黄海を越えてわが風光明媚な内海にはいって来た時に、何らか心情の変移するのを感じないであろうか。漠々たる黄土の大陸と十六の少女のように可憐な大和の山水と、その相違は何らか気分の転換を惹起《じゃっき》しないであろうか。そこに変化を認めるならば、作家の心眼に映ずる幻像にもそこばくの変化を認めずばなるまい。たとえば顔面の表情が、大陸らしいボーッとしたところを失って、こまやかに、幾分鋭くなっているごときは、その⑤ショウコと見るわけに行かないだろうか。われわれは聖林寺十一面観音の前に立つとき、この像がわれわれの国土にあって幻視せられたものであることを直接に感ずる。その幻視は作者の気稟《きひん》と離し難いが、われわれはその気稟にもあるⅢ秘めやかな親しみを感じないではいられない。その感じを細部にわたって説明することは容易でないが、とにかく唐の遺物に対して感ずる少しばかりの他人らしさは、この像の前では全然感じないのである。

　きれの長い、半ば閉じた眼、厚ぼったい瞼《まぶた》、ふくよかな唇、鋭くない鼻、――すべてわれわれが見慣れた形相の理想化であって、異国人らしいあともなければ、また超人を現わす⑥トクシュな相好があるわけでもない。しかもそこには神々しい威厳と、人間のものならぬ美しさとが現わされている。薄く開かれた瞼の間からのぞくのは、人の心と運命とを見とおす観自在の眼《まなこ》である。豊かに結ばれた唇には、刀刃《とうじん》の堅きを段々に壊《やぶ》り、風濤洪水《ふうとうこうずい》の暴力を和やかに鎮《しず》むる無限の力強さがある。円く肉づいた頬は、肉感性の幸福を暗示するどころか、人間の淫欲を抑滅し尽くそうとするほどに気高い。これらの相好が黒漆《こくしつ》の地に浮かんだほのかな金色に輝いているところを見ると、われわれは否応なしに感じさせられる、確かにこれは観音の顔であって、人の顔ではない。

　この顔をうけて立つ豊かな肉体も、観音らしい気高さを欠かない。それはあらわな肌が黒と金に輝いているためばかりではない。肉づけは豊満でありながら、肥満の感じを与えない。四肢のしなやかさは柔らかい衣の皺《ひだ》にも腕や手の円さにも十分現わされていながら、しかもその底に強剛な意力のひらめきを持っている。ことにこの重々しかるべき五体は、重力の法則を超越するかのようにいかにも軽やかな、浮現せるごとき趣を見せている。これらのことがすべて気高さの印象の素因なのである。

　かすかな大気の流れが観音の前面にやや下方から突き当たって、ゆるやかに後ろの方へと流れて行く、――その心持ちは体にまといついた衣の皺の流れ工合で明らかに現わされている。それは観音の出現が⑦コクウでの出来事であり、また運動と離し難いものであるために、⑧定石として試みられる手法であろうが、しかしそれがこの像ほどに成功していれば、体全体に地上のものならぬ貴さを加えるように思われる。
肩より胸、あるいは腰のあたりをめぐって、腕から足に⑨タれる天衣の工合も、体を取り巻く曲線装飾として、あるいは肩や腕の触覚を暗示する微妙な補助手段として、きわめて成功したものである。左右の腕の位置の変化は、天衣の左右整斉とからみあって、体全体に、流るるごとく自由な、そうして⑩キンセイを失わない、快いリズムをあたえている。
横からながめるとさらに新しい驚きがわれわれに迫ってくる。肩から胴へ、腰から脚へと流れ下る肉づけの確かさ、力強さ。またその釣り合いの微妙な美しさ。これこそ真に写実の何であるかを知っている巨腕の製作である。われわれは観音像に接するときその写実的成功のいかんを最初に問題としはしない。にもかかわらずそこに浅薄な写実やあらわな不自然が認められると、その像の神々しさも美しさもことごとく崩れ去るように感ずる。だからこの種の像にとってはⅣ写実的透徹は必須の条件なのである。そのことをこの像ははっきりと示している。

（『古寺巡礼』和辻哲郎）

問一　傍線部①～⑩について、カタカナは漢字に改め、漢字は読みを平仮名で書け。
問二　傍線部Ⅰについて、「そういう心的背景」とはどのようなことか、説明せよ。
問三　傍線部Ⅱ「そこ」の指し示している内容を、簡潔に説明せよ。
問四　傍線部Ⅲ「秘めやかな親しみを感じないではいられない」について、なぜ「秘めやかな親しみ」を感じるのか、説明せよ。
問五　傍線部Ⅳ「写実的透徹は必須の条件なのである」について、筆者はなぜこのように言うのか、その理由を説明せよ。

問六　平成21年3月に告示された「高等学校学習指導要領」の国語の「第3款各科目にわたる指導計画の作成と内容の取扱い」に示されている、学校図書館を計画的に利用しその機能の活用を図ることなどを通して、育成する態度と高める能力について、それぞれ答えよ。

（☆☆☆◎◎◎）

【二】次の文章を読み、後の問いに答えなさい。

男君、太郎は左衛門督と聞えさせし、悪心起してうせたまひにし有様は、いとあさましかりしことぞかし。①人に越えられ、辛いめみることは、さのみこそおはしあるわざなるを、さるべきにこそはありけめ。同じ宰相におはすれど、弟殿には人柄・世覚えの劣りたまへればにや、中納言あくきはに、われもならむ、など思して、わざと対面したまひて、「このたびの中納言望みまうしたまふな。ここに申しはべるべきなり」と聞えたまひければ、「いかでか殿の御先にはまかりなりはべらむ。ましてかく仰せられむには、あるべきことならず」と申したまひければ、御心ゆきて、しか思して、いみじう申したまふにおよばぬほどにやおはしけむ、入道殿、この弟殿に、「そこは申されぬか」とのたまはせければ、「左衛門督の申さるれば、いかがはと、しぶしぶげに②申したまひけるに、「かの左衛門督はえなられじ。また、③そこにさられれば、こと人こそはなるべかなれ」とのたまはせければ、「かの左衛門督まかりなるまじくは、由なし。④なしたぶべきなり」と申したまへば、またかくあらむには、こと人はいかでかとて、なりたまひにしを、いかでわれに向ひて、⑤あるまじきよしを謀りけるぞ、と思すに、いとど悪心を起して、除目のあしたより、手をつよくにぎりて、「斉信・道長にわれははまれぬるぞ」といひいりて、ものもつゆまゐらで、うつぶしうつぶしたまへるほどに、病づきて七日といふにうせたまひにしは。にぎりたまひたりける指は、あまりつよくて、上にこそ通りて出でてはべりけれ。

（『大鏡』）

（注）弟殿…斉信　入道殿…道長

問一　傍線部ａ～ｃの意味を答えよ。
問二　傍線部Ａ～Ｅの主語を、それぞれ次から選び、記号で答えよ。（同じ記号を何度用いてもよい。）
　ア　左衛門督　イ　弟殿　ウ　入道殿
問三　傍線部①を口語訳せよ。
問四　傍線部②では、種類の異なる敬語を重ねて用いているが、このような表現を用いた意図を、それぞれの敬語の種類を踏まえて説明せよ。
問五　傍線部③を、具体的な状況が分かるように、適切な言葉を補って口語訳せよ。
問六　傍線部④を、具体的な状況が分かるように、適切な言葉を補って口語訳せよ。
問七　傍線部⑤とは、どのようなことか、具体的に説明せよ。
問八　右の文章の出典である『大鏡』を含む「四鏡」のうち、後鳥羽天皇の誕生に始まり、後醍醐天皇の隠岐からの還幸までの歴史が書かれた作品の名称を漢字で答えよ。

（☆☆☆◎◎◎）

【三】次の文章を読み、後の問いに答えなさい。（設問の都合上、一部訓点を省略した箇所がある。）

夫学者、未始不為道。而至者、鮮a焉。非道之於人遠也。学者有所溺焉《これ》耳b。蓋c文之為言、①難工《たくみ》而可喜、易悦而自足。世之学者、往往溺之、一有工焉、則曰、吾学足矣。甚者至棄百事不関於心、曰吾文士也、職於文而已。此其所以d至之鮮也。

昔、孔子老而帰魯。六経之作、数年之頃《あひだ》耳。然読易者《とき》如無春秋、読書者《とき》如無詩。②何其用功少、而至於至也。聖人之文、雖不可及、然大抵道勝者、文不難而自至也。故孟子皇皇、不暇著書。荀卿蓋亦晩而有作。若e子雲・仲淹、方勉焉以模言語。此道未足、而強言者也。

後之惑者、徒f見前世之文伝、以為 A 者 B 而已。故力愈《いよいよ》勤、而愈不至。此足下所謂g、終日不出於軒序、不

－ 4 －

能ハ㆓縦横高下皆如クナルコト㆑意ノ者ナリ。道未ダ㆑足ラ也。若シ道之充ツルアラバ㆑焉ニ、③雖モ㆘行キ㆓乎天地㆒ニ入ルト㆗於淵泉㆖ニ、無キ㆑不ル㆑之ゆカ也。

（『唐宋八大家文読本』）

（注）易…『易経』　書…『書経』　詩…『詩経』　皇皇…求め続けて奔走しているさま
勉焉…懸命に努力するさま　足下…貴君　軒序…家屋　縦横高下…文章の構成や語句の使い方

問一　波線部a～gの語の読み方を、送りがなも含め、平仮名で答えよ。（現代仮名遣いでよい。）
問二　傍線部①を、口語訳せよ。
問三　傍線部②について、孔子があまり労力をかけなくても文章が至極の境地に達することができた理由を、筆者はどう考えているか、説明せよ。
問四　空欄A、Bに当てはまる一字を、それぞれ文中から抜き出せ。
問五　傍線部③について、どのようなことを例えているか、具体的に説明せよ。
問六　「古典A」において、「我が国の伝統と文化に対する理解を深め、生涯にわたって古典に親しむ態度を育てる」ために、どのような事項について指導することとなっているか。平成21年3月告示の「高等学校学習指導要領」に即して、二つ答えよ。

（☆☆☆◎◎◎）

解答・解説

【中学校】

【一】問一 ・教師が選んだ複数の詩を朗読して詩のリズムを感じさせたり、選んだ理由や詩から感じたことなどを紹介したりする。　・学校図書館担当職員(学校司書)から、お薦めの詩や作家を紹介してもらう、など。問二 (1) ・詩の内容を理解するために必要となる観点を示し、観点に沿って主体的に読み取らせるため。・朗読する際の読み方について、根拠をもって朗読できるように詩を読み取らせるため、など。 (2) 朗読…「かたき」「するどく」「まっしぐらに」の部分をはっきり強めに読み、「生え」の繰り返しの部分を少しずつ大きくしながら強調して読む、など。　理由…地面に対して成長していく竹の力強さを表現したいから、など。　問三　朗読がうまくできたかではなく、叙述に即して内容を理解しているか、ものの見方や考え方について自分の考えがもてているかワークシートなどで評価すること、など。　問四　・自分で選んだ詩を朗読して感じたことや考えたことについて、自分の考えをまとめさせ、同じテーマでグループを編成し、意見交流させる。　・自分が選んだ詩に表現されているものの見方や考え方について自分と比較したり、自分の経験と結び付けたりして考えをまとめさせる、など。

〈解説〉問一　第一学年の「C 読むこと」の指導事項のオ「文章に表れているものの見方や考え方をとらえ、自分のものの見方や考え方を広くすること」の学習指導のあり方が問われている。詩は作者の高調した心の感興・情趣の表現であり、一編の詩としての完結性があり、いかに短くとも独立した作品として鑑賞しうる文芸性を持った文章である。導入場面においては、このことを説明し、いくつかの詩を紹介し、範読して、そのリズム感や内容を理解させる。　問二 (1) 問一の内容をふまえ、韻文としての詩の特殊性・文芸性を理解させることをねらいとする。第一学年の「C 読むこと」の言語活動例には、「様々な種類の文章を音読したり朗読したりすること」と示されており、音読や朗読を通して「詩」の内容について理解を深めたり、感じたことや考えたことを声に表したりする指導が求められている。（2）①の部分は、反復法と脚韻があり「竹」と「地面」の関わりを考えさせながら、「かたき地面」「するどく竹が生え」を強調して範読する。竹の強さと人間の生き方を対比させても面白いだろう。問三　指導事項と言語活動例をふまえて「読む能力」について評価すること。音読や朗読は文章(詩)理解のための方法(手段)、つまり目的は詩の内容(作者の主題)の理解であり、生徒のものの見方や考え方を広げようとする態度の育成である。問四　独自学習による指導とグループワークによる学習指導を考えてみよう。ともにその学習内容の発表や討議を通じ、自分の考えや感じたことの交流を図る活動とする。

【二】問一　ア　く　イ　感嘆　ウ　だ　エ　警告　問二　記号…e　品詞名…連体詞　問三　携帯電話などのメディアによって、絶え間なく言葉が流通する時代　問四　人生の知恵、生きていることの意味を深く秘めた「言葉」　問五　記号…イ　作者名…森鷗外　問六　人の人生は言葉とともにあるが、メディア社会となり、言葉が、たんなる情報を伝えるものになりつつある。しかし、その中にも人生の知恵や生きている意味を深く秘めた「言葉」があるので、一語一語慎重によく見たり、聞いたりすることを惜しんではならない。　問七　・身近な事実を具体例として挙げたり、思想家や批評家の言葉を引用したりして自分の意見を説得力のあるものにしている。　・自分の意見を裏付ける事実として身近な例を挙げながら興味・関心をもたせようとしている、など。

〈解説〉問二　aは連体詞(活用のない自立語)、bは動詞「おどろく」の連体形、cは逆接の接続詞、dは、自分の言葉を途中で打ち消して言い直すときに発する語、eは本を修飾する連体詞、fは肯定の気持を表す語である。　問三　①の直前にある「まさに」が、前の内容を受けていることがわかればよい。　問四　②③は、それぞれ芭蕉の「よく見れば…」と蕪村の「よく聞ば…」の句を踏まえている。②③を含む段落の最後にある「言葉」と同義と判断し、内容をまとめればよい。　問五　「阿部一族」(一九一三年)は、森鷗外の作品である。　問六　筆者は冒頭に「人生と言葉」の関係をのべ、その理由を次の段落で説明したあとに、メディア社会(情報化社会)での言葉の氾濫のために、言葉が象徴的機能を捨て情報の記号へと変質すること、言葉がただコミュニケーションの道具になり、一語一語を慎重に聞く余裕がなくなったことを慨嘆している。そして、言葉をよく見、よく聞く労を惜しまず、一語一語の中にある「人生の知恵、生きていることの意味を深く秘めた『言葉』を見出すことの大切さを強調している。　問七　文章の構成や展開、表現に関して、第一学年では、「構成や展開、表現の特徴について、自分の考えをもつこと、」、第二学年では、「構成や展開、表現の仕方について、根拠を明確にして自分の考えをまとめること」、第三学年では、「構成や展開、表現の仕方について評価すること」としている。この文章の特徴は、筆者のテーマ(主張)を、現代社会の実態を具体例で示しながら、絵本や俳句を交えて、わかりやすく論述している。自分の意見をさまざまな例をあげて根拠づけ、明確にしているところに特徴がある。

【三】問一　正午(午前十二時、午後0時)　問二　洞庭湖や西湖に比べても決して劣ることはない。
問三　対句(擬人法)　問四　いずれのひとかふでをふるい、ことばをつくさん　問五　こそ
問六　季語…ほとゝぎす　季節…夏　問七　作者は、この松島の景色について、前半で「其気色、窅然と

して」「いづれの人か筆をふるひ、詞を尽さむ」と、その美しさが絵や詩文では表しきれないものだと書き、後半で「口をとぢて眠らんとしていねられず」と、景色がすばらしすぎたため、句作が出来なかったと述べている、など。　問八　・おくのほそ道の旅のイメージを広げさせるために、ＩＣＴを活用し、旅程図や各地の風景、昔の旅の様子などを見せる。　・内容を理解させるために、わかりやすい現代語訳やおくのほそ道について書かれた本などを提示する、など。

〈解説〉問一　①「午」(うま)は古時刻の正午、またはその前後の二時間である。　問二　中国の名勝である洞庭湖や西湖に比べ、松島が好風(よい景色の地)であることを述べている。　問三　対句法による表現では「欹ものは天を指」と「ふすものは波に匍匐」、「二重にかさなり」と「三重に畳みて」、「左にわかれ」と「右につらなる」、「負るあり」と「抱るあり」がある。　問四　現代仮名遣いは、現代語音に基づいて現代語をかなで書き表すときの準則である。「いづれ」は「いずれ」、「ふるひ」は「ふるい」、「尽さむ」は「尽さん」となる。　問五　⑤に入る係助詞は、結辞の「らるれ」(自発の助動詞「らる」の已然形)と呼応して「係結び」の関係にあることから、「こそ」が入る。　問七　松島の風景について芭蕉は、「扶桑第一の好風にして、凡、洞庭・西湖を恥ず」と絶賛し、さらに「其気色、…造化の天工、いづれの人か筆をふるひ、詞を尽さむ」と書いている。そして曾良が、「松島や鶴に身をかれほとゝぎす」と古歌をふまえて一句詠んでいるのに対して、芭蕉は「予は口をとぢて眠らんとしていねられず」(私は句が詠めず口をとじて眠ろうとしたが)と、句作ができない事情を述べている。　問八　「各学年における伝統的な言語文化に関する事項」を参考にして、①「おくのほそ道」の作品の特徴(紀行文の特徴)や歴史的背景、②「おくのほそ道」の内容と関わる旅程図と現在の県別の学習、③「おくのほそ道」の表現技法と朗読による古典特有のリズムの味わいを感じとらせる、④グループワークによる図書館活動による「おくのほそ道」の現代語訳などを古文理解の手立てとして考える。

【四】問一

不ル下以テ二千里ヲ一称セラレ上也

問二　且つ常の馬と等しからんと欲するも、得べからず　問三　どうしてその馬が千里を走ることなどを求められようか。そんなことはできない。　問四　この文章は宰相や君主を「伯楽」に、優れた人材を「千里馬」に例え、優れた人材を知る君主や宰相が希であること、など。　問五　・難しいようにみえる漢文も、日本語の熟語になっているものがあることを知り、興味・関心をもって訓読の学習に取り組めるようにする。

・身近な熟語で、言葉の意味から漢字を読む順を考え、抵抗なく漢文訓読の基礎であるレ点について学習できるようにする、など。

〈解説〉問一　返読文字の「不」「以」や一・二点のあとの上・下点に注意すること。　問二　返り点および送りがなに注意しながら書き下すこと。　問三　「安…也」は反語形で「いずくンゾ其ノ能ク千里ナルヲ求メンヤ」の現代語訳である。　問四　冒頭の「世有伯楽、然後有千里馬」は、「世に馬をよく知る古の伯楽のような人があって、はじめて一日千里を走る名馬が存在する。」という意である。天下に優秀な人材がいても、これを識別し、相当の待遇をしなければ、その人材も能力を発揮できないことは、この千里の馬の場合と同じであることを後文で述べている。「伯楽」は暗に人物を識別する賢君であり、「千里馬」は「優秀な人材」を例えている。　問五　〔伝統的な言語文化と国語の特質に関する事項〕のア(ア)に「文語のきまりや訓読の仕方」についての指導が示されている。漢文では「訓読の仕方」について指導する。例えば、漢文の訓読に必要な返り点や送り仮名などの基礎的事項を習得させる。aの「力不足」の「不足」では、レ点が用いられていることに関して返読文字についての説明とともに、文中の「不可」「不能」等、熟語として用いている場合を理解させる。

【高等学校】

【一】問一　①　戯曲　②　詳細　③　ほどこ(す)　④　つちか(われ)　⑤　証拠　⑥　特殊　⑦　虚空　⑧　じょうせき　⑨　垂　⑩　均整　問二　経典に描かれた仏の幻像を、みずからの眼によって見ようと努めること。　問三　衆生を困難から救う絶大の力と慈悲をもつ観世音菩薩の形貌に、超人的な威厳と最も人間らしい優しさや美しさを結合させること。　問四　聖林寺十一面観音は、神々しい威厳と人間のものならぬ美しさをもつ姿を表している一方で、われわれが見慣れた形相を理想化したものであるから。　問五　仏像は、経典に描かれた仏の姿を、超人的な威厳と人間らしい優しさや美しさをあわせもつ姿として構想し、現出させたものであるが、しっかりとした写実に基づいて描き出すことがなければ、その像のもつ神々しさや美しさが崩れ去ってしまうから。　問六　・幅広く読書する態度　・情報を適切に用いて、思考し、表現する能力

〈解説〉問二　心的背景に該当する内容を前から探す。傍線部Ⅰを含めて、指示語が示す内容を正確に読み取ること。　問三　傍線部Ⅱ「そこ」は前にある「超人らしさ」と「人間らしさ」を指す。傍線部Ⅱを含む段落の内容をまとめればよい。　問四　傍線部Ⅲの後文で、十一面観音に「唐の遺物に対して感ずる少しばかりの他人らしさ」を感じない理由が説明されている。次段落で眼、瞼、唇、鼻について「すべてわれわれが見慣れた形相の理想化であって」とあり、「そこには神々しい威厳と、人間のものならぬ美しさとが現わされている」とある。　問五　傍線部Ⅳの前文にあるとおり、仏像は、仏教の経典に描かれた仏の衆生を困難から救う絶大な力と慈悲を持ち、同時に最も人間らしい優しさや美しさの結合した形貌を供えていなければならない。そのため仏像の肉づけの確かさ、力強さや釣り合いの微妙な美しさは、浅薄な写実やあらわな不自然があるとことごとく崩れ去ってしまう、とある。このことを理由としてまとめる。　問六　「各科目にわたる指導計画の作

成と内容の取扱い」の2(2)に「学校図書館の計画的な利用、読書推進、情報活用」が示されている。「学校図書館を計画的に利用しその機能の活用を図ることなどを通して、読書意欲を喚起し幅広く読書する態度を育成するとともに、情報を適切に用いて、思考し、表現する能力を高めるようにすること」とある。

【二】問一　a　あきれるほどひどかったこと　b　評判　c　満足なさって　問二　A　イ　B　ア　C　ア　D　ウ　E　ア　問三　他人に官位を越えられ、辛い目を見ることはよくあることですが　問四　筆者にとっては、会話をしている二人ともが高位の人物であるため、「申し」という謙譲語で動作の受け手である入道殿への敬意を表し、「たまひ」という尊敬の補助動詞で動作をする「弟殿」への敬意を表している。　問五　あなた(弟殿)が辞退なされば、ほかの人がおそらく中納言になるだろう。　問六　私を中納言に昇進させていただきたいのです。　問七　弟君が、中納言昇進を願い出るつもりはないという趣旨のこと。　問八　増鏡

〈解説〉問一　a「あさましかりしこと」の「あさましかり」は、「あさまし」(形・シク)の連用形で、事の意外さにただあきれるばかりだ、という感じを表す。b「世覚え」は、世間の評判のこと。c「御心ゆきて」の「御心ゆく」は、満足されるという意味である。　問二　Aは左衛門督が、弟殿に中納言になることを望まないように語りかけている。Bは、弟殿が左衛門督の語りかけに対しての返答である。Cは、弟殿の言葉に対しての左衛門督の納得と信用のこと。Dは入道殿の言葉に対する作者の敬意表現。Eは弟殿が中納言になったため、弟殿への恨みを起こした左衛門督のことである。　問三　①「人に越えられ、辛いめみること」とは、他人に官位を越えられ、辛い目をみること、という意味。「さのみこそおはしあるわざなるを」の「さのみ」は、そのようなこと、「おはしあるわざ」は、よくあること、という意味である。　問四　②「申したまひ」の

「申し」は、動作の受け手入道殿への敬意(謙譲の本動詞)で、「たまひ」は弟殿への敬意(尊敬の補助動詞)であり、作者の二方向への敬意表現である。　問五　③「そこにさられば」の「そこ」は、弟殿をさす。「さられば」は、中納言への昇任を辞退なされば、「こと人こそはなるべかなれ」の「こそ…なれ」は強意の係結びで、ほかの人がおそらく(中納言に)任じられよう。という意味である。　問六　左衛門督が栄進しないのであれば、遠慮する意味がないことをふまえ、「なしたぶべきなり」を解釈する。「たぶ」は、尊敬の補助動詞で、私を中納言に昇進させてくださいという意味。　問七　⑤の「あるまじきよし」の「まじき」は、「まじ」(打消の意志を表す助動詞)の連体形で、弟殿が中納言になるために願い出ることはあるまいと言ったことをいう。問八　平安後期の『大鏡』『今鏡』の後を受けて、鎌倉初期に『水鏡』、南北朝期に『増鏡』(一三三八年以後)が成立した。二条良基の作ともいわれている。

【三】問一　a　すくな(し)　b　のみ　c　けだ(し)　d　ゆえん　e　ごと(きは)　f　いたず(らに)　g　いわゆる　問二　巧妙であって人を喜ばせることは難しいが、自分自身が喜んで自己満足することは簡単である。　問三　道を修めることに優れた人は、文章表現を修得することにも困難はなく、自ずから上達するから。　問四　A　学　B　文　問五　天地を駆け巡り深い水の中に潜るように、どこで何をしていたとしても、道を修めた人なら、思いのままに文章表現ができるということ。　問六　・古典などに表れた思想や感情を読み取り、人間、社会、自然などについて考察すること。　・古典などを読んで言語文化の特質や我が国の文化と中国の文化との関係について理解すること。

〈解説〉問一　aは「すくなし」と読み、ごくわずかなこと。bは「のみ」と読み、限定・断定を意味する。cは「けだし」と読み、思うに(推量を表す語)。dは「ゆえん」と読み、いわれ、理由を表す。eは「ごときは」

と読み、「如」と同じく比況を表す。fは「いたずらに」、gは「いわゆる」と読む。問二「たくみにして喜ばすべきこと難く、よろこびて自ら足れりとし易し」の口語訳。「難工而可喜」は、(文章による言語表現は)巧妙で人を感動喜悦させることは困難で、「易悦而自足」は、ともすれば、自分自身が喜んで、それに満足しやすいという意味である。問三②「何其用功少、而至於至也」は、(孔子は)その費やした労力は少ないのにかかわらず、文章力は至極の境地に達しているのです、という意味。その理由は、②以下の「聖人之文、雖不可及、然大抵道勝者、文不難而自至也。」(聖人の書いた文章には及ぶことはできませんが、しかし、おおよそ道の修得に優れている者は、文章の面でも修得は困難ではなく、おのずから上達するものなのです)とある。問四 空欄A・Bに入る語は、その前の文「後之惑者」(後世の固定観念にとらわれて自由に考えることができない者)たちが、陥りやすい過ちを述べている。「見前世之文伝」(前世の文章が伝えられているのを見ただけで)を踏まえ、「学問とは文章を書くだけのことと思いこんでいる」ことを考える。問五 前文にある「若道之充焉」(もしも道の修得が心身全体に行きわたれば)を前提にしている。「雖行乎天地入於淵泉無不之也」とは、「天地を駆け巡り深い水中を潜行することもすべて可能になる」という意味。文章表現も道の修得ができれば、自由自在に可能なことを表している。問六「古典A」は、これまでの「古典講読」の内容を改善したもので、設問の内容を目標にしている。その指導事項は「古典などに表れた思想や感情を読み取り、人間、社会、自然などについて考察すること」「古典特有の表現を味わったり、古典の言葉と、現代の言葉とのつながりについて理解したりすること」「古典などを読んで、言語文化の特質や我が国の文化と中国の文化との関係について理解すること」「伝統的な言語文化についての課題を設定し、様々な資料を読んで探究して、我が国の伝統と文化について理解を深めること」があげられている。

教員採用試験「過去問」シリーズ

群馬県の
国語科 過去問

編　集　　© 協同教育研究会
発　行　　令和5年11月10日
発行者　　小貫　輝雄
発行所　　協同出版株式会社
〒101-0054　東京都千代田区神田錦町2 - 5
電話　03－3295－1341
振替　東京00190－4－94061
印刷所　　協同出版・POD工場

落丁・乱丁はお取り替えいたします。

●書籍内容の訂正等について

弊社では教員採用試験対策シリーズ（参考書，過去問，全国まるごと過去問題集），公務員試験対策シリーズ，公立幼稚園・保育士試験対策シリーズ，会社別就職試験対策シリーズについて，正誤表をホームページ（https://www.kyodo-s.jp）に掲載いたします。内容に訂正等，疑問点がございましたら，まずホームページをご確認ください。もし，正誤表に掲載されていない訂正等，疑問点がございましたら，下記項目をご記入の上，以下の送付先までお送りいただくようお願いいたします。

① **書籍名，都道府県（学校）名，年度**
（例：教員採用試験過去問シリーズ　小学校教諭 過去問　2025 年度版）
② **ページ数**（書籍に記載されているページ数をご記入ください。）
③ **訂正等，疑問点**（内容は具体的にご記入ください。）
（例:問題文では“ア～オの中から選べ”とあるが,選択肢はエまでしかない）

〔ご注意〕
○ 電話での質問や相談等につきましては，受付けておりません。ご注意ください。
○ 正誤表の更新は適宜行います。
○ いただいた疑問点につきましては，当社編集制作部で検討の上，正誤表への反映を決定させていただきます（個別回答は，原則行いませんのであしからずご了承ください）。

●情報提供のお願い

協同教育研究会では，これから教員採用試験を受験される方々に，より正確な問題を，より多くご提供できるよう情報の収集を行っております。つきましては，教員採用試験に関する次の項目の情報を，以下の送付先までお送りいただけますと幸いでございます。お送りいただきました方には謝礼を差し上げます。
（情報量があまりに少ない場合は，謝礼をご用意できかねる場合があります）。

◆あなたの受験された面接試験，論作文試験の実施方法や質問内容
◆教員採用試験の受験体験記

送付先	
	○電子メール：edit@kyodo-s.jp ○FAX：03-3233-1233（協同出版株式会社　編集制作部 行） ○郵送：〒101-0054　東京都千代田区神田錦町 2-5 協同出版株式会社　編集制作部 行 ○HP:https://kyodo-s.jp/provision（右記のQRコードからもアクセスできます）

※謝礼をお送りする関係から，いずれの方法でお送りいただく際にも，「お名前」「ご住所」は，必ず明記いただきますよう，よろしくお願い申し上げます。